中学历史教学设计与案例研究

李宝宝 主编

东南大学出版社
·南京·

图书在版编目(CIP)数据

中学历史教学设计与案例研究 / 李宝宝主编.
南京：东南大学出版社，2024.10. -- ISBN 978-7
-5766-1647-7

I. G633.512

中国国家版本馆 CIP 数据核字第 2024PB3657 号

策划编辑：邹 垒　　责任编辑：褚　婧　　责任校对：韩小亮　　封面设计：毕　真　　责任印制：周荣虎

中学历史教学设计与案例研究
Zhongxue Lishi Jiaoxue Sheji yu Anli Yanjiu

| 主　　编：李宝宝 |
| 出版发行：东南大学出版社 |
| 出 版 人：白云飞 |
| 社　　址：南京市四牌楼 2 号　邮编：210096　电话：025 - 83793330 |
| 经　　销：全国各地新华书店 |
| 印　　刷：苏州市古得堡数码印刷有限公司 |
| 开　　本：787 mm×1 092 mm　1/16 |
| 印　　张：14 |
| 字　　数：325 千字 |
| 版　　次：2024 年 10 月第 1 版 |
| 印　　次：2024 年 10 月第 1 次印刷 |
| 书　　号：ISBN 978-7-5766-1647-7 |
| 定　　价：78.00 元 |

本社图书若有印装质量问题，请直接与营销部联系，电话：025-83791830。

前言

20世纪60年代以来，随着教育技术理论与实践的不断发展，教学设计作为一门新兴的教育学科从教育技术学中逐渐分离并发展起来。时至今日，教学设计已经发展成为一个专门的领域，研究成果日益丰富。作为教学设计中的一种开放式、互动式的新型教学方式——案例教学也日益受到广大教育工作者的关注。

案例教学由美国哈佛大学法学院前院长克里斯托弗·哥伦布·朗代尔于1870年首创。我国于20世纪80年代开始对案例教学进行研究应用。案例教学法是一种与传统的教学方式完全不同的教学方法。案例教学逐步被人们接受，近年来我国部分高校在部分应用性较强的专业学科，例如法律、医学、会计、工商管理、市场营销等，广泛采用了案例教学模式，并取得了良好的教学效果。同时，案例教学也逐步向高校的其他学科、中小学、各类培训机构扩展，将经济、社会生活中生动、鲜活的经济社会活动案例融入教学之中，无疑是理论与实践相结合的有效途径。然而，由于案例教学法在我国流行时间短和受传统教学方式、教学思想的影响，许多中学历史教师对案例教学缺乏足够的认识，在教学案例的选取与案例教学的设计技巧、组织实施方法等方面存在不足。鉴于此，本书从教学设计的相关概念入手，结合中学历史教学的关键环节和要素，将案例教学融会其中，以理论学习为先导，案例分析为载体，采用"以案说法、以案释法"的方式提高教师对案例教学的认识，使其正确把握案例教学设计方法，以期对广大中学历史教师和师范类院校历史学专业学生开展案例教学实践和提高教学效果有所启发和借鉴。

本书得到了商洛学院教材建设资金的资助。立足实际，契合学校"尚教为学，践用至要"的办学理念和坚持"立足商洛，面向地方，服务基层，培养应用型人才"的办学定位。在此，衷心感谢学校以及各位领导、老师为本书的编写提供的帮助。书中多处引用了同行专家的相关研究成果和案例，在此一并感谢。由于编者本人学术水平有限，加之编写时间仓促，书中内容难免遗漏，存在各种不足和问题，敬请各位专家、读者批评指正。

编 者

2024年4月

目 录

第一章　教学设计的基本理论

第一节　教学设计概述 …………………………………………………… 003
第二节　教学设计的主要模式 …………………………………………… 010
第三节　教学设计的基本要素 …………………………………………… 018
第四节　中学历史教学设计的价值取向 ………………………………… 022

第二章　中学历史教学目标的设计与案例分析

第一节　中学历史教学目标概述 ………………………………………… 029
第二节　历史教育教学目标的层次分析 ………………………………… 039
第三节　历史教学目标的要素分析 ……………………………………… 042
第四节　历史学科核心素养下教学目标的制定与案例分析 …………… 045

第三章　中学历史教学重点和难点的设计与案例分析

第一节　历史教学中重点和难点的基本含义 …………………………… 053
第二节　历史教学中重点和难点的确立依据 …………………………… 056
第三节　历史教学中重难点的突破策略与案例分析 …………………… 063

第四章　中学历史教学流程与环节的设计与案例分析

第一节　历史教学流程与环节概述 ……………………………………… 083
第二节　历史教学流程与环节的主要类型 ……………………………… 084
第三节　历史教学逻辑的构建与案例分析 ……………………………… 086

第五章　中学历史教学方法与策略的设计与案例分析

第一节　历史教学方法概述 ……………………………………………… 103
第二节　新课改下中学历史教学方法的设计 …………………………… 106
第三节　历史教学方法设计案例分析 …………………………………… 128

第六章　中学历史史料教学设计与案例分析

第一节　史料及其在历史教学中的作用 …………………………………… 137
第二节　史料的选择与运用 ………………………………………………… 138
第三节　史料教学与学生的证据素养 ……………………………………… 144
第四节　史料教学设计与案例分析 ………………………………………… 148

第七章　中学历史教学手段的设计与案例分析

第一节　历史教学手段概述 ………………………………………………… 155
第二节　现代教学手段运用的原则及路径 ………………………………… 164
第三节　多媒体历史教学课件案例分析 …………………………………… 171

第八章　中学历史教学评价的设计与案例分析

第一节　中学历史教学评价概述 …………………………………………… 179
第二节　中学历史教学评价的理念 ………………………………………… 186
第三节　中学历史教学评价案例分析 ……………………………………… 192

第九章　中学历史教学反思的设计与案例分析

第一节　教学反思概述 ……………………………………………………… 207
第二节　历史教学反思的基本原则和类型 ………………………………… 208
第三节　历史教学反思的操作要领与案例分析 …………………………… 212

主要参考文献 ………………………………………………………………… 217

第一章

教学设计的基本理论

第一节 教学设计概述

一、教学设计的含义

教学设计(Instructional Design,简称 ID),也称作教学系统设计,是针对教学而开展的一种特殊的设计活动。"教学设计"这一概念起源于 20 世纪 40 年代的美国,随着心理学和系统论的发展和应用,60 年代末期,作为一门独立的学科诞生了,其标志是加涅(R. M. Gagne)的《教学设计原理》一书的出版。我国 20 世纪 80 年代将教学设计引入以来,积极开展教学设计的理论研究,并致力于将教学设计理论与教育、教学实践相结合。

何谓教学设计? 国外学者的观点主要有以下几种。

加涅(R. M. Gagne)认为:教学是以促进学习的方式影响学习者的一系列事件,而教学设计是一个系统化规划教学系统的过程。

布里格斯(L. J. Briggs)认为:教学设计是分析学习需要和目标,以形成满足学习需要的传送系统的全过程。

肯普(J. E. Kemp)提出:教学系统设计是运用系统方法分析研究教学过程中相互联系的各部分问题和需求,确立解决它们的方法和步骤,然后评价教学成果的系统计划过程。

史密斯(P. L. Smith)和雷根(T. J. Ragan)的观点:教学设计是指运用系统的方法,将学习理论与教学理论的原理转换成对教学资料、教学活动、信息资源和评价的具体计划的系统化过程。

梅里尔(D. Merrill)在其《教学设计新宣言》一文中将教学设计界定为:教学是一门科学,而教学设计则是建立在教学科学这一坚实基础上的技术,因而教学设计也可以被认为是科学型的技术。教学的目的是使学习者获得知识技能,教学设计的目的是创设和开发促进学习者掌握这些知识与技能的学习经验和学习环境。

帕顿(J. V. Patten)在《什么是教学设计》一文中提出:教学设计是设计科学大家庭中的一员,设计科学各成员的共同特征是用科学原理及应用来满足人的需要。因此,教学设计是对教学业绩问题的解决措施进行策划的科学。

里奇(R. Richey)认为:教学设计是为了便于学习各种大小不同的学科单元,而对学习情景的发展、评价和保持进行详细策划的过程。

我国学者对教学设计的认识主要有以下几种观点。

李伯黍认为:所谓教学设计就是为了达到一定的教学目标,对教什么(课程、内容等)和怎么教(组织、方法、传媒的使用等)进行设计的过程。

乌美娜认为：教学系统设计是运用系统方法分析教学问题和确定教学目标，建立解决教学问题的策略方案、试行解决方案、评价试行结果和对方案进行修改的过程。

何克抗等人认为：教学设计是运用系统方法，将学习理论与教学理论的原理转换成对教学目标、教学内容、教学方法和教学策略，以及教学评价等教学环节进行具体规划，创设教与学的系统"过程"或"程序"，而创设教学系统的根本目的是促进学习者的学习。

何成刚等认为：教学设计是指以传播理论、学习理论和教学理论为基础，运用系统论的观点和方法，分析学习需要、学习者特征、学习任务、教学材料、教学活动和教学评价等诸多因素，以达到优化教学效果、促进学生发展的目的。

赵克礼认为：教学设计是以传播论、学习理论和教学理论为基础，运用系统论的观点和方法，分析教学中的问题和需求，从而找出最佳解决方案的一种理论和方法。也是一种将教和学的原理转化成教学材料和教学活动的方案的系统化过程，是一种教学问题求解，侧重于问题求解中方案的寻找和决策的过程。

上述学者对教学系统设计的观念从不同角度各有侧重地进行了解释。加涅、布里格斯、肯普、史密斯、乌美娜、何克抗等人强调教学设计的系统性特征；帕顿、瑞奇等从设计科学的角度出发，突出教学系统设计的本质；梅瑞尔、何成刚等侧重于教学设计的最终目的是促进学生的发展。无论从何角度定义教学设计，都可窥见教学设计具有以下特征：

（1）教学设计是一项系统工程。教学活动包括教师的教、学生的学、教学内容、教学环境、教学媒体等诸多相互影响的因素，教学设计的过程就是使各要素有机结合，创设有效的教与学系统的过程。

（2）教学设计是在学习理论、教学理论、系统理论和传播理论指导下的设计。教学设计是把教学原理转化成教学材料和教学活动的计划，是对教学活动的预设。其预设是否科学、是否准确，需要有理论的指导，并运用理论科学地解释设计的依据。

（3）教学设计的目的是实现教学最优化，提高学生的学习效益，促进学生的全面发展。教学设计以增强教学的计划性、科学性和有效性，以及促进学习者的学习为根本目的。因此，教学设计是提高学习者获得知识及能力的效率，并提高学习者学习兴趣的技术过程。

（4）教学设计的本质是问题解决过程。教学设计主要解决"教什么""怎么教"的问题："教什么"就是分析学习需要和学习内容；"怎么教"就是分析教学策略、教学媒体方式。所以，教学设计的整个过程就是解决问题的过程。

知识拓展

当代教学设计理论专家认为，教学设计要解决的是类似"旅行"的三个基本问题，即我们要到哪里去、我们怎样到那里去、我们是否到了那里。回答"要到哪里去"是一个确立目标的过程，"怎样到那里去"则是一个导向目标的过程，而"是否到了那里"却是一个评估目标的过程。

教学设计专家史密斯（P. L. Smith）等强调，如果将教学设计要回答的三个基本问题转换成教学设计的具体任务,那么它们就是:①开展教学分析以确定"我们要到哪里去";②开发教学策略以确定"我们怎样到那里去";③开发与实施评价以确定"我们是否到了那里"。

二、教学设计的理论基础

教学设计的四大理论基础是学习理论、教学理论,系统理论和传播理论。学习理论使教学设计符合学习规律;教学理论使教学设计能遵循和应用教学客观规律,解决具体的教学问题;系统理论为教学设计提供科学研究的方法;传播理论为教学设计指明教学应遵循的科学模式及其要素的动态关系。

(一) 学习理论

学习理论是教学设计最基础的理论。任何一种教学设计都是为学习而设计,对学习实质问题的理论假设就是学习理论。学习理论直接决定着教学设计的范式,因为学习理论及其研究通常提供了有关教学成分与教学设计之间关系的信息,具体的教学策略及其技术怎样与特定的教学情境及其学习者特征最相吻合。当然,反过来,任何教学设计都是为学习理论假设提供验证。

学习理论是从学习的实际和实践研究中概括总结出来的,旨在阐明学习行为变化何以产生,并揭示学习依据的心理机制而形成的理论。学习理论依据出现时间早晚主要分为行为主义、认知主义、建构主义三种。

(1) 行为主义

20世纪50年代中期以前,这一理论占有优势。行为主义学习理论认为学习本质是刺激与反应间的联结(此观点持有者被称为联结派),学习的过程就是建立联结的过程。在一个具体的环境刺激呈现之后,学生能够表现出一个恰当的反应的过程,这就是学习。行为主义注重学习的外部现象与外在条件的探索,提出练习和强化是巩固学习行为的关键。例如,在历史教学中,为了让学生记住秦朝的疆域,教学设计可先让学生观察地图,并强调其方位,然后让学生完成填图练习。行为主义的代表学说有桑代克的"试误说"、华生的"刺激反应说"、斯金纳的"操作条件说"。行为主义多数是研究实验室动物的学习活动得出的理论,因此,不能直接应用于人类的学习活动,而且行为主义注重外显行为的研究,将学习过程描述得过于简单、机械,忽视了人类的主观能动性和复杂性。实际学习不一定都是外部的,如强化可以是教师外部强化,也可以是学生内部自我激励,而且学生自我激励强化更为持久。虽然行为主义有缺陷,但它对历史教学设计的有益启示是必须关注上述两种强化方式,巩固学习所得。

(2) 认知主义

20世纪50年代中期以后,认知主义学习理论取代行为主义学习理论。两者有一点相同,即认知主义继承了行为主义的观念,强调环境条件在促进学习中的作用,但认知主义认为学习实质上是内部认知结构的组织和重新组织。即由于学生头脑中贮存了某种认知结构,它可以吸收新的信息,而新的信息吸收后,又使原来的认知结构发生某些改变。认知主义认为认知结构组织或重新组织的基本方式是新旧知识的相互作用。认知主义的著名代表及理论有加涅的学习层次说、布鲁纳的认知发现说、奥苏贝尔的"先行组织者"理论。认知主义着眼于认知结构及过程，探究个体内在心理活动，强调对学生内部心理操作方式的指导，由此而产生了"认知策略""信息加工模型"和"认知结构"等风靡全球的概念。与行为主义相比，虽然认知主义在解释人类学习的实质问题上更完善，但它缺乏像行为主义学习理论那样明确的范型。

以认知主义学习理论为指向，教学设计应吸取以下经验：①要由重视外部学习环境及行为的控制研究转向重视学生内部认知的变化，学习内容设计上更多考虑如何规划、组织教学内容，使之形成结构而非散点状，让其呈现方式与学生内部心理加工方式相适应，即符合学生的认知状况与规律；②学习是通过新旧知识之间的同化、顺应，通过学生的构建进行的，因此开始学习一个新知识时要找到与其有联系的旧知识切入，才更容易被学生接受和理解，即我们通常所说的贴近学生的经验和经历；③重视学生的特征分析，学生的学习是其认知的再组织，所以必须了解学生，强调学生的主动性，同时也必须能引发学生的主动认知，因此，无论是导入、提问还是探究，教学方法和教学媒体的选择等一切教学活动和教学内容都要能启发学生的思维活动。

需要提及的是，同属认知教育心理学的布鲁纳和奥苏贝尔，二者对于学生在学习过程中的作用和地位的观点是不同的。布鲁纳强调知识的获得是一个积极主动的、探索发现的过程。在这个过程中，学生以原有的有关知识和经验构成的认知结构为基础，通过独立的探索发现，运用类别化或概念化的方法将新知识纳入原有的认知结构中。为此，布鲁纳特别重视学生学习中有助于发现的问题情境、重视学生对情境的评价以及运用策略解决问题。另外，在学生学习的内容上，他还特别强调学科基本概念和基本原理的学习。学生只有掌握了学科基本概念和原理，才能运用这些概念和原理去发现问题，以此来理解和掌握知识，即发现式学习的前提是学生独立学习、独立思考，自己发现问题，自己解决问题并得出结论。奥苏贝尔也注重学习过程中学习者积极主动这一要素。他认为，学习实质上是学习者积极主动地从已有认知结构中提取与新情境有关联的旧知识，然后通过同化或顺应的过程，从而获得新知识的意义。与布鲁纳强调发现式学习不同，奥苏贝尔认为接受学习才是学生学习的基本方式：即学生联系原有知识，直接接受老师精心组织起来的有意义知识内容（结论性知识）。

两人的理论对历史教学设计有如下建议：①不同建议。从布鲁纳的理论出发，历史教学设计应重视问题情境的创设及探究的引导，而从奥苏贝尔的观点出发，历史教学设计的侧重点应在于教学内容的精心组织及讲解方式的精心安排。换言之，奥苏贝尔强调内容设计本身的重要性，如"先行组织者"，而布鲁纳则强调为内容服务的情境设计的重要性。②相同建议。无论采用谁的方式，实际均是强调教师起主导作用，体现以"教"为中心的持续影响，只是教师的主导性的体现有所不同。

（3）建构主义

建构主义学习理论是 20 世纪 90 年代以后的产物。需要说明一点，学习理论一般公认的就是行为主义理论和认知主义理论，建构主义更多被认为是哲学领域的，之所以增加建构主义是因为它在教学设计文献中屡屡被强调。有专家也指出："建构主义那一套东西在培养律师、医生、建筑师和企业家等领域颇为流行,但在教育领域却难觅踪影。"有教育心理学家明确指出:"建构主义并不是一个特定的学习理论,很多研究者都把自己的理论称为建构主义理论,但其实在具体观点上却有很大的差异。"认同者认为建构主义是学习理论中革命性的变化,它与行为主义和认知主义的最大区别是后两者都认为知识是客观的,建构主义则认为知识是主观的,同时还有相对性、情境性。建构主义认为:学习的本质是学习者运用先前已有的知识以自己的方式主动建构事物意义的过程。建构主义强调学生在学习中的情境性、社会互动性和主动建构性(这就解释了为什么老师课堂上讲的是同一个内容,每个学生的学习结果却不一样),认为教学要把现有的知识经验作为新知识的生长点,引导他们从原有的知识经验中"生长"出新的知识。建构主义与认知主义有一脉相承之处——重视新旧知识的相互作用,但建构主义特别强调了"以自己的方式"建构意义,所建构的意义是个人的理解。建构主义的主要代表人物有:皮亚杰(J. Piaget)、科恩伯格(O. Kernberg)、斯滕伯格(R. J. Sternberg)、维果茨基(Vygotsgy)。

建构主义理论应用到教学设计中,强调以"学"为中心的教学设计思想,在教学设计中重视"情境""协作""自主"等学习方法在教学中的重要作用。

以上三种学习理论各有长短,我们并不做倡导一种理论而否定另一种理论的事,而是强调每一种理论的不同用处。我们不应该只钟情于某一种理论,而要依据学习者现有的能力水准、学习任务的类型、在这一情境中达成最优学习结果的各种适当方法,来作出理智的选择。历史教学设计不仅要使用"行为主义""认知主义"和"建构主义"学习理论中的精华,还要使之完全"内化",做到学习理论与课程标准及历史教学内容相一致,使历史学科教学设计形神兼备,日臻完善,真正体现教学设计的本质。

(二) 教学理论

教学理论是对教学规律的客观总结和反映,对教学的各环节进行大量的理论研究和实证研究,是教学设计直接的理论基础。赫尔巴特的"五段教学法"、杜威的"五步教学"等,本章后述的加涅的"九大教学事件说"等几种主要的教学设计理论均被视为教学理论。这些教学理论使教学设计由经验层次上升到理性、科学的层次。

必须明确一点:教学理论并非完全独立的,实际均是与学习理论共生的,教学理论的核心基于心理学的学习理论,所以说"教学理论是学习理论的一种推衍","学习理论可以作为派生教学理论的基本来源"。二者的不同之处仅在于,"学习理论是描述性的,而教学理论既是描述性的,也是处方性的和规范性的"。因此,笔者在此不再纠缠于各种教学理论的解释,我们只要掌握上述学习理论这一"内核"即可。

(三) 系统科学理论

系统科学理论为教学设计提供了重要的理论指导。系统方法是由巴班斯基将其作为一般科学方法论引入教学理论研究领域,并由此形成了教学过程最优化理论。此后,教学设计正式根据该理论,把教学研究的重要内容,如教师、学生、目的、任务、内容、形式、媒介、反馈、环境方法等子系统都置于整个教育系统之中加以考察研究和应用,以期达到最优化的教学效果。

产生于二十世纪五六十年代的系统科学理论最初包括系统论、信息论、控制论,一般称为"老三论",七十年代后,在"老三论"的基础上,出现了"新三论":耗散结构论、协同论(超循环理论)、突变论。由于系统科学理论是非常繁杂、艰深的工科理论,在此不展开阐述,笔者仅择其对教学设计的重要影响部分进行介绍。

系统论对教学设计的影响或启示,主要表现在三对相关概念和三个原理及其蕴含的"七性一化"(整体性、层次性、动态性、开放性、非线性、协同性、涨落性、最优化)上。

(1) 三对相关概念

三对相关概念包含系统与要素、结构与功能、过程与状态。系统与要素,即要研究的系统对象是由许多要素构成的,如教育、教学、教学设计;结构是系统内部各要素的组织形式;功能是系统在一定环境条件下所能发挥的作用;过程是系统状态的变化;状态是对系统特征的量度。这三对概念要求在教学设计过程中,将研究对象视为一个系统,弄清它由哪些因素或变量构成,它们之间存在哪些层次关系,如何相互作用,以及随着外界条件的变化如何度量这些变化。

(2) 三个原理

三个原理包括反馈原理、有序原理、整体原理。反馈原理,是指任何一个系统只有通过信息反馈才能实现控制,没有信息反馈,要实现系统控制是不可能的。在教学过程中,要实现教学目标,也只有通过提问、作业、测试等方式的反馈信息,才能发现教学中存在的问题,从而调整教学态度,改进教学方法,提高教学质量。

有序原理,是指任何系统只有开放,与外界进行信息交换,才能有序。任何独立的系统都会自发地达到最大的无序状态,开放系统由低级结构转为高级结构,即为有序。教学设计作为教育的一个子系统,也应采用开放式的研究,不断学习其他学科的新观点、新方法和新技术,以达到不断自我发展、自我完善的目的。这也是教学设计理论专家巴纳西宏观教学设计理论所强调的非线性的内容之一。

整体原理,是指任何系统都是有结构的,系统的结构功能不等于各孤立部分的功能之和,系统各部分互相联系,可以形成新的结构而产生新的功能。这在教学设计中,既可以理解为教学设计的各要素,如学生、教师、教学目标、教学策略、教学评价等子系统之间如何配合达到整体效果最大化,也可以理解为在教学设计的任一子系统内部的整体效应,如教学目标,我们不仅要传授知识,还应培养学生科学的态度,从而从整体上提高学生的素质。

(3) "七性一化"

"七性一化"是指整体性、层次性、动态性、开放性、非线性、协同性、涨落性、最优化。

整体性,就是整体原理所反映的内容与要求。

层次性,指系统内部各组成要素可区分出若干层次,且高层次一定包含着低层次,如教学目标分类包括认知目标、技能目标、情感目标等。每一类目标本身又可划分为若干层次,其中情感态度与价值观目标又包括认同水平、体会水平和内化水平三个层次。而在整个教学内容设计中,第一层次是确定教学立意,第二层次是分析所设计内容的专题特征和线索,第三层次是选择和组织教学内容。

动态性,由于系统内各要素间的相互联系和相互作用以及系统内外的交互作用常常是不确定的,所以,任何系统总是处于不断的运动变化之中。动态性要求以联系的、发展的观点去看待系统,及时调整解决问题的策略。就教学设计而言,动态性充分体现在对教学过程(教学活动进程)的设计及其带来的教学效果和由此而获得的评价反馈方面。教学设计的诸要素(子系统)都是处于变动中的,尤其是教师和学生本身就是充满活力、变动不居的,因此,教学设计要根据实际情况不断调整。

开放性,与前述有序性原理相同。

非线性,是指系统内部各要素之间的相互联系、相互作用呈现非线性关系。就教学系统而言,传统的教学设计倾向于将系统内各要素间的关系看作简单的线性关系,即教师讲、学生听的教学模式。但事实上,并非如此。教学设计内的各要素之间是彼此关联的,如教师、学生与教学媒体之间同样是多向互动的关系,而不仅仅是教师以媒体为载体向学生单向度地线性传递信息。所以,教学设计应该是开放、动态、创新的。正如后面将介绍的巴纳西所倡导的宏观教学设计理论一样,全面体现"非线性"应当是现代教学设计的一个重要特征。

协同性,与有序性原理相同。

涨落性,强调必须有外界的干扰或涨落才能更好地实现系统由不稳定的无序状态走向稳定的有序状态。涨落的作用,可以形象地理解为杠杆的调节与平衡作用,如通过引起学习者的认知冲突来激发学习动机,从而顺利完成意义建构。这里的认知冲突就相当于涨落,解决认知冲突的常用策略为设计出乎意料的问题或认知情境、鼓励发散思维、引导自主探究等。情感目标的设计也可以通过引起情感冲突来实现,引起情感冲突的方法包括创设生动的情境、联系现实,等等。如果大而化之的话,教学设计本质上也可认为是无序的,但可以通过涨落达到有序。

最优化,最优化只是理想诉求,是相对的,不是绝对的,但教学设计须力求整体和部分都更优甚至最优。教学中实现最优化的关键在于教学策略的有效运用和利用各种技术创设最佳的教学环境,最大限度完成教学目标。

(四) 传播理论

教学过程也是一种信息传播过程,是特殊的传播过程,它遵从传播学的规律。因此,教学设计理论体系的一个重要方面是以传播理论为基础发展起来的。

根据传播理论,如何控制教学过程,如何针对教学的特点和内容进行教学,利用什么媒体(如文字、图片、音频、视频等)才能最大限度帮助学生理解和认识所讲内容,利用这种媒体后学生的学习效果如何,等等,都是教学设计中应予以考虑的。同时,在信息传播过程中,学生作为信息接收者,他们的既有技能、学习态度、知识水平、社会及文化背景等直接影响着媒体的教学效果。这就要求教师在进行教学设计时,首先要充分考虑学生的知识水平、智慧技能、态度等因素。其次,从信息上看,教学内容如何处理才能既符合科学性,又适合学生的心理特点,选取什么内容,侧重什么知识才能达到教学目标,最终要用什么传播渠道来传递信息才能达到最佳效果等,都是教学中影响传播效果的因素。另外,在信息传播上,不同的感官对信息的接收效果也是不一样的,如看的接收效果约为10%、听的约为20%、看+听的约为50%、听+说(讨论)的约为70%、说+做(实践)的约为90%。因此,如何选择多种媒体充分调动学生的视听等感觉,也是教学设计的重要方面之一。

第二节 教学设计的主要模式

教学设计模式是指在一定的教学设计思想或理论的影响之下,经过长期的教学设计实践所形成的教学设计的基本结构。教学设计模式是对教学设计实践活动经验的总结和提炼,并解释和说明了教学设计的理论依据。教学设计模式是教学设计理论的具体体现,又是教学设计实践活动的基本遵循。

在长期的教学设计实践活动中,国内外诸多学者对教学设计模式进行了探索和实践,形成了多种教学设计模式,其中比较有代表性的有以下几种。

一、迪克-凯瑞的教学设计模式

迪克(W. Dick)和凯瑞(L. Carey)是美国佛罗里达州立大学著名的教学设计理论家,他们提出的教学设计程序被称为"迪克和凯瑞的教学设计程序"或"系统化设计教学模式"(Systematic Design of Instruction)。迪克和凯瑞在 1978 年出版了《系统化设计教学》(*The Systematic Design of Instruction*)一书,并在 1985 年、1992 年、1996 年、2001 年和 2005 年进行了多次修订再版,这本书被教学设计界推崇为最受欢迎的教科书之一。他们的理论强调对学习内容的分析和鉴别,注重从学员的角度收集数据以修改教学,是一种偏重于行为模式的教学设计程序。

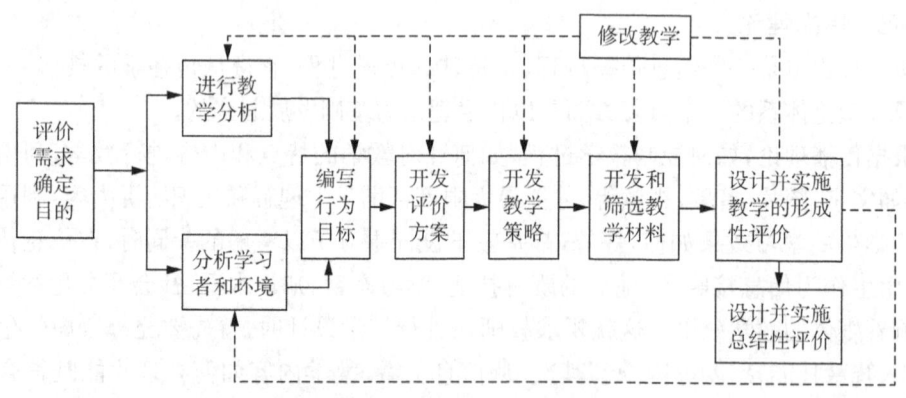

图 1-1 迪克-凯瑞的教学设计模式

(1) 评价需求确定目的。教学设计的第一步是评估学习的需要,分析学生需要学习哪些内容,并以此为依据确定教学的目的,决定学习者在教学结束后能做什么。确定教学目的需要考虑多方面的因素,如教育需要、学习需要、学生学习的难易程度,等等。

(2) 进行教学分析。在学习需要确定之后，设计者在学习需要分析的基础理论上对教学内容进行分析。对学习内容的分析旨在明确学习内容的类型、学习内容的范围和深度、学习内容中的知识技能，过程方法，以及情感态度价值观等因素之间的相互联系等。了解学生需要学习什么知识，学到什么程度，掌握哪些技能，达到什么水平，培养什么态度，态度有何转变，需要哪些条件等。只有进行学习内容的分析，才能确定学习内容的范围和深度，同时教师也明确了应该"教什么"和学习者应该"学什么"的问题，才能揭示学习内容各组成部分之间的关系，为教学安排奠定基础。

(3) 分析学习者和环境。指对学习者的分析，包括对学习者智力因素和非智力因素的分析。学习者的智力因素分析主要是指对学生从事特定的学科内容学习所具备的有关知识与技能的基础分析，以及对相应的学习内容的分析，即确定学生的初始能力和学习起点，主要包括知识基础、认知能力和认知结构。非智力因素分析主要是指对学生从事该学习产生的影响的心理、生理和社会的特点分析，以及对学生的学习风格的分析，主要包括学习者的意志、兴趣、动机、情感、性格、心理等认知倾向和班级的特性等。不同年龄段、不同性别的学生，其意志、兴趣、动机、心理、学习方法和习惯等认知倾向是不同的，不同班级也会因各种原因存在着自身才具有的特性，所以，对学习者的智力因素和非智力因素的分析是非常必要的。

(4) 编写行为目标。行为目标的编写是整个教学设计中非常关键的一步，它阐明了学习者的学习内容、学习条件和学习取得成功的标准，是学习者完成学习后能够做什么的一个描述，不仅教学者需要知道，学习者也应该了解。目标的意义不仅仅是为了加强学生在学习时的目的性，更重要的是帮助设计者选择教学内容、开发教学策略，并且对教学与学习进行评估。

(5) 开发评价方案。基于行为目标开发评价工具，以此来检查学习者达成目标的情况。因此，评价工具中的重点是行为目标中所描述的学习者具体行为的达成，其中心目的是促进学习者学习，既可评价学习者的进步，又可评价教学实施质量。

(6) 开发教学策略。这一步的主要任务是解决教学内容向学习者的呈现方式，从而促进学习者进行更有效的学习。设计者将要考虑形成教学策略，解决"如何教"的问题。教学策略包括教学预备活动、教学活动的开展、教学内容的安排顺序和组织形式、能力训练、反馈和测试等。设计教学策略时要根据学习原理和规律、教学内容，以及学习者的特性等因素而定。

(7) 开发和筛选教学材料。教学策略确定后，设计者要考虑采用何种教学材料进行教学活动，实际是将教学策略具体化。主要包括教学手段、教学素材和教学资源的准备，如学习指南、教师指南、媒体资料和测试题等，亦可依据学习内容和学习者的需要开发新的教学资源。

(8) 设计并实施教学的形成性评价。初步完成教学设计后，设计者要根据评价修改教学。形成性评价的形式可以是个别、小组和全班的测试。通过形成性评价，为设计者提供可用于改进教学的数据或信息。

(9) 修改教学。根据形成性评价，设计者总结和解释收集来的数据，确定学习者遇到的问题及发生这些问题的原因,并修改教学步骤。修改教学并不仅仅是修改实际教学本身,还包括对教学内容的有效分析,对学习者特征和起点行为可行性、评价工具的有效性、教学策略制定的科学性等进行修改,从而更好地实现有效教学。

(10) 设计并实施总结性评价。总结性评价是对所开发的教学活动和程序进行最终评价,以确定它在教学中的有效性。迪克和凯瑞认为它不是教学设计中的一个环节,因为它是在教学结束时进行的,并非由教学设计者来设计与执行,所以总结性评价本身不是教学设计过程中必备的一个要素。

迪克-凯瑞的教学设计模式是典型的基于行为主义的教学系统开发模式,也是基于一般教学过程的教学设计模式。这一模式有以下三个特点:

第一,体现以学习者为中心的设计过程,强调学生对学习任务的分析,以及起点能力的确立。

第二,体现教学设计的发展性。迪克-凯瑞的教学设计模式不是一个简单的"线性"设计模式,而是通过"修改教学"环节使教学设计成为一个循环的过程,设计者可以不断分析、评估和修正设计中每一环节,以期完成具体的教学任务,有效实现教学目标。

第三,体现模式的可操作性。迪克-凯瑞的教学设计模式比较贴近教师的现实教学情况,即在课程规定的教学内容、教学目标的条件下,研究如何传递教学信息,因而具有很强的现实意义。事实上大多数教师无法改变现有的课程及所规定的教学内容与教学目标,他们只能在"微观"层面上研究如何教的问题,即怎样更快、更好地组织教学信息并用有效的方法传递给学习者。所以,当代西方有关教学与培训的设计模式林林总总,让人目不暇接,但迪克和凯瑞提出的这个模式正是由于它的独特魅力而一直被奉为经典。

二、加涅的教学设计模式

加涅是美国当代著名的教育心理学家,是信息加工心理学的奠基人之一,代表作主要有《学习的条件》《教学设计原理》和《教学方法的学习基础》。加涅的主要贡献在于他的学习理论和教学设计理论。加涅认为,学生学习有五种不同的结果,即言语信息、智力技能、认知策略、态度、动作技能。言语信息指的是陈述观念的能力,主要是记忆;智力技能指的是运用一定符号的能力,主要是理解、运用概念并进行逻辑推理的能力;认知策略指的是个体对认知过程进行调节和控制的能力;态度是指通过学习形成的影响个体对事物、人或事件作出行为选择的内部状态,决定人们的行为选择;动作技能是指操作能力,指既能描述动作的规则,又能通过练习与反馈逐渐掌握精确和连贯的动作。关于这五种学习结果及内外条件,见表1-1。

表1-1 加涅的五种学习结果及相应的学习条件

学习结果	关键学习条件
言语信息	变换语调或字体,注意突出的特征; 分块呈现信息; 提供有意义的背景,促进信息有效编码; 提供线索促进有效检索

续表

学习结果	关键学习条件
智力技能	突出特征吸引注意; 将内容控制在短时记忆之内; 促进回忆已学的从属技能; 为从属技能的组合排序提供言语指导; 经常练习,定期复习; 创设多种情境促进迁移
认知策略	示范说明策略; 提供运用策略的多种机会; 对策略的效果进行反馈
态度	建立态度的成功期望; 使学生认同榜样人物; 安排个人行为选择; 提供成功的反馈
动作技能	提供动作程序的指导; 重复训练; 及时反馈动作的准确性; 鼓励运用脑力训练

加涅所说的学习结果实际就是学习目标。目标确定后,教学就要为实现目标选择相应的学习条件。因此,在陈述目标时:首先,要运用明确、具体、可操作的语言描述;其次,目标的陈述应反映学习结果的层次性;最后,目标的行为主体是学生。

基于学习是在外部教学指导下的学生内部加工过程的认知,加涅认为教学是一种外部事件,可以通过教学设计来影响学习的内部过程(表1-2)。因此,加涅依据其学习理论提出了教学设计的模式,该模式主要包括九个部分:①引起注意;②告知学习者目标;③刺激回忆先决条件;④呈现刺激材料;⑤提供学习指导;⑥引发学习行为;⑦提供行为正确与否的反馈;⑧评估学习行为;⑨增强保持与迁移。

表1-2 教学事件与学习过程的关系

教学事件	与学习过程的关系
引起注意	进入学习状态
告知学习者目标	明确学习目标
刺激回忆先决条件	新旧知识建立联系
呈现刺激材料	讲授新知识
提供学习指导	给予学习方法指导
引发学习行为	对获得知识进行训练
提供行为正确与否的反馈	对练习效果给予反馈
评估学习行为	对作业进行有效评价
增强保持与迁移	举一反三

基于加涅的信息加工学习理论,教学设计被视为一个优化的信息加工过程。教师需要对教学目标、教学内容、学习者特征等因素进行全面分析,制定合理的教学策略和教学

程序，以促进学习者的有效学习。在实际教学中，教师可以运用加涅的信息加工学习理论来设计教学活动。例如，通过引入情境、呈现问题、提供资源、引导探究等一系列教学活动，为学习者提供实践和探索的机会，促进他们对知识的理解和应用。

三、史密斯-雷根模式

史密斯和雷根（P. L. Smith & T. J. Regan）于1993年在其合著的《教学设计》一书中提出的教学设计模式把学习者的特点、教学目标、教学资源和策略、教学评价和修改按照四个基本问题划分为三个阶段进行具体化。这三个阶段分别是教学分析、教学策略与教学结构设计和教学评价（图1-2）。它是在"迪克-凯瑞模式"的基础上发展而来的，并且很好地吸收了瑞格鲁斯的教学策略分类思想，并把重点正确地放在教学组织策略上。该模式较好地实现了行为主义与认知主义的结合，较充分地体现了"联接—认知"学习理论的基本思想，在国际上有较大的影响。

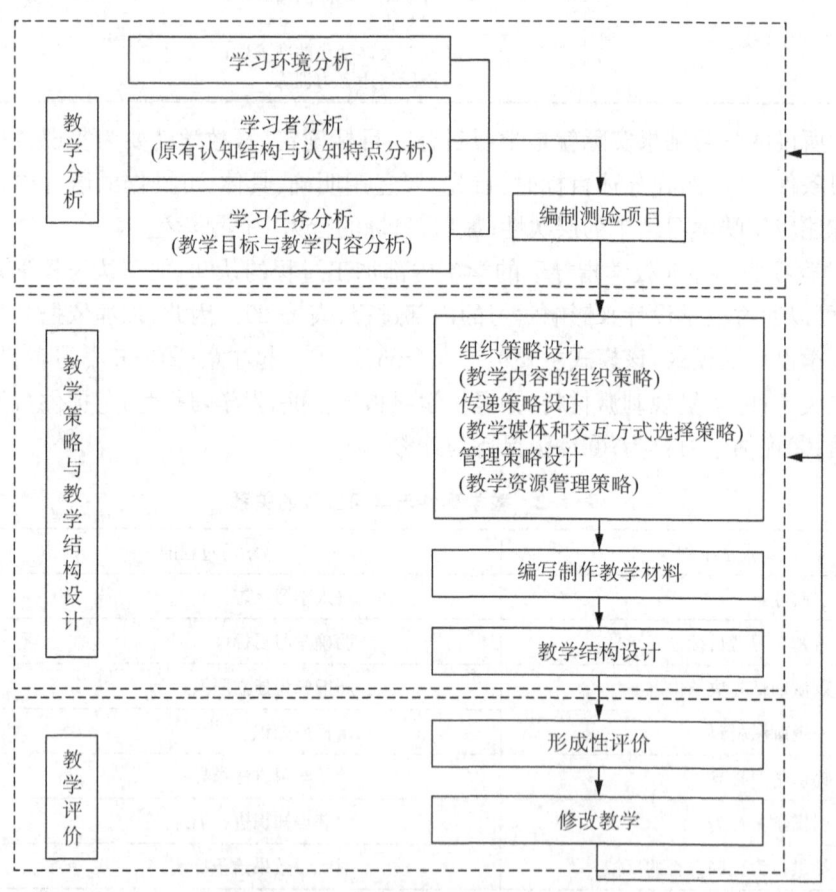

图1-2 史密斯-雷根的教学设计模式

在第一阶段，分析学习环境、学习者、学习任务，制定初步的设计项目（也是要测验的项目）。在第二阶段，确定组织策略、传递策略、管理策略和设计出教学活动方案。组织策略涉及设计学习活动的决策,包括向学生提供呈现的类型、呈现的排列、主体的排序及结构、联系的类型、反馈的性质等等;传递策略同信息如何传递给学生的方式有关,它涉及教学媒体的选择方法、依据,对于教学媒体的选择有强烈的制约作用;管理策略是对需要得到帮助的学生以学习活动互动的方式作出决策,它涉及动机激发技术、个别化教学的形式、教学日程安排及资源配置等。

由于"教学组织策略"涉及认知学习理论的基本内容(为了使学生能最快地理解和接受各种复杂的新知识、新概念,对教学内容的组织和有关策略的制定必须充分考虑学生的原有认知结构和认知特点),所以这一点是使该模型在性质上发生改变,即由纯粹的行为主义联结学习理论发展为"联结—认知"学习理论的关键。

在第三阶段进行形成性评价,并对设计的教学活动方案予以修正。这一过程模式中可以包含多种学习理论的内容,像行为主义学习理论、信息加工学习理论、建构主义学习理论和人本主义学习理论。

四、何克抗的以学为中心的教学设计模式

基于建构主义的以学为中心的教学设计模式是何克抗教授在1998年提出的。他在深入分析建构主义学习环境下教学设计研究所出现的忽视教学目标分析、忽视教师主导作用以及过分强调学习环境设计而忽略自主学习设计等偏向后,提出以"学"为中心的教学设计模式(图1-3)。

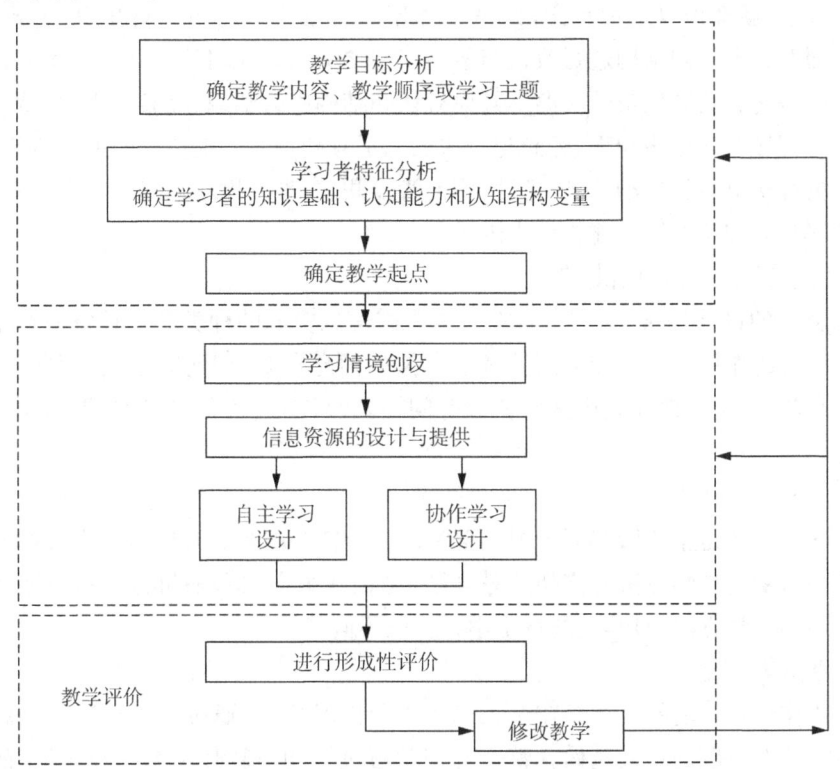

图1-3 以学为中心的教学设计模式

(1) 教学目标分析

对整门课程及各教学单元进行教学目标分析,以确定当前所学知识的"主题"(即与基本概念、基本原理、基本方法或基本过程有关的知识内容)。

在以教为中心的教学设计中,进行教学目标分析的目的是要从教学大纲所规定的总教学目标出发,逐步确定出各级子目标并画出它们之间的形成关系图。由形成关系图即可确定达到规定的教学目标所需的教学内容。在以"学"为中心的教学设计中,进行教学目标分析的目的,如前所述,是确定当前所学知识的"主题"。由于主题包含在教学目标所需的教学内容(即知识点)之中,通过教学目标分析得出总目标与子目标的形成关系图,即意味着已经列出为达到该教学目标所需的全部知识点,据此即可确定当前所学知识的"主题"。

(2) 学习者特征分析

学习者特征分析关注学习者的智力因素和非智力因素,其中智力因素分析主要包括学习者的知识基础、认知能力和认知结构变量分析。

(3) 学习情境创设

创设与当前学习主题相关的、尽可能真实的情境。建构主义认为,学习总是与一定的社会文化背景即"情境"相联系的,在实际情境下或通过多媒体创设的接近实际的情境下进行学习,可以利用生动、直观的形象有效地激发联想,唤醒长期记忆中有关的知识、经验或表象,从而使学习者能利用自己原有认知结构中的有关知识与经验去同化当前学习到的新知识,赋予新知识以某种意义;如果原有知识与经验不能同化新知识,则要引起"顺应"过程,即对原有认知结构进行改造与重组。总之,通过"同化"与"顺应"才能达到对新知识意义的建构。而同化与顺应离不开原有认知结构中的知识、经验与表象,情境创设则为提取长时记忆中的这些知识、经验与表象创造了有利条件。在传统的课堂讲授中,不能提供实际情境所具有的生动性、丰富性,不能激发联想,难以提取长时记忆中的有关内容,因而使学习者对知识的意义建构产生困难。

(4) 信息资源设计与提供

信息资源的设计是指,确定学习本主题所需信息资源的种类和每种资源在学习本主题过程中所起的作用。对于应从何处获取有关的信息资源,如何去获取(用何种手段、方法去获取)以及如何有效地利用这些资源等问题,如果学生确实有困难,教师应及时给以帮助。

(5) 自主学习设计

自主学习设计是整个以"学"为中心教学设计的核心内容。在以学为中心的建构主义学习环境中常用的教学方法有支架式教学法、抛锚式教学法和随机进入教学法等。根据所选择的不同教学方法,对学生的自主学习应做不同的设计。

(6) 协作学习设计

设计协作学习环境的目的是在个人自主学习的基础上,通过小组讨论、协商,以进一步完善和深化对主题的意义建构。整个合作学习过程均由教师组织引导,讨论的问题皆由教师提出。合作学习环境的设计通常有两种不同情况:一是学习的主题事先已知;二是学习主题事先未知。多数的合作学习属于第一种情况,但是第二种情况在教学实践中也会经常遇到。

(7) 学习效果评价设计

包括小组对个人的评价和学生本人的自我评价。评价内容主要围绕三个方面:自主学习能力;合作学习过程中作出的贡献;是否达到意义建构的要求。这一步应设计出使学生不感到任何压力、乐意去进行,又能客观地、确切地反映出每个学生学习效果的评价方法。

上述几种教学设计模式侧重点不同,各有特色。在此,我们重点比较一下史密斯-雷根模式与迪克-凯瑞模式的不同:

(1) 理论基础不同

史密斯-雷根模式较好地实现了行为主义与认知主义的结合,较充分地体现了"联结—认知"学习理论的基本思想,在国际上有较大的影响。以教为中心的教学系统设计模式则是基于建构主义。迪克-凯瑞模式则是以行为主义理论为基础的。

(2) 强调重点不同

史密斯-雷根模式、迪克-凯瑞模式注重对教学策略的选择,主要包括三种教学策略,以学为中心的教学系统设计模式则强调对学习情境的创设和信息资源的设计与提供,看重学习的自主学习能力以及与同伴协作的能力,发展学生的独立思维和团队精神。提出一系列以"学"为中心教学策略,如支架式教学策略、认知学徒教学策略、随机进入教学策略、抛锚式教学策略、社会建构教学策略等等。

(3) 评价不一样

史密斯-雷根模式和以学为中心的教学系统设计模式没有总结性评价,而迪克-凯瑞模式则有总结性评价,也许相对于前两种模式这是较完整的一面。以学为中心的教学系统设计模式强调非量化的整体评价,反对过分细化的标准参照评价;而以教为中心的教学设计模式则是强调标准参照测验,并把测验结果与教学目标对照,分析是否达到以及未达到的各种因素。

(4) 第一模块的内容不同

对于两种以教为中心的教学设计模式,史密斯-雷根模式是在迪克-凯瑞模式的基础上发展起来的,前者比后者要先进得多。前者在第一模块中把教学目标分成"学习环境分析"与"学习者特征分析"两部分,并把二者分析的结果用更具体的"行为目标"表述,则把"学习者特征分析"和"学习任务分析"(包括"教学目标分析"和"教学内容分析"两部分)都归入"教学分析"模块中,补充了"学习环境分析"框,还取消了"行为目标"表述框。显然,这一改进不仅使前者的"教学分析"模块内容更充实,而且在结构上也显得更为简洁、合理。

在迪克-凯瑞模式有关教学策略部分只笼统地提到要"制定教学策略",至于制定哪一类教学策略并未说明;而在史密斯-雷根模式则明确指出应设计三类教学策略:教学组织策略,教学内容传递策略,教学资源管理策略。

迪克-凯瑞模式对教学的"修改"并未放在评价模块中,这是不合理的,因为修改必须以评价所得到的反馈为依据;史密斯-雷根模式对此作了调整——不仅把"修改教学"框置于教学评价模块中而且是放在"形成性评价"之后,这一改进就显得更为科学。

第三节
教学设计的基本要素

关于教学设计的基本要素,学界观点众多,有"教学目标分析、学习者特征分析、教学模式和策略的选择与设计、学习环境设计、教学设计结果的评价",及"确定学习者的需要、确定目的和目标、建构评估过程、设计和选择教学传送的方式方法、试用所设计的教学系统、安装和维持系统",和"学习需要分析、学习内容分析、学习目标的阐明、学习者分析、教学策略的制定、教学媒体的选择和利用、教学设计成果的评价"等说法。这些观点有的基于教师的教,有的基于学生的学,但是教学过程本身就包含教与学,且因素众多、不可分离。所以综合诸家观点,我们认为教学设计的基本要素主要有三大板块,即教学设计的背景分析、教学设计的过程、教学设计的评价,每一板块下又有若干因素(图1-4)。

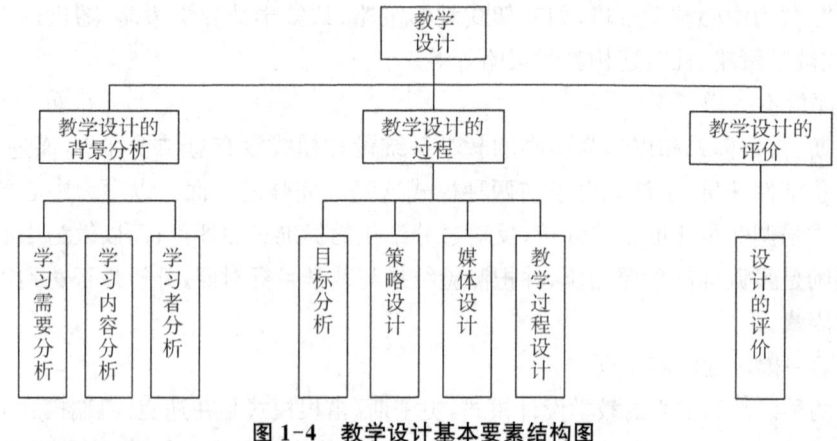

图 1-4　教学设计基本要素结构图

一、教学设计的背景分析

在这个阶段中,设计者要对学习需求、学习内容、学习者进行分析和把握。

1. 学习需要分析

在制定教学目标之前,必须分析学习需要。学习需要是指在某一特定的情境下,学习者学习方面目前的状态与所期望达到的状态或应该达到的状态之间的差距。分析的目的在于发现教学中存在的和需要解决的问题,对解决问题的可行性进行分析,最终确定要解决的问题。总之,在学习需要的分析中,必须解决教师"为何教"、学习者"为何学"的问题。分析学习需要的基本方法有内部参照需要分析法和外部参照需要分析法。

2. 学习内容分析

学习内容的分析,即分析和确定学习者应学习和掌握哪些知识、技能和态度等,解决教师"教什么"、学习者"学什么"的问题,是对学习者的起点能力转化为终点能力所需要的从属知识、技能和态度等进行详细阐释的过程。学习内容分析主要包括学习内容范围的分析和学习内容的结构分析,其步骤是:①确定教学的基本目标;②首次评估学习内容;③确定单元教学目标;④学习内容的具体分析;⑤再次评价学习内容。只有进行学习内容的分析,才能确定学习内容的范围(学习者必须达到的广度)、深度(学习者必须达到的深度和能力的质量水平),同时也明确了教师应该"教什么"和学习者应该"学什么"的问题,也才能揭示学习内容各组成部分之间的关系,为教学安排奠定了基础。对学习内容有较为清楚和全面的把握对教学设计至关重要,是教学设计、具体教学目标形成的前提之一。

3. 学习者分析

对学习者的分析主要是指学习者特征分析,一般包括对学习者的智力因素和非智力因素的分析。奥苏贝尔和加涅等心理学家的研究表明,学习者对某项学习目标的学习已具备的知识和技能、了解和掌握的程度是教学工作成败的关键。分析学习者是为了了解学生的学习准备和学习风格,为教学内容的选择和组织、教学目标的确定、教学活动的安排、教学策略的采用等提供科学的依据。因此,学习者的分析,是教学设计前期分析中的重要环节。

对学习者的分析一般可从学习者的起点水平、学习者的认知结构、学习风格、学习动机等方面进行分析。

 案例链接

"抗日战争"一课的学情分析

一、智力因素

1. 知识基础:学生在初中已经对抗日战争的知识有所了解,但对高中教材的编排比较陌生,因此,应强化对史实的全面讲解,教学上采取自主导学模式。

2. 认知能力:高一学生对历史的认识仍然停留在听故事、死记硬背应付考试的层面,只是感性地认识历史事物。此课的学习过程中,针对全面抗战的深刻原因,关于敌后战场和正面战场的地位和作用问题进行理性和客观的分析。

3. 认知结构:高中生的认知结构是由表及里、由浅入深。因此,在教学过程中应该由浅入深循序渐进地进行引导学习,如依次讲解全面抗战的开始、过程、结果、影响及为什么能够结成统一战线。

二、非智力因素

受各种影视剧的影响,学生对日本政府滔天罪行早有耳闻,内心的愤怒使得他们很想去了解事实的真相。通过此课的学习,学生应该全面正确客观地了解事实,理性爱国。

三、班级学生情况

班风正,学风好,学生敢于表达自己的观点,思维活跃、参与意识强,可进行探究性学习。

"夏商西周的政治制度"一课的学情分析

高一学生刚刚步入高中阶段,思维活跃,好奇心强,记忆力强。我班大多数学生有较浓厚的学习兴趣,想象力丰富,但基础知识掌握尚不牢固,没有形成系统的历史学习方法,甚至对"政治制度"这一抽象概念理解不深。在初中时期对夏商西周政治制度基本上没有了解,学生只是知道一些与之相关的人物故事,如大禹治水等。本课是学生进入高中的第一节历史课,中国古代早期的政治制度,如分封制、宗法制(尤其是宗法制)对中国后面几千年的政治制度有很重要的影响,是本课的学习重点,但由于距今太久远,学生可能难以理解。因此,本课必须注重基础知识构建,用重现历史的方式,创设情境,设计活动,帮助学生获得相关经验,激发学生历史学习兴趣和想象力。

二、教学设计的过程

教学设计的过程是教学设计的决策和生成阶段,设计者对教学目标、教学策略、教学信息资源、教学传媒及设计的方式方法作出选择和决定,并且创造性地设计出产品,同时考察其可行性。

1. 教学目标的设计

教学目标的设计是在对学习需要、学习内容和学习者分析结果的基础上编写的。教学目标是对学习者通过教学后应该表现出来的可见行为的具体的、明确的表述,它既是教学的出发点,也是教学的最终归宿。明确具体的教学目标有利于教学策略的制定和教学媒体的选择,同时也为教学评价提供了依据。

2. 教学策略的设计

教学策略是指在不同的教学条件下,为达到不同的教学目标所采取的方式、方法、媒体的总和,它是实现教学目标的重要手段,是教学设计的重点。教学策略的设计主要包括课型与结构、教学内容呈现顺序、教与学的活动、教与学的方法、教学的时空安排、教学资源的安排等方面的问题。简言之,教学策略主要解决教师"如何教"和学习者"如何学"的问题。在整个教学设计过程中,教学策略的设计具体而详细,发挥着十分重要的作用。

3. 教学媒体的设计

"媒体"一词的英文为 media,意为中介、媒介、工具。教学媒体就是指直接介入教学活动过程中,能用来传递和再现教育信息的现代化设备(硬件),以及记录、储存信息的载体(软件),如电唱机和唱片、幻灯机和幻灯片、投影仪和投影片、录音机和录音带、电影机和电影片等。随着现代科技的发展,可供选择的教学媒体多种多样,选择的余地很大,应根据学习内容的需要、学习者的特征、教学目标的要求、教学策略的安排等选择最恰当的教学媒体,并能具体设计教学媒体。

媒体在教学中具有展示事实、创设情境、提供示范、呈现过程、设疑思辨、解决问题、提供评价分析等作用,使课堂冲破时空限制,超越教育、教学的传统视野,丰富了教学内容,增加了教学的密度和容量,为学生个性、素质的发展提供了无限广阔的空间。精心选择的教学媒体有助于学习者集中注意力和激发其学习兴趣,促进学习者对事物的理解和记忆,还可为学习者个体操作和学习行为提供自我分析的机会。

4. 教学过程的设计

教学过程的设计,常常是采用流程图的形式简明扼要地表达各要素之间的相互关系,直观地表示教学过程,清晰地展现教学流程。

 案 例 链 接

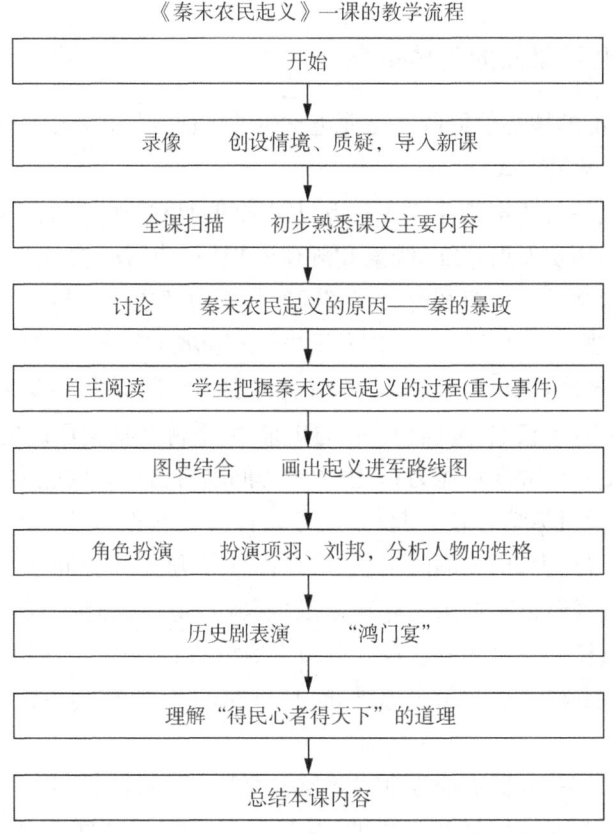

《秦末农民起义》一课的教学流程

三、教学设计的评价

教学设计的评价阶段,即对整个设计方案进行评价与修订,与前两个阶段一起贯穿管理过程并形成一个闭合的反馈调节系统。

教学设计的评价,是指对教学设计方案进行形成性评价。先在一个小范围内进行试用,以了解方案的可行性、实用性、有效性。通过形成性评价发现教学设计的缺陷,检查教学需要分析的准确性,修正教学设计过程,然后再试用、再修正,以提高教学设计的质量,以期获得最优的教学效果。

将教学设计分解为诸多要素,是为了更加深入地了解、分析及掌握整个教学系统设计过程的技术,而在教学系统设计的实践中,要从教学系统的整体功能出发,对各要素进行综合考虑,使其产生整体效应。

第四节
中学历史教学设计的价值取向

一、中学历史新课程的价值取向

历史新课程标准的核心价值取向是促进学生的全面发展,具体表现在以下四个方面。

1. 转变学生的学习方式

"历史教育的最终目的不是停留在对历史知识的简单掌握上,而是希望通过学生对重要历史事件和人物,历史发展特征、线索和规律的把握,使历史教学尽可能与现实生活和时事联系起来,以增强学生理解和解决现实问题的能力。"在知识与能力要求上,三个课标都强调学生的能力要求,《全日制义务教育历史课程标准(实验)》一方面要求学生掌握一些基本的历史学习技能,如正确计算历史年代、识别和使用历史图表等技能,另一方面要求学生具备五种能力:①获取、解读历史信息的能力;②陈述历史问题的能力;③丰富的历史想象能力;④历史知识的迁移能力;⑤独立思考问题得出结论的能力。初中历史课程目标将技能目标和能力目标整合在一起。《义务教育历史课程标准(2011年版)》要求学生具有历史的时序思维能力,历史的阅读能力、观察能力、陈述历史问题的能力,分析和解决历史问题的能力等。《普通高中历史课程标准(实验)》重点强调:①在掌握历史知识的过程中,进一步提高阅读和通过多种途径获取历史信息的能力;②培养历史思维和解决问题的能力。高中课程明确提出的"历史思维能力"目标,显然是在初中课程基础上进一步的提升和发展。

不论是初中还是高中,历史课程都以素质教育为出发点,以培养学生的创新精神与实践能力为目的,所以新课程以转变学生的学习方式为核心,注重学生学习历史知识的过程,注重对学生学习能力的培养,在教学过程中加强对学生学习方法的指导,使学生学会学习。鼓励学生在学习时进行独立思考和交流合作,培养学生提出问题和分析问题的能力,逐步养成探究式学习的习惯,具备创造性学习能力。创造宽松的学习环境和氛围,为学生主动学习、积极探究、合作与交流提供条件。鼓励学生积极思考,勇于提出疑问和说明自己的观点、看法,对历史进行有意义、有创建的阐释。引导学生积极参与校外的历史考察和社会调查活动,在实践中发现问题,并运用已学的历史知识、技能和方法去解决问题,提高实践能力。如对学校周边的文物古迹、社区、村庄、企业等进行历史沿革、发展现状的调查,搜集相关的资料、信息,并加以整理和分析,进行较为完整的叙述,提出自己的见解。

2. 转变教师的教学方式

历史新课程提倡教学形式多样化,要求根据教学目标、教学内容的特点、学生的实际情况和教师的自身特点，选择和运用适当的教学方式、教学方法和教学手段。注重启发式、互动式教学，积极探索多种教学途径，组织丰富多彩的教学活动，例如：开展课堂讨论，组织辩论会，举行历史故事会，举办历史讲座，进行历史方面的社会调查，参观历史博物馆、纪念馆和爱国主义教育基地，考察历史遗址和遗迹，采访历史见证人，编写历史剧，观看并讨论历史题材的影视作品，仿制历史文物，撰写历史小论文，写家庭简史和历史人物小传，编辑历史题材的板报、通讯、刊物上的文章，举办小型历史专题展览，等等。

提倡教学方法、教学手段的多样化和现代化。在教学中，要将教师的讲述、讲解、演示等与学生的观察、材料演示、讨论、问题探究等结合起来；充分运用教学挂图、幻灯、投影、录音、录像、影片、模型等形式，进行形象、直观的教学；注重现代信息技术与历史教学的整合，努力创造条件，利用多媒体、网络信息组织教学，开发和制作历史课件。

3. 倡导多元化评价方式

新课程倡导评价主体多元化、评价方式多样化，注重目标、教学和评价的一致性，从注重学生学习结果评价向注重学习过程的评价转变，对学生的历史学习过程和效果进行全面的价值判断。学习评价应坚持诊断性评价、形成性评价与终结性评价相结合，教师评价与学生自我评价、同学间相互评价相结合，量性评价与质性评价相结合的原则。既要注重评价学生的学业成就，如历史知识的掌握、能力、思维方法与品质等，还要考虑学生学习的其他变化，如对所学内容的情感倾向、对学习方式的效果领悟，以及与相关学科的迁移情况。评价的主要目的是全面了解学生学习历史的过程和结果，激励学生学习，促进学生的学业进步和全面发展，以及改善教师的教学和提高教学质量。

4. 体现正确的思想导向和价值判断

历史教育承担着爱国主义教育、民族精神教育、民族团结教育、优秀文化传统教育、人格教育和国际意识培养等教育责任。历史课程要求：以唯物史观为指导，对人类历史的发展进行科学、正确的阐释，客观分析历史人物、历史事件和历史现象，对历史问题进行实事求是的解释和评述；坚持论从史出、史论结合的原则，力求科学性、思想性和生动性的统一；在评价历史人物和历史事件时，要注意坚持正确的价值引领，帮助学生逐步形成正确的世界观、人生观和价值观；注重拓展历史课程的情感教育功能，充分发掘课程内容的思想情感教育内涵，潜移默化地对学生进行情感态度与价值观方面的熏陶。

课程标准是一个时代的反映，如《义务教育历史课程标准（2011年版）》体现了《国家中长期教育改革和发展规划纲要（2010—2020年）》的精神，指出："义务教育阶段的历史课程，是在唯物史观的指导下，弘扬以爱国主义为核心的民族精神和以改革创新为核心的时代精神，传承人类文明的优秀传统"，"坚持用唯物史观阐释历史的发展与变化，使学生认同中华民族的优秀文化传统，增强爱国主义情感，坚定社会主义信念，拓展国际视野，逐步树立正确的世界观和人生观。"凸显历史学科的教育功能，充分体现社会主义核心价值观。

二、新课程背景下历史教学设计的价值取向

随着教学信息激增，教学技术迅猛发展，教学资源日渐丰富，新的时代对教学设计又

有了新的要求。特别是我国实施基础教育课程改革以来,课改的基本精神和核心理念都将通过教学改革得以落实。鉴于此,历史教学设计的价值取向表现在以下四个方面。

（一）积极落实学科核心素养

历史学科核心素养是指学生在学习历史的过程中,逐步形成的具有历史学科特征的必备品格和关键能力,是知识与技能、过程与方法、情感态度与价值观等方面的综合表现,包括唯物史观、时空观念、史料实证、历史解释和家国情怀五个方面。历史教学是培养和发展学生历史学科核心素养的基本途径。要实现基于历史学科核心素养的教学,教师须确立新的认知观、教学观和评价观,从知识本位转变为素养本位,努力将学生对知识的学习过程转化为发展核心素养的过程。为此,在教学实践中,教师要将教学目标、教学内容、教学过程及教学评价等聚焦于培养和发展学生的历史学科核心素养。学生在学习过程中不应仅仅以掌握知识作为自己完成学习任务的唯一目标,而应力求在知识、能力、思维方式和情感领域完成课程目标对整个学习过程的要求,这样才能充分发挥历史教育的社会功能,实现升华个人精神境界、提高文化素质的教育目的。

（二）构建师生互动的历史课堂

教学是教师教与学生学的统一,教学的过程就是教师和学生交往的过程,是师生互动、共同发展的过程。只不过这种交往和互动是在一种特定的环境下,围绕特定的内容而进行的。交往论认为,交往的基本属性是互动性和互惠性,强调通过师生间、学生间动态的信息交流实现师生互动,达成共识,共同发展。对教学而言,交往是弥漫、充盈于师生之间的一种教育情境和精神氛围;对学生而言,交往意味着心态开放,主体性凸现,个性张扬,创造性得到释放;对教师而言,交往意味着与学生一起分享理解,意味着角色定位的转移,是自己生命活动、专业成长和实现自我的过程。

因此,教学设计就要设计构建师生互动的课堂,让教师与学生、学生与学生间能碰撞出思想的火花。

（三）促进教学设计的有效实施

教学设计是在课堂教学前教师设计的一种教学方案,这一方案是否能有效实施,取决于教师课前对学生的分析和学习内容的分析是否合理、教学目标制定是否科学、教学策略和教学媒体的选择是否恰当等因素。

关于有效性,教学论专家余文森教授作过很通俗的解说,"课堂教学的有效性是指通过课堂教学活动,学生在学业上有收获、有提高、有进步。具体表现在:学生在认知上,从不懂到懂,从少知到多知,从不会到会;在情感上,从不喜欢到喜欢,从不热爱到热爱,从不感兴趣到感兴趣","学业上有收获,懂了、会了,产生兴趣了,问题就是这么简单明了"。

赵亚夫教授认为,就一堂课来讲,主要体现在三个方面:一是课堂教学的效率;二是课堂教学的有效性;三是学生在课堂教学中的体验。学习效率是指学习、掌握特定内容所花费的时间,时间越少,效率越高;教学的有效性是指学生经过学习所产生的变化、获得的进步和成绩,主要体现在学生在每一节课是否有实实在在的收获。教学的有效性不仅仅表现在双基(基础知识和基本技能)的掌握上,而且也表现在智能方面,特别是学生学习方法和能力的提高及思维方式的转变上。学习体验主要是学生在学习过程中的感受,即伴随学习活动发生的心理体验,这是有效教学的灵魂。历史教学设计要从历史课堂教学的效率、效益和学生的体验等方面下功夫。

(四) 实现预设与生成的有机统一

教学设计强调其预设性,但课堂是复杂多变的,有些教学情况是教师无法准确全面预测的,那么,如何处理预设与生成的问题呢? 预设与生成是对立的矛盾统一体。就对立而言,教学的预设性要求,使本该动态生成的课堂变成机械执行教案的过程,缺乏必要的开放和生成,导致了教学运行体系的相对封闭,使课堂教学变得机械、沉闷和程式化,缺乏生机和活力,使师生的生命力在课堂中得不到充分的发挥;就统一而言,预设与生成相互依存,预设增强了教学的计划性,生成使教学变得更有张力,没有预设的生成往往是盲目的,而没有生成的预设又往往是低效的。20世纪中叶,美国心理学家、教育家布鲁姆提出:"人们无法预料教学所产生的成果的全部范围。没有预料不到的成果,教学也就不成为一种艺术了。"苏联教育家苏霍姆林斯基也说过:"教育的技巧不在于能预见到课堂的所有细节,而是在于根据当时的具体情况,巧妙地在学生不知不觉中作出相应的变动。"

因此,实现预设与生成的有机统一是教学设计追求的目标之一,华东师范大学叶澜教授指出:"要从生命的高度,用动态生成的观点看课堂教学。课堂教学应被看作师生人生中一段重要的生命经历,是他们生命的、有意义的构成部分,要把个体精神生命发展的主动权还给学生。"华东师范大学崔允漷教授也强调:"预期的学习结果是教学设计时关注的重点,是课堂教学过程的决定因素,也是教学效益中可评价的那一部分,如果这一底线都坚守不住,过于重视生成性目标,教学就有可能走向'无目的'的误区。"

预设与生成是精彩的课堂教学不可缺少的两个方面,预设体现教师的匠心,通过预设去促进生成,生成闪现着智慧的火花,在生成中实现预设的目标。教师在课堂教学中,要准确把握好生成的空间、给予学生充分的生成时间,让学生在动态生成中构建属于自己的认知结构,真正促进学生的可持续发展。生命的课堂是因预设而存在,因生成而精彩,把生成建立在预设的基础上,对预设进行丰富、拓展、调节和重建,预设中有生成,生成中有预设,生成超越预设。

第二章

中学历史教学目标的设计与案例分析

第一节 中学历史教学目标概述

一、教学目标的概念

美国著名的心理学家、教育学家布鲁姆认为,教学目标是用特定的方式描述在教学之后,学生能做什么,或者学生应具备哪些特征。我国有学者认为,教学目标是指教师预期学生能够达到的学习结果,它可分为课程教学目标、单元教学目标、课时教学目标等不同层次。

教学目标是通过教学活动预期达到的结果或标准,是对学生通过教学以后将能做什么的一种明确的、具体的表述,主要描述学生通过学习后预期产生的行为变化。可见,教学目标描述的是学生学习后的变化,变化以可观察的行为指标为标准,它表现为对学习终结行为的描述,或对学生在教学结束时其知识等方面变化的说明。对此可以从三个方面进行理解:

第一,教学目标是教与学合作实现的目标,它表现为教师通过教学活动引起学生行为的变化;

第二,教学目标是教师对教学活动预期的结果,它表明教学是有目的的支配活动;

第三,教学目标是可测量的,教师通过检测学生的课堂行为表现,也可以通过编制相应的试题等方法检测目标的达成情况。

教学目标是教学设计的中心,是课堂教学的出发点和归宿,设置教学目标是教学设计的首要环节,合理的教学目标是保证教学活动顺利进行的必要条件,所有的教学行为包括教学形式、方法、策略等都要紧紧围绕教学目标来进行。

二、中学历史课程目标与教学目标

(一) 课程目标的概念

课程目标是指学校课程所要达成的学生身心发展的预期结果,是在课程设计与开发过程中,课程本身要实现的具体要求,它规定了某一教育阶段的学生通过课程学习后,在发展品德、智力、体质、素养等方面所要达到的程度。或简言之,课程目标是根据教育规律和教育目的提出的课程的具体价值和任务指标,其内涵体现在对受教育者的预期希望和课程选择的价值蕴含上。

确定课程目标须注意三个方面的要求:学习者的需要、当代社会生活的需要、学科知识及其发展的需要。

1. 学习者的需要

课程的设置是为了学习者的学习,促进学习者的身心发展。学习者的需要是课程目标确定的一个基本依据。要了解学习者的学习需要，就要研究学习者的学习兴趣和身心发展特点，这样才能保证课程设置的有效性。

2. 当代社会生活的需要

学校教育的一个主要任务就是使学生逐渐社会化，课程目标的确定应当反映社会生活的需要，将社会生活的需求作为制定课程目标的重要依据之一。在确定课程目标时应明白哪些才是课程目标的重点，形成重点突出、层次分明的需求系列层级，并在课程目标中体现出来。

3. 学科知识及其发展的需要

人类文化遗产中最具学术性的知识是课程中不可缺少的因素，学科知识内含着自身的逻辑体系，包含着基本概念和基本原理、探究方式、学科发展趋势、与相关学科的关系等内容。这要研究学科知识本身的特点、价值及组织方式。

（二）中学历史课程目标的主要内容

1. 初中历史课程目标

2001年，教育部颁布的《全日制义务教育历史课程标准（实验）》规定了初中阶段历史课程的目标。

（1）知识与能力

掌握基本的历史知识，包括重要的历史人物、历史事件和历史现象，以及重要的历史概念和历史发展的基本线索。

在掌握基本历史知识的过程中，逐步形成正确的历史时空概念，掌握正确计算历史年代、识别和使用历史图表等基本技能，初步具备阅读、理解和通过多种途径获取并处理历史信息的能力，形成用口头和书面语言，以及图表等形式陈述历史问题的表达能力。

形成丰富的历史想象力和知识迁移能力，逐步了解一定的归纳、分析和判断的逻辑方法，初步形成在独立思考的基础上得出结论的能力；初步了解人类社会是从低级向高级不断发展的、历史发展是有规律的等科学的历史观，学习客观地认识和评价历史人物、历史事件和历史现象。

（2）过程与方法

历史学习是一个从感知历史到积累历史知识、从积累历史知识到理解历史的过程。通过课堂学习和课后活动，逐步感知人类在文明演进中的艰辛历程和巨大成就，逐步积累客观、真实的历史知识；通过收集资料、构建论据和独立思考，能够对历史现象进行初步的归纳、比较和概括，产生对人类历史的认同感，加深对人类历史发展进程的理解，并作出自己的解释。

注重探究式学习，勇于从不同角度提出问题，学习解决历史问题的一些基本方法；乐于同他人合作，共同探讨问题，交流学习心得；积极参加各种社会实践活动，学习运用历史的眼光来分析历史与现实问题，培养对历史的理解力。

（3）情感态度与价值观

逐渐了解中国国情，理解并热爱中华民族的优秀文化传统，形成对祖国历史与文化的认同感，初步树立对国家、民族的历史责任感和历史使命感，培养爱国主义情感，逐步确立为祖国的社会主义现代化建设、人类和平与进步事业做贡献的人生理想。

形成健全的人格和健康的审美情趣,确立积极进取的人生态度、坚强的意志和团结合作的精神,增强承受挫折、适应生存环境的能力,为树立正确的世界观、人生观和价值观打下良好的基础。

在了解科学技术给人类历史发展带来巨大物质进步的基础上,逐步形成崇尚科学精神的意识,确立求真、求实和创新的科学态度。

了解历史上专制与民主、人治与法治的演变过程,理解从专制到民主、从人治到法治是人类历史发展的必然趋势,不断强化民主与法治意识。

了解人类社会历史发展的多样性,理解和尊重世界各国、各地区、各民族的文化传统,学习汲取人类创造的优秀文明成果,逐步形成面向世界、面向未来的国际意识。

在10年新课程实验取得成就与经验的基础上,2011年年底,教育部正式颁布了《义务教育历史课程标准(2011年版)》。其中规定的初中历史课程的目标是:

通过义务教育阶段历史课程的教学,学生能够掌握中外历史的基本知识,初步掌握学习历史的基本方法和基本技能;对人类历史的延续与发展产生认知兴趣,感悟中华文明的历史价值和现实意义,养成爱国主义情感,开拓观察世界的视野,认识世界历史发展的总体趋势;初步形成正确的世界观、人生观和价值观,为成为拥有良好综合素质的合格公民奠定基础。

(1) 知识与能力

①知道重要的历史事件、历史人物及历史现象,知道人类文明的主要成果,初步掌握历史发展的基本线索。

②了解历史的时序,初步学会在具体的时空条件下对历史事物进行考察,从历史发展的进程中认识历史人物、历史事件的地位和作用。

③了解多种历史呈现方式,包括文献资料、图片、图表、实物、遗址、遗迹、影像、口述以及历史文学作品等,提高历史的阅读能力和观察能力,形成符合当时历史条件的一定历史情境想象。

④初步学会从多种渠道获取历史信息,了解以历史材料为依据来解释历史的重要性;初步形成重证据的历史意识和处理历史信息的能力,逐步提高对历史的理解能力,初步学会分析和解决历史问题。

⑤学会用口头、书面等方式陈述历史,提高表达与交流的能力。

(2) 过程与方法

①通过多种途径感知历史,学会从当时的历史条件理解历史上的人和事,并经过分析、综合、概括、比较等思维过程,形成历史概念,进而认识历史发展的时代特征和历史发展的基本趋势。

②在学习历史的过程中,逐步学会运用时序与地域、原因与结果、动机与后果、延续与变迁、联系与综合等概念,对历史事实进行理解和判断。

③在了解历史事实的基础上,逐步学会发现问题、提出问题,初步理解历史问题的价值和意义,并尝试体验探究历史问题的过程,通过搜集资料、掌握证据和独立思考,初步学

会对历史事物进行分析和评价,并在探究历史的过程中尝试反思历史,汲取历史的经验教训。

④逐步掌握学习历史的一些基本方法,包括计算历史年代的方法、阅读教科书及有关历史读物的方法、识别和运用历史地图和图表的方法、查找和收集历史信息的途径和方法、运用材料具体分析历史问题的方法等。

⑤初步掌握解释历史问题的方法,力求在表达自己的见解时能够言而有据,推论得当;学会与教师、同学共同对历史问题进行探究与讨论,能够积极汲取他人的正确见解,善于与他人合作,交流学习心得和经验。

(3) 情感态度与价值观

①从历史的角度认识中国的具体国情,认同中华民族的优秀文化传统,尊重和热爱祖国的历史和文化;认识在漫长的历史进程中,我国各族人民密切交往、相互依存、休戚与共,形成了中华民族多元一体的格局,共同推动了国家发展和社会进步,增强民族自信心和自豪感。

②感悟近现代中国人民为救亡图存和实现中华民族伟大复兴而进行的英勇奋斗和艰苦探索,认识中国共产党在中国革命、建设和改革事业中的决定作用,树立中国特色社会主义理想信念;继承和弘扬以爱国主义为核心的民族精神,认识到国家统一、民族团结和社会稳定是中国强盛的重要保证,初步形成对国家、民族的认同感,增强历史责任感。

③了解人类社会历史发展的基本趋势及人类文化的多样性,理解和尊重世界各国、各民族的文化传统,学习汲取人类创造的优秀文明成果;认识和平与发展是当今时代的主题,逐步形成面向世界的视野和意识。

④认识人类历史上物质文明、精神文明发展的重要性,理解历史上的革命与改革在不同程度上促进了社会的进步,认识从专制到民主、由人治到法治是历史发展的必然趋势,不断发展社会主义民主与加强社会主义法治意识。

⑤认识科学技术的发展对人类历史进步的推动作用,逐步形成尊重科学、崇尚科学的意识,树立求真、求实和创新的科学态度;从历史的演变中认识合理开发和利用资源、生态环境保护的重要性,初步形成可持续发展的观念。

⑥认识人民群众创造历史的作用,以及杰出人物在历史上的重要贡献,吸取前人的经验和智慧,初步理解个人与群体、个人与社会的关系,提高对是与非、善与恶、美与丑的识别判断力,逐步确立积极进取的人生态度,形成健全的人格和健康的个性品质。

义务教育课程规定了教育目标、教育内容和教学基本要求,体现国家意志,在立德树人中发挥着关键作用。2001年颁布的《义务教育课程设置实验方案》和2011年颁布的《义务教育课程标准》,坚持了正确的改革方向,体现了先进的教育理念,为基础教育质量提高作出了积极贡献。随着义务教育全面普及,教育需求从"有学上"转向"上好学",必须进一步明确"培养什么人、怎样培养人、为谁培养人",优化学校育人蓝图。当今世界科技进步日新月异,网络新媒体迅速普及,人们生活、学习、工作的方式不断改变,儿童青少年成长环境深刻变化,人才培养面临新挑战。义务教育课程必须与时俱进,进行修订完善。基于此,2022版《义务教育历史课程标准》应运而生。相较于之前的课程标准,2022年颁布的《义务教育历史课程标准》出现了一系列新的变化。

课程目标

历史课程围绕核心素养,体现课程性质,反映课程理念,确立课程目标。

(1) 核心素养内涵

核心素养是学生通过课程学习逐步形成的正确价值观、必备品格和关键能力,是课程育人价值的集中体现。通过核心素养的培育,落实立德树人根本任务。

历史课程要培养的核心素养,主要包括唯物史观、时空观念、史料实证、历史解释、家国情怀五个方面。

①唯物史观

唯物史观是揭示人类社会历史客观基础及发展规律的科学的历史观和方法论。

人类对历史的认识是由表及里、逐渐深化的,要透过历史的纷杂表象认识历史的本质,必须以科学的历史观和方法论为指导。唯物史观使历史学成为一门科学,只有运用唯物史观的立场、观点和方法,才能对历史有全面、客观的认识。

在义务教育阶段,要求学生初步学会在唯物史观的指导下看待历史。

②时空观念

时空观念是在特定的时间联系和空间联系中对事物进行观察、分析的意识和思维方式。

任何事物都是在特定的、具体的时间和空间条件下存在的,只有在特定的时空框架中,才可能对史事有准确的理解。

在义务教育阶段,要求学生学会在具体的时空条件下考察历史。

③史料实证

史料实证是指对获取的史料进行辨析,并运用可信史料努力重现历史真实的态度与方法。

史料是认识历史的主要依据。要形成对历史的正确、客观的认识,必须重视史料的搜集和解读,并在学习和探究活动中加以运用。

在义务教育阶段,要求学生初步学会依靠可信史料了解和认识历史。

④历史解释

历史解释是指以史料为依据,客观地认识和评判历史的态度和方法。

所有历史叙述本质上都是对历史的解释,即便是对基本事实的陈述也包含了陈述者的主观认识。只有通过对史料的搜集、整理和辨析,辩证、客观地描述历史,揭示历史表象背后的深层因果关系,才能不断接近历史真实。

在义务教育阶段,要求学生初步学会有理有据地表达自己对历史的看法。

⑤家国情怀

家国情怀是学习和探究历史应具有的人文追求与社会责任。

学习和探究历史应充满人文情怀并关注现实问题,热爱家乡,热爱祖国,放眼世界,以服务于国家富强、中华民族伟大复兴和人类命运共同体的构建。

在义务教育阶段,要求学生形成对家乡、国家和中华民族的认同,具有国际视野,有理想、有担当。

上述五个方面是不可分割的有机整体。其中,唯物史观是历史学习的理论指引,是其他素养得以达成的理论保证;时空观念是历史学科本质的体现,是其他素养得以达成的基础条件;史料实证是历史学习的必备技能,是其他素养得以达成的必要途径;历史解释是对历史思维与表达能力培养的基本要求,是其他素养得以达成的集中体现;家国情怀体现了历史学习的价值追求,是其他素养得以达成的情感基础和理想目标。

(2) 目标要求

历史课程的目标是落实立德树人根本任务,体现历史课程的育人功能,培养学生的核心素养,引导学生初步树立正确的历史观、民族观、国家观、文化观,明理、增信、崇德、力行。

①初步学会在唯物史观的指导下看待历史

能够认识劳动在人类社会发展中的重要作用,知道物质生产是人类生存和人类社会发展的基础;知道人民群众是物质生产的主要承担者和历史的创造者;知道生产力发展的重要性,知道生产力和生产关系的矛盾运动、经济基础和上层建筑的矛盾运动是社会历史发展的根本动力;知道在阶级社会中存在着阶级矛盾和阶级斗争,阶级斗争是推动历史发展的直接动力;初步了解人类社会形态从低级到高级的发展趋势。能够将唯物史观运用于历史学习,结合史实进行阐述和说明。

②学会在具体的时空条件下考察历史

了解历史发展的时间顺序和空间要素,初步掌握计算历史时间和识别历史地图的方法,并能够在历史叙述中运用这些方法;能够将事件、人物、现象等置于历史发展的特定或总体进程及具体的地理空间中加以考察,并从历史发展的角度认识其地位和作用。

③初步学会依靠可信史料了解和认识历史

了解史料的主要类型,初步学会从多种渠道获取历史信息,提高对史料的识读能力;能够尝试运用史料说明历史问题,学会根据可信史料对历史进行论述;初步形成重证据的意识和处理历史信息的能力。

④初步学会有理有据地表达自己对历史的看法

能够初步区分历史叙述中的史实与解释;能够客观叙述和分析历史,有理有据地表达自己的看法;在理解和辨析相关史料的基础上,尝试发现和提出新的问题,加以论证,形成自己的历史认识。

⑤形成对国家和中华民族的认同,具有国际视野,有理想、有担当

能够从历史的角度认识中国国情,认识中华民族多元一体的历史发展趋势,增强热爱家乡、热爱祖国的情感,铸牢中华民族共同体意识;了解并认同社会主义先进文化、革命文化、中华优秀传统文化,认识中华文明的历史价值和现实意义,增强民族自尊心、自信心和自豪感;了解中国历史上的英雄人物,崇尚英雄气概,传承民族气节;培育和践行社会主义核心价值观,把握习近平新时代中国特色社会主义思想的核心要义,树立中国特色社会主义道路自信、理论自信、制度自信、文化自信。

了解人类文化的多样性,理解和尊重世界各国、各民族的文化传统,认识中国历史与

世界历史相互关联；了解中华文明对世界文明进步作出的突出贡献，体现立足中国、面向世界的视野和胸怀，初步树立构建人类命运共同体的意识。

逐步确立积极进取的人生态度，形成健全的人格，具有为家乡、国家和世界发展贡献力量的远大理想和责任担当。

2. 高中历史课程目标

2003年教育部颁布的《普通高中历史课程标准（实验）》规定了高中阶段历史课程的目标。

通过普通高中历史课程学习，扩大掌握历史知识的范围，深入地了解历史发展的基本线索；对历史唯物主义的基本理论和方法有所了解，初步认识人类社会发展的基本规律，学会运用科学的理论和方法认识历史和现实问题，逐步形成科学的世界观和历史观；树立不断完善自我、为祖国社会主义现代化建设作贡献和关注民族与人类命运的人生理想。

（1）知识与能力

在义务教育的基础上，进一步认识历史发展进程中的重大历史问题，包括重要的历史人物、历史事件、历史现象和历史发展的基本脉络。

在掌握基本历史知识的过程中，进一步提高阅读和通过多种途径获取历史信息的能力；通过对历史事实的分析、综合、比较、归纳、概括等认知活动，培养历史思维和解决问题的能力。

（2）过程与方法

进一步认识历史学习的一般过程。学习历史是一个从感知历史到不断积累历史知识，进而不断加深对历史和现实的理解的过程；同时也是主动参与、学会学习的过程。

掌握历史学习的基本方法。学习历史唯物主义的基本观点和方法，努力做到论从史出、史论结合；注重探究学习，善于从不同的角度发现问题，积极探索解决问题的方法；养成独立思考的学习习惯，能对所学内容进行较为全面的比较、概括和阐释；学会同他人，尤其是具有不同见解的人合作学习和交流。

（3）情感态度与价值观

通过历史学习，进一步了解中国国情，热爱和继承中华民族的优秀文化传统，弘扬和培育民族精神，激发对祖国历史与文化的自豪感，逐步形成对国家、民族的历史使命感和社会责任感，培养爱国主义情感，树立为祖国现代化建设、人类和平与进步事业做贡献的人生理想。

加深对历史上以人为本、善待生命、关注人类命运的人文主义精神的理解。培养健康的审美情趣，努力追求真善美的人生境界。确立积极进取的人生态度，塑造健全的人格，培养坚强的意志和团结合作的精神，增强经受挫折、适应生存环境的能力。进一步树立崇尚科学精神，坚定求真、求实和创新的科学态度。

中学历史课程承载着历史学的教育功能。普通高中历史课程，是在义务教育历史课程的基础上，进一步运用历史唯物主义观点，以社会形态从低级到高级发展为主线，展现历史演进的基本过程以及人类在历史上创造的文明成果，揭示人类历史发展的基本规律和大趋势，促进学生全面发展的一门基础课程。学生通过高中历史课程的学习，进一步拓宽历史视野,发展历史思维,提高历史学科核心素养,能够从历史发展的角度理解并认同社会主义核心价值观和中华优秀传统文化,认识并弘扬以爱国主义为核心的民族精神和以改革创新为核心的时代精神,具有广阔的国际视野,树立正确的世界观、人生观、价值观和历史观,为未来的学习、工作与生活打下基础。为了进一步深化普通高中课程改革,《普通高中历史课程标准》(2017版)将课程目标作出了如下修订:

普通高中历史课程的目标是坚持落实立德树人的根本任务。学生通过历史课程的学习,形成历史学科核心素养,得到全面发展、个性发展和持续发展。学生通过历史课程的学习,掌握必备的历史知识,能够:

(1) 了解唯物史观的基本观点和方法,包括人类社会形态从低级到高级的发展、生产力和生产关系之间的辩证关系、经济基础和上层建筑之间的相互作用、人民群众在社会发展中的重要作用等,理解唯物史观是科学的历史观;能够正确认识人类历史发展的总趋势;能够将唯物史观运用于历史的学习与探究中,并将唯物史观作为认识和解决现实问题的指导思想。

(2) 知道特定的史事是与特定的时间和空间相联系的;知道划分历史时间与空间的多种方式,并能够运用这些方式叙述过去;能够按照时间顺序和空间要素,建构历史事件、历史人物、历史现象之间的相互关联;能够在不同的时空框架下对史事作出合理解释;在认识现实社会时,能够将认识的对象置于具体的时空条件下进行考察。

(3) 知道史料是通向历史认识的桥梁,了解史料的多种类型,掌握搜集史料的途径与方法;能够通过对史料的辨析和对史料作者意图的认知,判断史料的真伪和价值,并在此过程中增强实证意识;能够从史料中提取有效信息,作为历史叙述的可靠证据,并据此提出自己的历史认识;能够以实证精神对待历史与现实问题。

(4) 区分历史叙述中的史实与解释,知道对同一历史事物会有不同解释,并能对各种历史解释加以辨析和价值判断;能够客观论述历史事件、历史人物和历史现象,有理有据地表达自己的看法;能够认识历史解释的重要性,学会从历史表象中发现问题,对历史事物之间的因果关系作出解释;能够客观评判现实社会生活中的问题。

(5) 在树立正确历史观基础上,从历史的角度认识中国的国情,形成对祖国的认同感和正确的国家观;能够认识中华民族多元一体的历史发展趋势,形成对中华民族的认同感和正确的民族观,具有民族自信心和自豪感;了解并认同中华优秀传统文化、革命文化、社会主义先进文化,认识中华文明的历史价值和现实意义;了解世界历史发展的多样性,理解和尊重世界各国、各民族的文化传统,具有广阔的国际视野,树立正确的文化观;认同社会主义核心价值观,认同走中国特色社会主义道路是历史的必然,树立中国特色社会主义道路自信、理论自信、制度自信和文化自信;能够确立积极进取的人生态度,塑造健全的人格,树立正确的世界观、人生观和价值观。

初、高中历史课程标准都将课程目标分解成"知识与能力""过程与方法""情感、态度、价值观"三个维度。关于知识目标,初中课程要求"掌握基本的历史知识,包括重要的历史人物、历史事件和历史现象,以及重要的历史概念和历史发展的基本线索"。高中课程要求"进一步认识历史发展进程中的重大历史问题"。关于能力目标,初中课程一方面要求学生掌握一些基本的历史学习技能,如正确计算历史年代、识别和使用历史图表等技能;另一方面要求学生具备五种能力:①获取、处理历史信息的能力;②陈述历史问题的能力;③丰富的历史想象能力;④历史知识的迁移能力;⑤独立思考问题得出结论的能力。《义务教育历史课程标准(2011年版)》特别增加了学生的时序思维能力。高中课程则将其简化为两项重要能力:①获取历史信息的能力;②培养历史思维和解决问题的能力。高中课程明确提出的"历史思维能力"目标,显然是在初中课程基础上进一步的提升和发展。关于情感、态度、价值观,初中课程的目标是:①对祖国历史与文化的认同感;②对国家、民族的历史责任感和爱国主义情感;③健全的人格和健康的审美情趣;④求真、求实、创新的科学态度;⑤民主与法治意识;⑥面向世界、面向未来的国际意识。高中课程主要从民族历史文化认同、人文主义、世界意识三个层面对学生提出要求,具体有三点:①形成对祖国历史与文化的自豪感和爱国主义情感;②对历史上以人为本、善待生命、关注人类命运的人文主义精神的理解;③理解和尊重世界各地区、各国、各民族的文化传统,汲取人类创造的优秀文明成果,进一步形成开放的世界意识。两相比较,最主要的区别是高中目标增加了人文主义教育要求,体现了历史课程目标的层次性。关于历史学习的过程与方法,初、高中课程都提出探究式学习、善于与他人合作学习等目标,都注重历史学习方法的培养。《义务教育历史课程标准(2011年版)》和《普通高中历史课程标准(实验)》对历史学习基本方法的表述更为具体,归纳出如计算历史年代的方法、阅读教科书及有关历史读物的方法、识别和运用历史地图和图表的方法、查找和收集历史信息的途径和方法、运用材料具体分析历史问题的方法,以及"论从史出,史论结合"的方法,等等。

2017版《普通高中历史课程标准》将历史课程结构的构建与学生历史学科核心素养的发展紧密结合起来,使课程类型及其布局有利于学生历史学科核心素养的不断提升,使高中历史课程的育人价值得以更加充分地体现。

(三)教学目标与课程目标的关系

在实际的教学中,教师常常混淆课程目标与教学目标,将二者等同起来,给对课程目标、教学目标的研究,以及教师课堂教学目标的制定与落实带来了极大的不便。

课程目标与教学目标是关系非常密切的两个概念,它们之间既有区别,又有联系。二者都是教育目的和培养目标的具体化,都是以教育目的为总目标,以培养目标为具体指导,在不同层次内提出的适应社会和学科发展,以及学习需要的教学要求,为课程与教学的展开提供了方向、标准与评价依据。课程目标通过教学目标而实现,教学目标的制定要以课程目标为依据。

1. 教学目标与课程目标具有差异性

第一,从层次上看,课程目标属于较为抽象的层次,它与国家的课程观念及其改革相关。课程目标制约课程内容的选择和组织,影响课程的实施与评价,是指导整个课程编制过程最为关键的准则,表现出较强的概括性和规定性、整体性和基础性。它是国家教育目的和各级各类学校培养目标在课程上的具体化,具有学科特色。而教学目标与教学的具体环节相关,是"课程目标的进一步具体化,是指导、实施、评价教学的基本依据",主要对教师的教和学生的学提供依据。教学目标的确立除了要结合学科特点和社会需求外,还要充分考虑教学班级的具体情况和学生的发展水平及特点。因此，与课程目标相比，教学目标显得更加灵活、更富有实践性和操作性，它是整个教育目标体系的终点和关键。

第二，从实践主体看，课程目标的实践主体一般是国家行政部门和专家学者，从更加广泛的意义看，还可以包括教师；教学目标则一般只与教师相关。课程目标主要是由教育行政部门及课程工作者在对学生、社会和学科进行研究的基础上制定的，一旦被确立，便具有相对的稳定性和方向性。教学目标的制定主要由教师完成，教师在合理的课程内容和结构确定后，要潜心研究学生特点，要确实把教学方法由适应教师的教向适应学生的学的方面转变。

第三，从内容的着眼点看，课程目标主要是国家针对学生的发展和某一科类的全局而提出的基本标准和要求。教学目标则常常只关注学生发展的某一方面或某一具体学科中某一阶段的教学。课程目标对教材的编写提供依据，对具体的教学和评价作出规定，但并不详细说明教材、教学和评价的细目和具体环节，而教学目标更主要为教师的教学提供指南。以《义务教育历史课程标准（2011年版）》为例，其提出了历史课程的总目标：通过义务教育阶段历史课程的教学，学生能够掌握中外历史的基本知识，初步掌握学习历史的基本方法和基本技能；对人类历史的延续与发展产生认知兴趣，感悟中华文明的历史价值和现实意义，养成爱国主义情感，开拓观察世界的视野，认识世界历史发展的总体趋势；初步形成正确的世界观、人生观和价值观，为成为拥有良好综合素质的合格公民奠定基础。

在此基础上，又设置了阶段目标，如七年级中国古代史学习目标：通过学习，知道中国古代的一些重要历史人物、历史事件和历史现象，了解中国古代历史发展的基本线索；能够识读历史图标，正确地计算历史年代，较为清晰地叙述相关的史事，初步掌握学习历史的基本方法，能够阅读普及性的历史读物；不断增强学习祖国历史的兴趣，激发民族自豪感，树立民族自信心和自尊心，加深对祖国历史文化的认同感。

可以看出，历史课程目标主要从总体上阐述历史学科应当实现的标准和规定，体现了目标的整体性和学科特色，如"知道中国古代的一些重要历史人物、历史事件和历史现象，了解中国古代历史发展的基本线索"。课程标准无法具体地说明是哪些重要的历史人物、历史事件和历史现象，更无法具体说明哪节课掌握哪个重要的历史人物，这就是教学目标需要去解决的问题。

第四，课程目标和教学目标的区别还可以从表现形式的角度辨别：课程目标的表现形式一般为国家课程改革及其相应的课程标准。课程标准是"国家课程的基本纲领性文件，是国家对基础教育课程的基本规范和质量要求"，也是"教材编写、教学、评估和考试命题的依据，是国家管理和评价课程的基础"。教学目标则往往表现为教师针对具体的学科或学科中的某一内容而确定的最终的结果。教学目标可以分为年级教学目标、单元教学目标和课时教学目标。教学目标为教学设计、教学过程服务，是教学设计的重要组成部分，它结合教学班级的实际，对学生在知识与技能、过程与方法、情感态度与价值观等方面提出具体要求。

2. 教学目标与课程目标具有关联性

首先，课程目标指导教学目标的制定。课程目标在整个课程的编制与设计中起着举足轻重的作用,课程目标是课程开发的预期结果,它在一定意义上制约着课程开发的方向,对课程开发起着指引作用,指明了课程最终所要达到的结果。课程内容的确定、课程实施过程、课程的评价等,都要依据课程目标来确定。课程目标一旦确定,将制约着课程内容的选择。课程目标通过具体的文本将学生学习行为与内容,以及在学习活动中的表现方式勾勒出来,为课程内容和教学方法的计划与选择提供依据与指导,为课程的具体组织实施提供计划、依据、规定及要求等。课程目标还是学生应当达成的水平及程度的标准,一旦确定,就成了测评课程实施效果的尺度。评价课程实施的优劣,必须依据所确定的课程目标。课程目标在课程编制与设计过程中,具有定向、指导内容选择、实施操作与评价等功能。教学是根据课程和一定的课程目标而进行的,因此,教学目标的制定要围绕课程目标的要求,为实现课程目标而服务。

其次,教学目标是课程目标的具体化。在课程目标的指导下,教学目标要具体化,它可以具体到学年、学期乃至每个单元、每个课时,教学目标越具体,其对教学行为的指导作用和可操作性越强。如《普通高中历史课程标准(实验)》的情感目标中要求"热爱和继承中华民族的优秀文化传统,弘扬和培育民族精神,激发对祖国历史与文化的自豪感……"如何将这一课程目标转化为具体的教学目标呢?

 案例链接

北京师范大学第二附属中学纪连海老师在"从《清明上河图》看北宋的城市经济"一课设计了这样的情感教学目标:

引导学生通过对《清明上河图》的欣赏与探究,感受祖国历史文化的博大精深,进而体悟祖国灿烂辉煌的古代文明;认识古代优秀文化遗产的历史与现实价值,树立保护文物、保护历史遗迹的意识。

该目标就较为具体,且教师也是围绕目标进行教学的。

第二节 历史教育教学目标的层次分析

在历史教育教学活动中,从历史课程设置到历史课堂教学,都围绕着目标来展开。各个层级的目标整合在一起,构成中学历史教育的目标系统。

历史教育目标服从于基础教育目标和我国的教育总目的。《中华人民共和国教育法》明确指出,在我国"教育必须为社会主义现代化建设服务、为人民服务,必须与生产劳动和社会实践相结合,培养德智体美劳全面发展的社会主义建设者和接班人",这是对我国各级各类教育的一般要求。2016年,教育部发布的《中国学生发展核心素养》以培养"全面

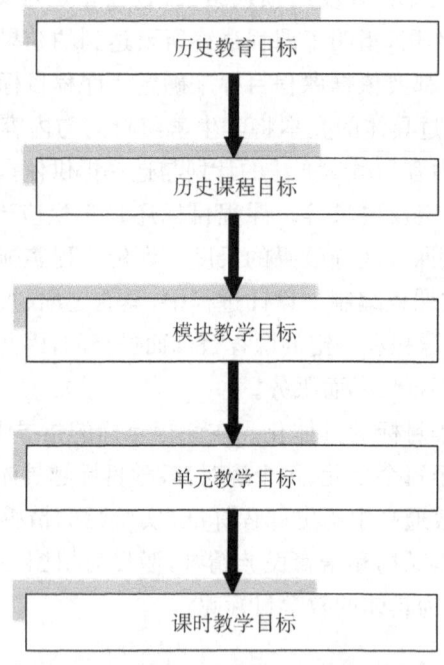

图 2-1 中学历史教育目标层级结构图

发展的人"为核心,分为文化基础、自主发展、社会参与 3 个方面,综合表现为人文底蕴、科学精神、学会学习、健康生活、责任担当、实践创新 6 大素养,具体细化为国家认同等 18 个基本要点,进一步明确了学生应具备的、能够适应终身发展和社会发展需要的正确价值观、必备品格和关键能力,为我国基础教育人才培养指明了新的方向。

一、历史教育目标

历史教育目标具有高度的抽象性和统领性。"中学历史教育目标的实质,简言之,是通过中学历史课程力图促进学生在其主动发展中最终达到国家所期望的要求和水准。"历史教育目标需要回答的是学生通过学习历史,在各项素质方面能够获得什么样的发展。对此,有学者认为,其目标应该包括具备基本而重要的历史知识和培养学生自身探索历史问题的初步思维能力。若要更进一步地明确指出历史教育的目标,我们可以单举培养历史思维能力一项。庞卓恒教授认为,历史教育的根本目的,是培育学生的科学的历史观,也就是培育学生具备科学的鉴往知来的文化素质和能力;对于中学生来说,当然只能是促使他们初步具备这方面的素质和能力。在 21 世纪高中历史新课程改革的过程中,关于历史教育目标问题,陈其先生指出,历史教育具有独特的育人目标,具体有三:一是,铸造"以爱国主义为核心的民族精神";二是,培养正确的历史观;三是,训练科学的方法论。

二、历史课程目标

历史课程目标是历史教育目标在初中和高中学段的具体化,是指学生学习完历史课程之后在知识、能力、方法、情感、态度及价值观等方面需要达到的水平和要求。21 世纪初基础教育课程改革以来,以知识与能力、过程与方法、情感态度价值观3个维度,构建了初高中历史课程目标的基本框架。《中国学生发展核心素养》提出要求之后,历史学科核心素养确定为5个维度:唯物史观、时空观念、史料实证、历史解释和家国情怀。历史学科核心素养作为学科育人的终极指向,是学生在学习历史知识的过程中逐步形成的、在解决真实情境中的问题时所表现出来的具有历史学科特征的正确价值观念、必备品格与关键能力,是历史学科育人价值的概括性、专业化表述和集中体现,并在2017年版高中历史课程标准中最终得以确定。

三、模块教学目标

模块教学目标是指学生学完相应的模块后应达到的要求和水平。不同的模块具有不同的教学目标。如,学完《中外历史纲要》模块后,学生能够了解中国和世界上重要的历史事件、历史人物、历史现象等发生或存在的时间和地点、原因和结果(唯物史观、时空观念、历史解释);能够知道历史遗迹、考古发现、从古代到现代的各种文献是了解历史发展的重要证据,并能够开始使用资料作为证据检验自己对历史问题的解答(唯物史观、史料实证、历史解释);能够初步对中国历史和世界历史的发展建立多方面联系,以此解释历史,并能够对同类的历史事物进行比较、概括和综合(唯物史观、历史解释);能够掌握随着生产方式的变革所引起的世界历史从古到今、从分散到整体、从低级到高级的发展总趋势(唯物史观);能够初步具备用历史眼光分析现实问题的能力(历史解释);感悟人类文明的多元性、共容性和不平衡性,具有民族自信心;能够以开放的心态,认识到世界各地区、各民族共同推动了人类文明的进步,初步具有世界意识(唯物史观、时空观念、家国情怀)。模块教学目标具有宏观性和明确的指向性,是将类属的历史事件进行合理编排,承载具体的历史价值观念,并通过单元与课时具体呈现。

四、单元教学目标

在中学历史课程中,模块之下设置单元或专题。历史学科的单元或专题是将若干分散孤立的事实,依据特定观念与逻辑建构而成的相对集中的问题,方便学生开展历史学习的知识组织形式。目前,在初中历史课程中,学习内容以时序为线索,不同时段的内容有机组织而构成单元。以2003年版《普通高中历史课程标准(实验)》为指导的高中历史课程,按照历史知识的特定逻辑、核心概念等,建构起不同的专题。2017年版《普通高中历史课程标准》设置了必修、选择性必修和选修3类课程,也有明显的单元划分和专题模块。故每个单元或者每个专题都有相应的单元目标或专题目标。

五、课时教学目标

单元或专题之下,以课为单位组织历史知识。每节课都应该且必须具有明确的课时教学目标。2001年基础教育课程改革以来,三维目标的表述结构既是历史课程目标的基本维度,也成为广大教师进行课时教学目标表述的基本样式。自历史学科核心素养提出之后,历史课时教学目标的表述框架逐渐发生变化,由三维目标向五维目标过渡,以突出历史学科核心素养的培养。2017年版《普通高中历史课程标准》指出："教师应从发展学生核心素养的角度制定教学目标,将核心素养的培养作为教学的出发点和落脚点。教师要认真研读高中历史课程标准,把握高中历史课程的目标,要认识到学生历史学科核心素养的发展是一个持续提升的过程。教师在教学过程中,不仅要从整体上设计模块的教学目标,而且要依据课程标准具体设计学习主题的教学目标和课时的教学目标,以使教学的全过程能够紧密围绕学科核心素养的培养,达到学业质量的要求。"课时教学目标的制定是教师日常教学中重要的工作之一,也是本节阐述的重点内容。

如在"罗斯福新政"一课的教学中,以三维目标为结构,教学目标表述为:

知识与能力:通过本课的学习,了解罗斯福新政的背景和主要内容,分析罗斯福新政的主要特点,认识罗斯福新政在资本主义自我调节机制中的作用,培养辩证思维和创新思维能力。

过程与方法:学生通过对新政前后变化的文字史料、图片史料的阅读与分析,小组合作交流探讨罗斯福新政影响,进一步提升"论从史出、史由证来"的证据意识。

情感态度与价值观:通过对罗斯福这一历史伟人的学习,感受乐观豁达、自强不息的进取精神;认识经济危机是资本主义的顽疾和国家对经济干预的意义。

在历史学科核心素养的框架下,该课的教学目标可以表述为:

(1) 运用生产力决定生产关系、经济基础决定上层建筑等唯物史观的主要观点分析和认识罗斯福新政发生的背景及其改革的实质(唯物史观、时空观念、历史解释);

(2) 通过罗斯福炉边谈话、新政措施与实践等具体史料,了解罗斯福新政的内容,分析罗斯福新政的历史意义,提升史料实证素养(史料实证);

(3) 理解金本位、国家垄断资本主义等重要的历史概念,从资本主义世界发展整体历程的角度分析和认识罗斯福新政的影响(唯物史观、历史解释);

(4) 感受特殊历史时期特定历史事件(经济危机)当中历史人物(罗斯福)的个人魅力和历史使命,养成勇于承担责任和使命、变革社会的意识;认识经济危机是资本主义的顽疾和国家对经济干预的重大意义(唯物史观、时空观念)。

第三节 历史教学目标的要素分析

如何表述教学目标?这是确定教学目标必不可少的技术问题。传统教学目标表述的主要弊端表现在三个方面:一是将目标表述为具体的知识点,即对学习内容的具体表述;二是以教学要求代替教学目标,主要提出的是对教师教学行为的要求,而不是对学生学习后要达到的学习结果的要求;三是目标表述上的含糊性,无法观察、测量和具体操作,从而导致教学目标形同虚设。

教学目标是教学活动的出发点,同时又是教学评价的重要依据。它的表述既要能反映学习者在学习中所发生的本质变化,又要具有可操作性,能被观察和测量,所以教学目标要具体、明晰和外显。

1962年,美国著名教学目标研究专家马杰(R. F. Mager)出版的《准备教学目标》一书被视为"陈述教学目标中发起的一场革命"。之后,阿姆斯特朗和塞维吉(Armstrong & Savage,1983)以马杰的行为目标理论为基础,提出了行为目标ABCD陈述法,包含以下四个因素:

A——听众(audience):指目标所指向的对象,即行为主体。

B——行为(behavior):指行为主体在学习中的具体行为,即行为动词。

C——条件(conditions):指行为动词发生所需要的条件,即行为条件。

D——程度(degree):指行为动词可达到的程度,即行为水平。

依据此陈述法,教师在陈述课堂教学目标时重点说明以下四个方面:

(1) 谁?（行为主体）

(2) 做什么?（行为动词）

(3) 在什么条件下做?（行为条件）

(4) 做到什么程度?（行为水平）

行为目标ABCD陈述法确实能够较好地发挥教学目标的导向、聚合、激励和评价作用,也是目前最契合新课标要求、运用最广泛的目标陈述方式。

1. 行为主体——学生

学生是达成目标的主体,是教学目标表述句中的主语,因为在教学过程中,学生是教学活动的主体,也是教学中最为活跃的因素。在教学目标编写中,以"学"为出发点,以学定教,目标集中在学生能做什么。教学目标是对学生可能发生的行为进行预设。

2. 行为

行为是教学目标表述句中的谓语和宾语,是目标表述句中最关键的成分,主要说明学生在教学结束后应该达到什么样的要求。所以,为使行为的表述具有可观察性,应该使用明确的行为动词来描述。例如,"描述北京人与现代人的不同",行为动词"描述"就具有可观察性,"描述"的宾语就是"北京人与现代人的不同"。表述行为常运用动宾结构的短语,动词说明动作的类型,宾语说明学习的内容。

3. 条件

条件是表明学生的学习行为在什么情况下产生的,是教学目标表述句中的状语,是影响学习结果的特定限制。因条件对教学目标的结果具有限制作用,教师在设计教学目标时应该注意对条件的准确运用。条件的表述一般包括行为情境、工具的利用、资料的辅助、时间的限制,以及他人的帮助与合作等。例如,"收集我国各地远古人类的考古资料,并按时间顺序排列,感受中国是人类的起源地之一"中"按时间顺序"就是行为条件,是对行为动词"排列"的特定限制。

4. 程度

程度是学生通过学习应当达到的表现水平,用来评价学习结果的达成度,是教学目标表述中的状语和补语部分,因此,是教学目标较为重要的内容。学生通过学习能达到何种水平,教师在对学生准确分析后进行判断,既不让行为表现程度停留在过去,也不让学生努力了都够不着目标,而是要让学生的学习进入"最近发展区"。

目标的表述常常表现为:条件(C)＋主体(A)＋行为(B)＋程度(D),但在制定教学目标时,四个条件完全具备,有一定的难度,教师可以灵活掌握。但一般地讲,目标的表述中主体必须明确,在一定条件下的行为及内容是要具体表示出来的。例如,《郑和下西洋》一课的知识与能力目标,就可以表述为:

(1) 通过教师讲述郑和远航的经过,学生能够了解郑和下西洋的基本史实。

(2) 提供郑和下西洋的有关资料,学生能够从多方面分析郑和远航的影响和意义。

有的时候,行为主体也可省略,但行为主体是隐含其中的,而且行为主体一定是学生。例如,"用自己的语言解释权力制衡原则"一句中的行为主体省略,但我们能明显判断出来主体是"学生",行为动词是"解释",行为的宾语是"权力制衡原则",这样的目标是外显的、可观察的、可测量的,有利于教学,有利于评价。

知识拓展

行为目标·表现性目标·体验性目标

行为目标(结果性目标)说明学生的学习结果是什么,所采用的行为动词要求具体明确、可观测、可量化。这种方式指向可以结果化的课程目标,主要应用于"知识与技能领域"。知识可分为了解、理解、应用三个水平层次;技能分为模仿、独立操作和迁移三个水平。

表现性目标就是指学生在具体的教学情境、教学活动和学习活动中的个性化表现,旨在培养学生的创造性,强调学习及其结果的个性化。它明确安排学生各种各样的表现机会,所采用的行为动词通常是与学生表现有关的或者结果是开放性的。表现目标表述了学生"工作情景""问题处理"和"从事工作"的教育经历,但并不确定在这些经历中,学生会学到什么。因此,它只是给师生提供了探索个人感兴趣的主题或某些重要问题的机会。表现目标的表述,不在于明确学生从事教育活动后应该展示的行为结果,而在于确立学生所经历的情景。

体验性目标(过程目标)就是描述学生自己的心理感受、情绪体验,所采用的行为动词往往是历时性的、过程性的,主要对应于"过程与方法"及"情感态度与价值观"领域,体验性目标分为三个层次水平,即经历(感受)水平、反应(认同)水平和领悟(内化)水平。体验性目标注重的是过程,它强调教师根据课堂教学的实际进展情况提出相应的目标。

——陈志刚.历史课程本体研究[M].天津教育出版社,2012:65.

第四节
历史学科核心素养下教学目标的制定与案例分析

历史课堂是促进学生形成历史核心素养的战略阵地,而课堂教学目标制定则直接影响着课堂教学实施过程及实施效果,所以制定科学合理的教学目标是每位历史教师的必修课。要掌握历史学科核心素养下教学目标的制定,首先要理解教学目标从三维目标走向核心素养不是破旧立新,而是进一步发展深化。之后教师才能全面、深入地理解强调"历史核心素养"的新版课程标准,制定以课程标准为依据,结合学情及教学内容,科学、有效并可评可测的教学目标。

一、重视教材分析,确定符合历史课程标准的教学目标

教材分析是成功制定教学目标的前提。教材是知识的载体,是教师组织实施教学的主要工具,对教材内容、结构进行深入的分析和钻研,能够帮助教师明确教学目标及重难点,探索因材施教的方法。教材分析是对教材内涵进行分析,研究教材与课标的要求。进行教材分析应从课标出发,将课标相关内容要求、本课重要概念、本课的主题与线索、教材编写者的意图、课文的知识结构、课文与课标目标达成间的关系等都纳入考量。所以课程改革下的教材分析,根本目的是为确定符合历史课程标准的教学目标服务,是为达成课程目标服务。

以"辛亥革命"这一历史事件为例,在《普通高中历史课程标准(实验)》中必修课程历史(Ⅰ)关于辛亥革命的要求为"简述辛亥革命的主要过程,认识推翻君主专制制度、建立中华民国的历史意义"。可以看出,课标对于学生掌握"辛亥革命"这一知识点的要求有两层:第一层是识记层次,要求学生通过学习本课能够按照自己的理解简述辛亥革命爆发背景、经过和结果,即学生能按照事件发展顺序来构建自己对辛亥革命的认识,这是要求培养学生的时序思维能力;第二层是理解层次,要求学生认识辛亥革命对于推翻君主专制制度和建立中华民国的伟大历史意义,理解辛亥革命是一次"比较完全意义"的资产阶级民主革命,并在认识基础上分析辛亥革命成功与否,这要求培养学生历史解释能力。所以尽管各版教材在具体内容编排上略有偏差,但对于三维目标叙写却大致可以通用,例:

(1)知识与能力:知道辛亥革命的历史背景,了解武昌起义的经过,掌握《中华民国临时约法》的主要内容及其历史意义。

(2)过程与方法:通过图片、文字资料等明了辛亥革命爆发的背景;结合文献史料分析《中华民国临时约法》的影响;分组讨论辛亥革命的历史意义和影响,学会用辩证的观点看待辛亥革命。

(3)情感态度与价值观:通过对整体内容的学习,认识到辛亥革命是20世纪初中国社会的第一次巨变,它打开了社会进步的闸门;理解近代中国社会的进步是由无数仁人志士的鲜血铺垫而成的,体会革命先烈的爱国精神和与时俱进的创新精神。

2017年版《普通高中历史课程标准》里对"辛亥革命"一课的要求是"了解孙中山三民主义的基本内容,理解辛亥革命与中华民国建立对中国结束帝制、建立民国的意义及局限性"。与实验版课标相比,少了识记层次要求,但对于理解层次的要求却提高了,要求学生直面辛亥革命,正确认识辛亥革命的意义及局限性,形成对辛亥革命的全面认识,培养学生的唯物史观及历史解释素养。因此,该教学目标可以设置为:

运用时空定位,了解空前的民族危机下中国各方势力为挽救民族危亡所做的努力,理解辛亥革命爆发的背景(时空观念);

通过史料,了解武昌起义后的国内各势力的态度,通过对资产阶级革命派、清政府、帝国主义列强的态度与行为的分析,理解辛亥革命是否成功(历史解释);

思考辛亥革命的意义及局限性,学会用辩证的观点看待辛亥革命,形成对辛亥革命的全面、客观认识(唯物史观);

了解辛亥革命中革命先驱们的英勇事迹,体会革命先烈的爱国精神,增强对国家的归属感,增强承担社会责任的动力和信心(家国情怀)。

可以看出,课程标准的变化,以及课标指导下教材内容的变化,都会对教学目标制定产生影响。这要求教师必须重视教材分析,只有对教学内容进行合理解读,深入探究教学内容及结构,掌握教材地位,才能制定出既符合历史课程标准又能促进学生身心发展的教学目标。

二、强调学情分析,确定符合学生素养水平的教学目标

学生素养水平是制定教学目标的重要依据。这主要是因为教学目标的起点是学生的情况,只有针对具体的学生个体才有意义。但在现实情况中,由于各种因素,不同班级、不同学生的素养水平并不相同,教师要因材施教。2017年版课程标准中对历史学科核心素养水平进行了梯度划分,将每一个核心素养划分为4个水平。这对于历史教师开展基于不同水平要求的分层教学极为有利,但是开展分层教学的前提是教师要对学生素养水平进行了解分析,这样才能以学定教,为教学设计和教学实践提供行动基础和策略指南。教师进行学情分析时要尽量具体化、细致化,从"已知、未知、想知、能知、怎样知"这五个维度进行学情分析,尽可能将学生的知识水平、学习方法、潜在能力、爱好兴趣分析到位。

以"鸦片战争"为例,初中阶段学生的形象思维能力相对更好,对直观形象内容更感兴趣,对历史事件认知多停留在史实层面,对历史发展脉络了解不够。所以教师会设置类似"了解虎门销烟、鸦片战争基本史实,知道《南京条约》的主要内容及其给中国带来的影响"的识记目标。到了高中时期,与初中相比,学生的思维方式慢慢转变,抽象思维能力逐渐提高,且经过初中阶段的学习,学生已经掌握了一定的历史学习方法,对历史事件、历史现象等具备了一定的分析整合能力,能够从中提取有效信息。所以,这时教学目标设置就应该从学生已有的素养水平出发,教学目标应超越识记层次,向"理解、综合、分析、运用"层

次发展。那么,高中阶段"鸦片战争"一课的教学目标可以设置为:

通过分析鸦片、茶叶、机制棉布间的产品流通图,指出中英双方的矛盾焦点,思考鸦片战争爆发的根本原因(时空观念、历史解释);

通过了解林则徐、关天培的抗英事迹,体会中国人民反抗外来侵略的民族精神,增强对中华文明的认同感(家国情怀);

对比分析中英鸦片战争前的基本状况,多角度分析鸦片战争中国战败的原因,理解中国战败的根本原因在于制度,认识到"落后就要挨打"的道理,树立忧患意识和振兴中华的历史责任感(唯物史观、家国情怀);

梳理《南京条约》的主要内容、理解鸦片战争和《南京条约》给中国带来的影响,认识到从鸦片战争开始,中国逐步沦为半殖民地半封建社会(史料实证、历史解释)。

这是针对常规教学和素养水平较为一般的学生设计的教学目标。如果面对学习层次稍高,综合素质较好,可以扩充知识内容的学生,教师可以对教学目标层次进行提升,设计引导需要学生探究学习、自主学习的教学目标,如:

通过分析鸦片、茶叶、机制棉布间的产品流通图,指出中英双方的矛盾焦点,比较19世纪中期中英社会政治、经济上的不同之处,思考鸦片战争爆发的根本原因(时空观念、历史解释);

了解林则徐、关天培的抗英事迹,体会中国人民反抗外来侵略的民族精神,并能够分析抗英英雄们的时代和阶级局限性(唯物史观、家国情怀);

对比分析中英鸦片战争前的基本状况,多角度分析鸦片战争中国战败的原因,理解中国战败的根本原因在于制度,认识到"落后就要挨打"的道理,树立忧患意识和振兴中华的历史责任感(唯物史观、家国情怀);

通过互联网或图书馆分组搜集通商口岸的相关材料,进行分组讨论,说出两次鸦片战争对中国社会的破坏性和建设性的双重影响(历史解释)。

上述目标设计都是从学生已有学习经验、学习兴趣和学习技能着手,尽力根据学生素养水平来设计教学目标,只有这样才能设计出既面向全体学生,又能尊重学生个性发展的重点突出但又能进行差异教学的教学目标,在凸显以人为本的教学过程中发展学生核心素养。

三、聚焦内容选取,确定符合五位一体综合的教学目标

教学内容的选取是成功制定教学目标的关键。历史核心素养培养是教学出发点和落脚点,但如何将培养学生历史学科核心素养具体细化落实进每一节历史课中,还需要教师对教学内容进行合理选取。教师要正确把握历史核心素养各素养内涵并认识到各构成要素间没有主次之分,都具有重要的作用。在具体教学活动中,教师需要基于情境对各构成要素进行整合,确立五位一体的综合目标,使"五大核心要素能够相互配合、共同作用,最终实现均衡发展"。

整合一方面要求在制定教学目标时,教师要首先研究专题内容,对专题内容进行整体建构,结合专题内容制定教学目标,帮助学生更好地理解历史知识内部的逻辑性和连续

性,在教学过程中渗透学科核心素养培养要求;另一方面,教师要认识到五个素养彼此之间是融会贯通的,存在着逻辑关系,应该整体把握,将它们作为一个整体教学理念融合到教学内容中。在实际教学过程中,各素养应该是相互促进,共同发挥作用。简单来说,家国情怀不会孤立出现,一般多结合史料实证和历史解释一同表述,只有这样才能更有说服力和感染力,能够达到培养目的,如果孤立出现,则容易演变为喊口号式教育从而引起学生反感。此外,教师也要警惕,不要生搬硬套地把教学目标变成五大核心素养的简单堆砌,这样的教学目标是假大空,不会对教学产生指导意义。

以必修课程中"中国共产党的成立与新民主主义革命的兴起"这一专题的教学,对于"认识五四爱国运动的历史意义,认识马克思主义在中国的传播与中国共产党成立对于中国革命的深远影响"的学习任务,将教学目标设置为:

通过史料了解五四爱国运动的背景,提升史料实证和历史解释素养;

分析五四爱国运动的历史意义,理解五四精神,提升家国情怀素养;

分析马克思主义在中国的传播与中国共产党成立对于中国革命的深远影响,提升唯物史观素养。

这种只是按照五大核心素养简单堆砌,并未深入理解素养内涵的教学目标是空泛且无效的,应该这样叙写:

运用时空定位营造情境,分析五四爱国运动的国际、国内背景,体验当时爱国学生和各界群众的忧国忧民之情和强烈的民族责任感(时空观念、家国情怀);

小组讨论分析五四爱国运动的历史意义,认识到五四运动是一次彻底的不妥协的反帝反封建的爱国运动(历史解释);

通过图文史料学习马克思主义在中国的传播与中国共产党的成立,认识到其对于中国革命的深远影响,感悟中国革命的艰难历程,树立振兴中华的信心和责任感(历史解释、家国情怀)。

这样,虽然教学目标中没有直接出现五大核心素养内容,但是却通过对历史核心素养进行融合与选择,使其呈现在具体的教学实践中。通过创设具体的历史情境,进行史料研读与合作探究学习的形式培养学生的唯物史观、历史解释与家国情怀素养,这种教学目标叙写方式才是行之有效的。

四、关注评估反馈,确定符合学业质量标准的教学目标

核心素养目标具有可操作性和可检测性是教学目标成功实施的保障。学生素养形成是一个长期的、缓慢的过程,这就需要教师在教学实践中对学生学习效果进行阶段性诊断和总结,随时观察学生学习程度变化,并有针对性地调整教学目标。很多教师制定教学目标会脱离实际,就是因为没有将实际教学与学业质量评估视为一个整体,忽视了学生核心素养达成也会对叙写教学目标产生影响。具体来说,有些是不重视核心素养达成途径,设计的教学目标可操作性较低;有些是不关注核心素养评价标准,设计的教学目标无法评价学生学习结果。这些问题在新版课程标准中得到合理解决,2017年版《普通高中历史课程标准》新增加学业质量水平评价表,用量表形式将学生在完成本学科课程教学后所具备的核心素养水平分为四个等级,并且对每个等级具体表现有明确评价指标。评价指标按照"知道与辨识、理解与认识、探究与建构、认识与感悟"四个层次依次递进,对应不同的评估要求。这给教师设计教学目标提供了极为有助的依据,教师可以根据学业质量水平表目标叙写教学目标。但是要让教学目标中的核心素养培养方式具体且可操作,还需要教师准确把握历史核心素养的具体内涵,按照内涵对教学目标进行细化,将宏观素养细化为具体的、可操作、易评价的教学目标。

例如,对于"晚清时期的内忧外患与救亡图存"专题,可以设置如下教学目标:"搜集文献、实物、图片、音像等多种关于晚清时期中国人民反抗外来侵略斗争事迹的相关史料,认识列强侵华对中国社会政治、经济、文化等各方面的破坏性;分析社会各阶层为挽救民族危局所作的努力以及存在的局限性。"教师在评价时,要关注学生是否已经了解中国近代史上的侵略及抗争的时空大背景,是否能够运用相关史料作为论据支撑自己的观点,是否能够从大历史观出发认识中国逐渐沦为半殖民地半封建社会的历程,是否能够认识到列强入侵对国内阶级矛盾和社会矛盾的影响,如果这些要求学生都能做到,那么就可以判定在本专题学习中学生达到了素养培养目标。

此外,教师还可以结合学生学情特点,采用灵活多样的评价方式,如进行阶段性测试、开展访谈调查和学生间自评互评等多种方式进行评价。还可以根据教学阶段不同,开展诊断性评价了解学情,开展形成性评价接收反馈并对教学目标再次调整,开展总结性评价验收学习成果。总之,要从多维度进行评价,实现教学目标可测性,促进教与学的有效性。

随着历史学科核心素养不断推行,历史学科核心素养下教学目标如何制定成为教师的必修功课。在各种理论、策略、模式层出不穷的课改时代,教师更应该脚踏实地、切实把握历史学科核心素养内涵,将历史学科核心素养的有效达成作为根本目的。通过分析教材和学情、准确进行内容选取、合理利用学业质量水平评价表,设计出凸显学生主体、从学生水平出发、简约实效、可教可测的教学目标,培养学生联系实际解决问题的能力,发挥历史课程的育人功能,落实立德树人的根本任务。

第三章

中学历史教学重点和难点的设计与
案例分析

第一节 历史教学中重点和难点的基本含义

一、教学重难点的基本概念

（一）教学重点

所谓重点，就是主要的、着重的、关键性的知识点。而教学重点则是在教学过程中要求学生必须掌握的基础知识与基本技能，是基本概念、基本规律及由内容所反映的思想方法，是课堂结构的主要线索，也可以称为学科教学的核心知识。它是教材中最主要的内容，在知识结构中起纽带作用。历史教学的重点是指体现历史发展的基本线索、主要化解和直接服务于具体教学目标的教学内容。

（二）教学难点

所谓难点，就是问题不易解决之处。教学难点是指学生不易理解的知识，或不易掌握的技能技巧。即新内容与学生已有的认知水平之间存在较大的落差。

（三）教学重点与教学难点的关系

教学重点和教学难点既有区别又有联系，有统一的一面，也有不统一的一面。有的教学难点不一定是教学重点，也有些内容既是教学难点又是教学重点。

历史教学重点更多地表现为历史事件的内容、史实层面的东西，某种意义上说更多的是记忆要求。而历史教学难点更多侧重于对历史事件的分析，理解、凝练与总结，更加突出学生学习历史后的思考阐释。后者对能力维度的要求更高一些。教学重点知识教材基本上都有体现，学生通过自主学习再结合教师讲解，基本上能够完成目标任务，但是教学难点一般来说教材上是不能充分体现的，相当于课堂上学习的新的生成。

 案例链接1：

人教版必修1第4课"明清君主专制的加强"。本课的教学基于前两课"秦朝中央集权制度的形成"和"从汉至元政治制度的演变"，主要突出一个方面的学习内容，即君主专制制度在明清时期的加强。君主专制中央集权制度是我国封建社会占统治地位的政治制度，它经过秦汉、隋唐、宋元等阶段的不断发展，到中国封建社会晚期的明清得到进一步的巩固甚至空前强化。其中，明朝废行省设三司、废丞相设内阁，清朝除内阁之外又设立军机处一并作为中央的辅助机构，来协助皇帝处理军国大事，并以原来的六部作为中央行政业务部门，分摊处理国政，但是权力直属于皇帝。如此，丞相之权并于皇权，君主专制得以空前加强，中央集权也得到进一步的巩固。

根据教材内容确立本课的教学重点：明清加强君主专制的措施，包括明朝废除宰相制度、创立内阁；清朝创设军机处。其中，宰相一职的废除影响很大，宰相制度的存在对中国古代专制主义中央集权制度起到双重作用：一方面是辅助皇帝，协助皇帝处理国政；另一方面，一人之下万人之上的位置也使宰相有时候会因权力过重让皇帝感到君权受到威胁。在经历了明初"胡惟庸案"之后，明太祖终于下诏废除宰相制度，加强了君主专制的中央集权。但是，繁重的政务负担在君相矛盾解决之后自然而然地落到皇帝一人身上，而且，军国大事都由皇帝一人裁决，失误、偏颇、草率都不可避免，于是，明太祖开始设立殿阁大学士作为侍从顾问，这就是后来明成祖正式设立内阁的缘起。

而作为本课教学难点的内阁制与宰相制的区别、明清加强君主专制的影响，对于学生而言理解比较困难。同时，针对教学难点，教学过程中不仅要考虑到当时的实际，更要放眼未来，强调对16—18世纪，特别是19世纪的中国所带来的影响，甚至还要与同时代的欧洲进行横向比较来分析把握。明清时期的封建君主专制固然对多民族国家的统一和巩固、社会安定、经济发展和文化繁荣有推动作用，为所谓的封建社会最后一个盛世——"康乾盛世"的出现提供了政治保证，产生了一些积极作用。但是，在中国封建社会已经处于衰落的晚期，同时代的欧洲已经开始向资本主义时代迈进，特别是英国等西方国家先后发生了资产阶级革命或改革（英国的光荣革命、美国的独立战争、法国大革命等），建立起资产阶级的统治，促进了资本主义的发展。此时的封建君主专制空前强化的措施则成了阻碍中国社会进步的重要因素，中国发展的脚步从此与西方错开，并被抛在了后面，中国社会的发展开始大大落后于西方。这些教学难点较之本节课的教学重点，对学生而言是无法通过简单的认知就能掌握并且领悟的。

案例链接2：

人教版必修3第1课"'百家争鸣'和儒家的形成"。本课教学重点是百家争鸣局面出现的社会原因和历史意义；孔子、孟子、荀子思想的主要内容；等等。就前一个重点内容而言，尽管也有原因、意义这些分析理解要求，但是教材还是给出了比较明显的答案，学生容易找到并掌握。如原因说明，教材开头第一小节就指出：春秋战国时期处于社会大变革的新旧交替、社会转型阶段，代表不同阶级阶层的思想家从不同的角度、利益出发对社会变革的现实提出不同的看法，形成思想上的一个争鸣时代。其政治、经济、阶级关系、思想文化上的具体表现，学生通过仔细阅读教材即可进行归纳。而关于百家争鸣的意义，教材同样给出明确的文字说明：形成中国传统文化体系；奠定中国文化基础；是中国历史上第一次思想解放运动。

本节课的教学难点是儒家思想的成因。这个问题相对比较棘手，关于儒家思想的内容，教材是围绕创立者孔子和继承发展的孟子、荀子的主张展开的。学生要掌握这一知识，就必须把儒家思想的形成放在春秋战国的历史大环境中来考虑，要认识到儒家思想是在百家争鸣的大氛围中产生的，并且是在吸收各家之长的过程中发展起来的；同时也要看到作为儒家学派创始人的孔子潜心办学和著述，以及整理六经在儒家思想形成过程中的贡献。

春秋战国时期,中国社会历史经历着承上启下的划时代变革,王室衰微,分封制走向瓦解,诸侯争霸,维护封建宗法等级制度的"周礼"遭到极大破坏,"礼乐征伐自天子出"的局面已经为"礼乐征伐自诸侯出"的乱象所取代,整个社会处于动荡之中。"先前的周帝国一统已经变成你争我夺的群雄争霸。它们中的领导权通常由战争来决定,而各国内部的领导权通常由刺杀和屠杀来决定。""自无令王,诸侯逐进,狎主齐盟,其又可一乎?……主齐盟者,谁能辩焉?"这时候知识分子阶层的代表——士阶层开始异常活跃,成为一支重要的社会力量。他们纷纷登上历史舞台,著书立说,提出解决社会现实问题的主张,形成了诸子百家争鸣的繁荣局面。其中影响最大的是儒家、法家、道家,他们各自为所代表的阶级利益者设计了一套结束割据、实现统一的治国方案,为秦汉以后的社会治国思想的选择奠定了基础。儒家思想的形成得益于这一历史大环境。

由社会内部不可调和的矛盾而引起的深重危机震撼了传统文化的权威性,对传统文化的怀疑与批判与日俱增。全社会"人的危机——信仰危机"出现并日趋严重,作为儒家思想创始人的孔子也不能不把当时的时代精神注入自己的思想体系中,并对传统文化加以适当的改造,以便在社会实践中建立一种新的和谐秩序和心理平衡,这种情况到了大变革的战国时代显得尤为突出,因为人们在"崩塌的旧世界废墟上"已经依稀看到了冲破旧尊卑等级束缚的新时代的曙光。当时的统治者虽然广揽天下才俊,但是孔子离开鲁国后却并没有找到理想的统治者。他与弟子们相依为命,并留下了至今仍有广泛影响的关于"为政"和"立身"等观念的儒家思想体系。

这样的教学难点较之本课的教学重点内容来说要求同样较高,教师不带领学生去认真分析的话学生是不容易理解清楚的。

案例链接3:

高中历史人教版必修2第八单元第24课"世界经济的全球化趋势",其中"经济全球化的利与弊"既是本课内容的重点,也是学生不易理解的难点。其理论化的内容较多,但在经济全球化趋势日益加深的今天,在我们现实生活中处处感受到经济全球化的影响之下,这个问题必须给学生着重讲清、讲透,不可让其一知半解,似懂非懂。

在课堂教学过程中,教师对教学重点内容的突出有利于教学难点的突破,因为分析思考基于基本的历史事实,"论从史出",而教学难点的突破也更有利于对教学重点内容的深化理解。

二、教学重难点与历史课程教学的关系

教学重点是指在所教学科知识体系中处于重要地位,对后续知识的学习和理解会产生重要影响的知识点。这就意味着教学重点是一个绝对概念,它不会因教育者或教育对象的变化而发生变化。因为知识体系是确定的,不同知识在知识体系中的地位和作用也

是确定的。

教学难点是相对于学生的理解力而言的,不同学生的理解能力有高低,这就决定了教学难点是一个相对概念,可以因人而异。对某些学生而言是难点的知识,对其他学生来说可能未必是难点。确定教学难点并不容易,它要求教师对学生的接受能力有准确的把握,同时,教师在解决教学难点的过程中,不仅要考虑到大多数中等水平学生的接受能力,还要考虑到学困生的接受能力。

(1) 教学重难点对课程教学具有引领作用。没有重点难点的课程教学就犹如没有航行方向的船只,只会在原地打转。准确合理把握教学的重点难点是高效教学的依据,教师在平时的教学中应多注意结合教材,对教学重点难点进行把握,为高效课堂奠定扎实的基础。

(2) 教学重难点的把握定位影响着课程教学效果。教师在重点难点的把握上往往会存在以下几个问题:一是教师在备课时就没有认真考虑到重点难点问题;二是教师对重点难点概念模糊不清,采取模糊策略,不认真分析;三是有些教师虽然意识到重点难点的重要性,但是由于对教材不够熟悉,把重点当难点,难点当重点。这些问题直接导致了课堂教学的低效。

(3) 课程教学目标确定教学重难点。加涅在《教学设计原理》一书中把教学设计分为"确定教学目标—进行教学分析—确定起点行为和特征—拟定业绩目标—编制标准参照测验项目—提出教学策略—开发和选择教学内容—设计和实施形成性评价—设计和实施总结性评价"九个环节。其中,与确定教学重难点有关的内容主要集中在前四个环节。在实践中,教师更愿意把第一环节的"目标"叫作"课程的教学目标",而把第四环节的"目标"称为"课堂的教学目标"。前者体现了国家的意志和学科的特点,后者是前者结合"内容""学生""材料""环境"等因素后的具体的可实施的目标。

教学重难点需要在课程目标的要求下制定,反映课程教学的核心意图,通过一次又一次课堂教学重点难点的把握和突破,达到课程教学重难点的落实和课程目标的实现。

第二节 历史教学中重点和难点的确立依据

一、遵循教学目标

历史课程标准是教师确定课堂教学目标的准绳和依据,是教学的指挥棒。教学目标则是课堂教学的方向和标尺,课堂教学过程必须围绕实现教学目标而展开,教学重点、难点的确定可以让师生进一步明确教和学的目标,从而在教学过程中突出重点,突破难点,更好地为实现教学目标服务。因此,确定教学重难点首先要研读理解课程标准。在通史体系中,历史教学目标注重掌握历史知识的系统性和完整性,教学重点的确定要从历史学科的角度出发,将历史知识内容是否在历史整体发展进程中有重要作用或影响作为依据,或者是从教科书的体系出发,将历史知识内容进行比较,确定重点。自2005年新一轮课改以来,历史课程标准将"知识与能力""过程与方法""情感态度与价值观"三个方面确定为教学目标。2017年《普通高中历史课程标准》颁布后,新版高中历史课程标准较2003年版课程标准的一个重大变化,是在课程目标上由"知识与能力、过程与方法、情感态度价值观"的三维目标发展到"历史学科核心素养"的培养。新版高中历史课程标准明确指出:"历史课程要将培养和提高学生的历史学科核心素养作为目标","课程结构的设计、课程内容的选择、课程的实施等,都要始终贯穿发展学生历史学科核心素养这一任务"。教学的重难点确定就要关注历史学科特点与基础教育特点相结合。

案例链接1:

人教版高中历史必修1第13课"辛亥革命",课程标准要求简述辛亥革命的主要过程,认识推翻君主专制制度、建立中华民国的历史意义。因此,本课的教学目标可设计为:使学生通过本课的学习,了解和掌握有关孙中山创建兴中会和中国同盟会、三民主义、武昌起义等历史基础知识;通过看图,培养学生的观察和想象能力;通过探究活动,培养学生独立思考和学会搜集资料并能从有关资料中提取信息的能力;使学生通过本课的学习,认识到辛亥革命是中国近代史上一次伟大的反帝反封建的资产阶级民主革命,从而激发学生的爱国主义情感和不断进取的意识。在知识与能力、过程与方法、情感态度与价值观的目标要求下,本课的教学重点实际上就是辛亥革命爆发的原因及评价和过程中的重要文件《中华民国临时约法》,它是评价辛亥革命的重要依据。而对于学生的知识掌握来说,袁世凯篡权以及辛亥革命的局限性也就成为教学的难点所在。

高中、初中不同的教学目标要求也体现着教学过程中对重难点内容的把握要求不同。初中历史教学更多是侧重于对学生对基本史实的了解、历史问题的基本认识及运用能力的基本培养。而高中历史教学由于评价目标要求较高,对学生历史学习掌握的能力水平、史观认识层次的高度较之初中要高。两者的不同目标要求使教学重难点的选取亦不尽相同。

案例链接2:

人教版初中九年级上册《世界历史》第17课"君主立宪制的英国",教学目标对学生的知识与能力的要求主要是对基本知识、历史事件的来龙去脉的认知,包括:革命前夕英国资本主义的发展;资产阶级的成长和新贵族的出现;斯图亚特王朝开始统治英国;詹姆士一世和查理一世的专制统治;苏格兰人民起义;1640年议会斗争;纳西比战役;查理一世被处死和英国宣布为共和国;克伦威尔的独裁统治;1660年斯图亚特王朝的复辟;1688年政变;《权利法案》的颁布和君主立宪制的确立。在过程与方法方面要求学生初步运用哲学原理——生产力与生产关系、经济基础和上层建筑的关系分析革命爆发的原因及辩证地一分为二地评价历史人物的能力。在情感态度与价值观目标要求上，希望学生通过本课学习能对英国资产阶级革命的影响有一个初步的评价，知道它的进步性、复杂性、开创性。根据目标要求，本课教学重点是英国资产阶级革命爆发的原因和历史意义。要求学生要对革命前英国的社会矛盾，特别是斯图亚特王朝的专制统治对英国资本主义发展所带来的阻碍是革命爆发的根本原因有充分认识。对革命最后的胜利——资产阶级君主立宪制的确立对英国乃至世界产生的影响要认真掌握。

本课的教学难点主要是英国资产阶级革命的曲折性和保守性。英国资产阶级革命从1640年爆发到1688年"光荣革命"结束，时间长达近半个世纪，历经从封建君主专制—资产阶级共和制—封建君主专制的复辟—资产阶级君主立宪制的最终确立，反反复复，曲曲折折，最终以资产阶级及新贵族与斯图亚特王朝的妥协而结束，议会权力至上原则得到确立，革命取得胜利。尽管适应英国的国情，尽管革命后的君主权力受到宪法的限制，但是封建时代的王权象征——君主得以保留，与同为早期的法国大革命相比较不免有些遗憾（当然，史学界对此也有不同的看法，直到今天的英国依然是君主立宪制国家，唯有适合才是最好的）。

同样的教学内容在高中学段，因为高中生的知识基础、思维品质、理解能力、评价目标要求比初中要高很多，所以教学的重点和难点要求和定位也有所不同。

 案例链接3：

人教版高中历史必修1第7课"英国君主立宪制的建立"一课中，课程目标要求了解《权利法案》制定和责任制内阁形成的史实，理解英国资产阶级君主立宪的特点。关于知识与能力目标，要求学生了解诸如光荣革命、《权利法案》、责任内阁等基础知识，理解英国君主立宪制的含义和英国议会的特点，培养学生概括比较的能力和发现问题、解决问题的能力。过程与方法上要求学生能够通过史料分析，培养"论从史出、史论结合、一分为二看待历史现象"的思维方法。在情感态度与价值观要求方面，通过学习使学生认识民主与专制斗争的复杂性和曲折性。培养学生历史唯物主义观点，使学生能客观地看待英国君主立宪制的建立、发展、完善，能够汲取人类优秀的文化成果，同时理解资产阶级代议制的局限性。这些教学目标要求与初中学段相比，无论在内容的拓宽、深化还是在能力培养上都有明显的不同。教与学的目标要求不同，必然对我们的教学设计提出新要求，其中课堂教学内容的着力点——教学重难点的定位就应有所变化，要适应高中历史学习的评价目标要求，本来在初中学段可能是教学的重难点但在高中可能已经迎刃而解。基于这样的目标定位，本课的教学重点主要是深刻阐述英国君主立宪制的确立及特点、发展和不断地完善（其中比初中明显多出责任内阁制的形成、1832年议会改革等内容）。教学难点突破着力于对英国君主立宪制的理解、英国议会民主制的特点把握等。长期的教学实践过程中，我们明显感觉到，对历史概念、历史事件的因果分析、特征概括、比较、归纳、启示说明等方面的要求是中学生历史学习及教学过程中的一个难点。

历史教学重难点就如同一根红线贯穿于整个教学三维目标体系之中。作为主干知识的主要环节是学科教学内容的重点；能力培养、学法指导是课堂教学活动过程要关注的重点；正确的人生观、价值观是课堂教学中注重情感态度培养的重点。教师在教学中，要依据教学目标，有机地通过历史教学主线将知识与能力、过程与方法、情感态度与价值观统领起来，并以此来确立教学重难点，有效完成教学目标。

二、依据学生实际

教为学服务，教学的主体是学生。在课程改革不断深化的今天，课堂必须真正还给学生，以学生为主，与一言堂、满堂灌、一站到底，不问学生感受的低效甚至负效的课堂教学彻底告别。作为充满生机、师生共进的课堂，需要教师"弯下腰"，亲近学生、走进学生的心里，深入了解学生，进一步研究学生，去聆听、去感受他们对于学习需要什么，掌握了多少，如何掌握。所以，教学设计前非常重要的一项工作就是了解学生，即所谓"备学生、掌学情"，从而有的放矢。基于此，历史教学的重难点确定，尤其是难点的把握也就必须基于学生现有的知识和技能状况，包括学段、兴趣爱好、学习目标需求、接受能力等因素。有些问题对于基础知识扎实、思维反应敏捷、理解能力较强的学生来讲可能是容易接受甚至能迎刃而解的，而对于另外一些学生来讲可能就不是那么得心应手，有的甚至老师讲了半天他们也可能还似懂非懂，但是教学任务必须完成，再难的内容也必须讲清讲透。教学重难点是不能绕开的，因此，在教学设计中，教师要准确定位重点难点，就必须充分了解学生现状，不能眉毛胡子一把抓，不问实际情况，包括对教学参考书奉行拿来主义，不加分析思考，都是不对的。

掌握学生实际是历史课堂教学重难点确立的重要前提所在，同时，学情分析也是对"以学生为中心""以学定教"教学理念的具体落实。没有学情分析的教学目标，往往是空中楼阁；没有学情分析的学案，就会无的放矢；没有学情分析的教学内容，往往是一盘散沙。

依据学生实际，有的知识是因为学生缺乏相应的感性认识，脱离生活实际，所以不能较快或者较好地理解掌握，这便成为教师教学中的重点和难点。

案例链接1：

人教版高中历史必修2"古代手工业的进步"这一课的教学中，由于学生的认知水平问题，不仅明清时期资本主义萌芽及缓慢发展、萌芽原因成为教学重点，对雇佣关系产生的实质等也需要教师在教学中进行重点分析和讲解，否则学生很难掌握。

案例链接2：

人教版高中历史必修2"从'战时共产主义'到'斯大林模式'"一课的内容，如果放在初中教学，对于战时共产主义政策与新经济政策的比较、苏俄在向社会主义过渡的正确道路上的探索等过难问题是没有必要进行要求的，但是高中生则应该掌握。如前面所述，由于初中、高中学段要求不同，教学目标有所不同，也正反映了教学重难点的定位要遵循从学生实际出发的原则。

然而，纵然是高中学生，在本课学习过程中，对于共产主义、战时共产主义、新经济政策等概念，完全靠死记硬背也是掌握不了的。教师对此不能视而不见，一带而过，需要将其作为重点知识进行讲解，因为对于这些知识，学生缺乏较多的感性认识。

案例链接3：

人教版高中历史必修3"宋明理学"一课，主要讲儒家思想到中国封建社会中后期发展到"理学"和"心学"的情况，这与前面学生所学习的春秋战国时期儒家思想的创立发展、西汉中期董仲舒新儒学思想正统地位的确立存在很大的差异，思想内容跳跃性大，特别是程朱理学、王阳明心学糅入了道教和佛教思想，儒家思想发展完善并走上极端化。在这里，学生对了解、掌握历史上各种文化思想有比较大的难度，在实际教学中，我们也深有体会，如果教师在教学中不能够有充分的思想准备，对学情、教情状况没有足够的认识，其教学效果可想而知，很有可能教学就是蜻蜓点水，学生学习只能是囫囵吞枣。对于程朱理学和王阳明心学的基本内容要重点教学，而对于理学和心学的思想内涵、历史地位更是要作为教学的难点精心备课设计，富有思辨性、哲理性、抽象性的思想主张需要教师生动形象、深入浅出地给学生讲清、讲透。

依据学生实际，有的教学内容综合性较强、时空跨越较大、变化较为复杂，学生一时难以接受和理解，如果教师在教学设计中不将其作为教学重点难点，不去强化突破，学生就会不易掌握。

案例链接4：

人教版高中历史必修2"战后资本主义的新变化"一课，本课教学内容从二战一直跨越到21世纪初。教材紧紧围绕20世纪30年代罗斯福总统所开创的国家垄断资本主义经济模式——国家加强对经济干预政策在二战后直到今天不断发展变化展开。学生不仅要掌握战后资本主义国家经济发展的概况及原因，还要能够清晰地认识"战后资本主义发展新变化"的实质性问题。这些是"资本主义主动地寻求自我调节和调整的结果。是利润最大化的需要，也是在与社会主义制度较量的过程中，不得不采取的一些改善措施，包括借鉴社会主义的一些良好的经验"①。个人认为，在对战后资本主义新变化的认识这一点上，应该给学生提供一些新的视角，便于学生对这一难点问题深刻理解，如这些变化反映了在经济全球化的今天，不同社会制度在人类共同发展面前需要相互学习，取长补短；也反映出资本主义制度依然处在上升发展之中；特别是在我国社会主义市场经济体制改革进入一个新阶段之后，西方发达资本主义国家的经济发展模式也有值得我们学习的地方，如以知识经济为基础、信息技术为主导的新经济具有积极意义。

---

① 王亚民.普通高中课程标准实验教科书·历史必修二·教师教学用书[M].北京：北京师范大学出版社，2010：239.

此外，本课中的一些专业术语如"国家垄断资本主义""混合经济""新经济"等，需要教师浅化教学内容、密切联系教学实际，将专业术语通俗化，化难为易，否则，对于这些大跨度、大容量、复杂性的内容，学生不易理解掌握。

三、基于具体内容

一般情况下，诸多因素（准备时间、工作态度、能力水平等）决定了教师会根据教学参考等资料给出的现成的重难点来备课设计、组织教学，缺乏更多的个人思考。诚然，教学参考书是很多教学专家经过认真研究、仔细推敲而成的较为成熟的教学备课用书，绝大多数人没有什么异议。但是，"参考"两个字也道出编者的设想——仅供参考，有的地方也还有商榷之处。因此，确定某一课、某一个教学内容的重难点更应该根据教师所教授的内容来确定，这样才能准确地反映教学最核心、最本真的内容，实现教学效果的最大化。

案例链接1：

人教版初中七年级历史下册第9课"宋代经济的发展"，按照教参给出的教学重点是"经济重心南移的表现"，难点是"经济重心南移的原因"。但经过对本课教学内容的认真分析，特别是联系前后历史后发现，教参的教学难点定位不太合理，"经济重心南移的原因"不应该是难点所在。为什么呢？人教版初中历史七年级上册第18课"东晋南朝时期江南地区的开发"，已经总结了魏晋南北朝时期江南地区得到开发的四点原因，也就是说，目前学生已经有过这方面系统的学习，而下册第9课总结的原因还没有学生以前学过的内容总结得全面具体。因此，本课再把"经济重心南移的原因"作为难点是不适合的。

而"经济重心南移"这一概念是一个相当专业的经济术语，对于初一学生来说，会使他们感到枯燥无味，"难繁偏旧"，不易理解，很难激发学习的兴趣。所以本课的难点和重点都应该是"经济重心南移的概念"。这就要求教师花大力气帮助学生理解这一概念，一旦教师能引导学生理解这一概念，本课所涉及的经济重心南移的表现、原因、标志等内容都会迎刃而解。

案例链接2：

人教版高中历史必修1"从汉至元政治制度的演变"一课，教学参考书关于本课教学难点的确定也有值得商榷之处。教参提出本课教学难点是"中国古代政治制度的特点"，本课教参编写者可能是基于以下考虑来确定的：(1)前一课"秦朝中央集权制度的形成"讲述了封建专制主义中央集权制度的正式形成，本课从汉至元也从中央集权的发展和君主专制的演进，以及选官用官制度的控制方面讲解了秦始皇开创这一制度的发展演变，更多地认为这一制度到了元朝行省制度的出台已经比较完善成熟，所以，在这里做一个归纳总结，提出"中国古代政治制度的特点"这一教学难点内容。(2)下一课"明清君主专制的加强"，让学生明白这一制度走到明清其消极作用已经非常明显，特别是对中国社会发展的阻碍很大，教学内容的侧重点明显不同。其实，这三课内容是一个整体，它向我们呈现了整个封建君主专制主义中央集权的政治制度由创立到巩固、发展、完善、加强和空前强化的过程,"中国古代政治制度的特点"应该放到"明清君主专制的加强"这一课,让学生学完三课之后进行一个提炼总结,不应该放在中间一课,因为这更有助于体现对这一制度学习的系统化、完整性,学生得出的结论也才更有说服力,不应该因这一制度的前后期主流作用影响的不同而割裂它。

  此外,依据教学具体内容而定教学重难点在教师的备课中也很重要。要把握好所授内容在整个知识框架中的地位,以及在特定历史时期所起到的作用来确定重点与难点。比如"罗斯福新政"一课将罗斯福新政的主要内容确定为本课的教学重点,是因为他的一系列措施充分体现了国家干预经济的特点,能更好地反映本单元的主题。

  知识内容的时代性、现实性和借鉴意义也可以作为课堂教学的重点。文明史观和全球史观、比较史观等在我们的课堂教学中经常相互使用,在讲中华民族五千年文明成就的时候,也要看到我们的不足。如人教版高中历史必修2第11课"经济建设的发展和曲折"一课,"一五"计划、"三大改造"成就固然突出,但是后期急躁冒进的思想作风、急于改变一穷二白落后面貌的心情,都对之后犯下的"左倾"错误产生了一定的影响,从而使新中国在将近20年的时间里发展几乎停滞。而这一时期东亚、东北亚、东南亚诸多新兴民族或国家,抓住第三次科技革命和二战后各国致力于稳定发展的较为和平的时机,发展国民经济,积极对外开放,出现了"亚洲四小龙",我国则贻误了20年发展的大好时机。所以反思错误、认识不足应该是本节课的重点。而在学习西方史的时候就要多看其进步性,弱化其局限性。比如"美国联邦政府的建立"一课,我们看到的是1787年五十几名出席美国制宪会议的美国人为了保证美国来之不易的民主而作出的努力,这虽然有一定的时代局限性,但是宪法中各种精妙的设计,使美国联邦宪法成为世界法律史上的一块"瑰宝"。其他诸如对古希腊民主制度、罗马法、近代西方代议制度等西方文明史进行分析时,要多看到其对人类社会文明发展所作出的贡献,尽管它存在着阶级局限性等缺点。

  总之,在历史课堂的教学设计中,教师要认真研读教材,吃透课本,根据所教授内容的实际需要确定一节课的教学重难点,提高教学的有效性。

  课堂教学的有效性取决于教学设计目标达成度的高低。历史课堂教学容量大,头绪多,涉及历史事件、历史人物的活动背景、原因、过程、内容、后果、影响、性质、意义等诸多层面。教学时间的有限性、教学目标的难易程度、评价要求的高低区别、学生思维能力水平的差异性等,使课堂教学不可能面面俱到,"平均用力"。该着力的教学重难点没有讲清讲透,学生会模棱两可,似是而非,教学效果将大打折扣。评价一节课优劣的一个重要指标,就在于本节课的重难点是否被学生接受。

  如何把握重点、突破课堂教学中的难点,是教学活动中永恒的主题,教师只有突出教学重点,有效突破教学难点,才会扫除学生学习上的障碍,解除学生的困惑,增强学生学好历史的坚定信念,从而达到教学质量的提高。

  历史教与学的方法指导很多,针对重难点,紧扣教材、挖掘史料、结合实际、优化方法,通过教师的智慧与能力、学生的积极参与,是完全可以实现历史课程的教学目标的。

第三节 历史教学中重难点的突破策略与案例分析

历史课堂教学的重点内容应突出强调，着力强调，不是形式上的多讲几遍，而是要求教师在组织课堂教学时，把它放在明显突出的位置。教师应加强教学的有效设计，运用适切的手段，突破难点，完成教学任务，实现教学目标。

一、一个中心，主次分明

特级教师支玉恒说："那种把教材所有内容无巨无细都钻得深而透之做法，并非聪明之举，如果进而把这些东西都要纳入教学计划当中，则更是弊多利少。面面俱到其实面面不到。浅尝辄止、水过地皮湿式地教学，是绝对不可取的。"无论教学内容有多少，一根红线贯穿始终，这根红线就是本节课、本标题、本单元或者本章的主心骨——教学重点难点内容。

 案例链接

人教版高中历史必修3第一单元"中国传统文化主流思想的演变"，本单元有四课内容，时间跨度从春秋战国一直到封建社会晚期的明清；思想内容的演变为：春秋时期的创立——战国时期的发展——秦朝遭受打击——西汉正统地位确立——魏晋隋唐承接挑战——宋明发展为理学——明清时期的批判继承，甚至有的教师还会就儒家思想在近代、新中国成立后直至今天的情况加以延伸拓展，头绪复杂繁多。但是，无论是董仲舒的新儒学，还是程朱理学，抑或是明清之际的儒家思想新活跃，万变不离其宗，本质上都还是儒家思想，教师在教学过程中，对于其演变的每一个时期都要强调突出不变的儒家思想核心：仁（民本、仁政）和礼（贵贱、等级、规范），这就是有的放矢，众星拱月，主次分明，突出重点。

二、适时补充，详略得当

教师在教学过程中，对于教材内容的处理，可能依据目前的内容不足以突出主题，讲清重点，那么这个时候，就需要针对教学重点做适时的、必要的补充，使课堂讲授内容更加具体、深入、明确，教学重点更加突出、丰满。相反，对于非重点的教学内容，则应该适当精简，概而述之，做到详略得当。

案例链接 1：

人教版初中九年级下册世界历史第 3 课"美国内战"，对于本课的教学重点"南北战争的原因"，教师照本宣科是不够的，适时的、必要的内容补充有助于对重点内容的突出讲解。那么需要补充什么呢？一是，独立战争后北方工业资本主义经济的发展情况；二是，资本主义发展的三要素：资本、市场、劳动力；三是，此时南方种植园经济发展情况，如控制的奴隶数量；四是，南方各州与英国等欧洲国家的经济关系。此外，对初三学生可能还不太理解矛盾是事物发展变化的源泉这一哲学原理应适当提及。这些教学内容的补充讲解不仅能使学生对教学重点内容"南北战争爆发的原因"的理解掌握水到渠成，而且对于学生历史学习的方法指导也是非常有意义的。

 案例链接 2：

人教版高中历史必修 2 第 18 课"罗斯福新政"，本课教学重点是罗斯福新政的内容、特点和影响。教师在讲解过程中，必须对凯恩斯及其经济学理论进行一些解释，并与前一课的"自由放任"经济思想进行比较，这样既可以帮助学生理解这两种经济理论的区别，又可以加深对"罗斯福新政"的理解。凯恩斯作为英国著名经济学家，他主张由政府兴办公共工程，以使失业者摆脱国家救济而参加有益的工作。新政的举措处处都体现着国家干预的凯恩斯主义，如整顿金融中的联邦存款保险公司信誉担保、调整农业的政府补贴、政府出资的公共建设工程的建设、对低收入群体的社会福利保障，国家工业复兴的各项法律规定等。

同时，在讲述罗斯福新政的影响时可以联系二战时期美国作为一个反法西斯国家对战争胜利的贡献，进一步说明罗斯福新政通过资本主义内部自我完善调整所保存的资产阶级民主制度对美国的积极影响。

三、精心的板书设计，助推知识结构的形成，突出教学重难点

板书是教学内容的高度浓缩，是教学目的及重难点的直观体现，是师生思维活动留下的轨迹。历史知识是有机联系的，是有结构的。这个知识结构体系用教师的语言表达往往不容易让学生全面把握，而精美的板书能对教学内容删繁就简，分清主次，由知识点到线到网，形成的知识结构能够使学生一目了然。一次有效的课堂教学离不开教师教学设计中对板书设计的精心构思，纵然在目前大量使用的多媒体教学手段中它只是辅助教学手段，但必要的板书还是必需的。因为板书设计来源于教师对教材内容的处理，基于教材内容、学生实际、教学目的等，所以，板书设计深刻体现着教学重点。同时，精美新颖的板书还具有启发性，学生能够从直观的板书内容中悟到一些教材中不曾明确写出的内容，明确学习内容之间的逻辑关系。借助板书能让学生理解重点、难点，掌握本次教学的重要内容。

案例链接1：

淮阴师范学院附中徐老师执教的人教版七年级上册第9课"秦统一中国"，这节课的重难点是秦朝怎样建立起专制主义中央集权制。徐老师精心设计的板书在课堂上通过多媒体展示出来，非常直观，特别是让学生依据图示进行讲解，在本课教学总结环节效果明显，有助于学生掌握本节课的重难点。他的直观图示设计如下：

首创皇帝制度

中央设丞相、太尉、御史大夫；地方设郡县

中央集权：郡守县令由中央任命，地方的税收等全部上交中央，各种权力集中到中央。（地方与中央的关系）

专制主义：权力集中到中央后，只有皇帝一个人说了算，这个叫专制主义。（大政方针的决策方式）

两者合到一起就叫专制主义中央集权制度。

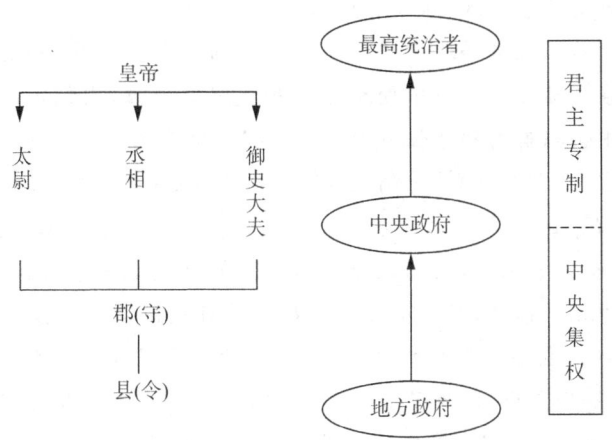

 案例链接2：

人教版高中历史必修2第24课"世界经济的全球化趋势"，本课的教学难点为"对经济全球化是一把双刃剑的理解"。对这一难点的突破首先是教师带领学生通过问题引领对教材第111页经济全球化的发展历程、出现原因的分析，得出经济全球化的本质问题——它是发达国家主导下的资本在全球范围内的新一轮扩张的结论。教师在深刻剖析、史料并运用讲解的同时，配以适当的板书设计，可以进一步帮助学生对难点问题进行理解。

首先是问题剖析。随着经济全球化的进一步发展，它对各国经济的影响越来越大，人们对它的认识也在不断深化。透过1997年亚洲金融危机等经济事件，人们了解了经济全球化的复杂性和应对不当可能产生的破坏性。尽管人们对经济全球化有着这样或那样的争论，但有一点已为大家所认可，即经济全球化是一把"双刃剑"，而且这把双刃剑是针对世界上加入世贸组织的所有国家的,无论是发达国家还是发展中国家。面对经济全球化,既要很好地把握它带来的机遇,又要趋利避害,规避它带来的风险。

从实质上讲,经济全球化实际上是市场经济的全球化,其发展要受市场力量、市场经济规律的支配,因而不可避免地存在着两面性。市场机制从来就有两面性,即:利益和风险并存,机会与挑战同在。而经济全球化放大了市场机制的这两个作用,使其产生乘数效应:一方面,以各种经济资源愈益跨越国界在全球范围的自由流动和配置为主要特征的经济全球化,使得市场机制产生的利益和机会倍增,如若搞得好,经济发展可能迅速腾飞;另一方面,经济全球化也使得市场机制产生的风险、挑战倍增,全球范围内争夺资源和市场等的竞争更为激烈,若搞得不好,经济发展增速可能突然下滑。从这个角度讲,经济全球化对所有国家都是利弊并存。但是,这个利与弊对于各个国家又是不对称、不均等的。因为世界各国的市场经济体制,经济运行机制的发展、成熟状况不同,市场竞争力、市场风险抵御能力不同,所以即使竞争规则是平等的,各国参与经济全球化的利与弊也不可能是对称与均等的。

经济全球化是在旧的不公正、不合理的国际经济秩序没有得到根本改变的情况下发展起来的,它的发展历程告诉我们,经济全球化的本质是发达国家主导下的资本在全球范围内的新一轮扩张,所以经济全球化对广大发展中国家来说更是一把"双刃剑"。当今世界,西方发达国家在国际分工体系中处于主体和支配的地位,它们占有明显的经济、科技优势,在国际竞争中占据着有利地位。由于它们拥有世界上四分之三的生产力,从而成为国际金融、贸易等方面"游戏规则"的制定者和操纵者,主要的国际经济组织实际上也是由西方发达国家控制的,这些都便于西方将其意志强加给发展中国家。当然,在今天,发达国家中也有很多人反对全球化,他们认为全球化会降低发达国家人民的生活水平。在发达国家,由于劳动力相对稀缺,其劳动力密集型行业在国际竞争中没有比较优势,全球化将导致这些行业萎缩,主要是工人的收入降低,生活水平下降。特别是,作为发达国家推行全球化的支柱——跨国公司,为了降低成本,把大量工厂迁至人力、资源等成本较低的发展中国家。发达国家的工人,特别是产业工人就面临着更多的失业威胁。因此,近年来,美欧等国媒体经常提到所谓本国发生的"第三世界化"问题。此外,近年来,西方"福利国家"在全球化的冲击下产生剧烈振荡,非法移民的大量涌入(如因为利比亚、叙利亚、伊拉克等国大量难民涌入欧洲各国出现的难民危机和社会动荡问题),也在很大程度上冲击着西方发达国家经济和社会生活的方方面面。而当地居民本能地把自身的失业、收入下降等消极后果归因于全球化,于是,发达国家也对全球化产生怀疑甚至反对。(1999年11月30日,反全球化人士在美国西雅图举行大规模游行,导致原定举行的世界贸易组织会议开幕式被迫取消。)

同样,对于发展中国家来说,经济全球化既是机遇,更是挑战。总体上,发展中国家处于相对劣势地位。从机遇看,它有利于吸引外资、技术和先进的管理经验,开拓国际市场。以挑战而言:一是,挑战和压力增大。当今世界,在经济全球化的潮流中,经济发展处于不同阶段、工业发展处于不同水平的国家将面对同样的全球化环境,执行同样的游戏规则,承担基本相同的国际责任和义务。显然,在日趋激烈的国际竞争中,那些经济基础薄弱、结构不合理、市场欠完善的发展中国家将面临更大的压力,将不得不为此付出很大的代价。二是,经济运行风险提高。在全球化过程中,发展中国家国民经济对外依存度普遍增大,因而更容易受到国际市场波动的影响。1997年的东南亚金融危机就是一例,说明发展中国家在全球化进程中金融体制脆弱、市场发育不完善。面对西方日益加大的压力,广大发展中国家确保本国经济安全的任务将更加严峻。经济全球化还进一步加剧了贫富的两极分化,正如联合国《人类发展报告》所说:"迄今为止的全球化是不平衡的,它加深了穷国和富国、穷人和富人的鸿沟。"因此,经济全球化虽然可以使一些发展中国家抓住机遇,加速发展,缩小同发达国家的差距,但对大部分发展中国家而言,经济全球化可能更多地意味着挑战。

其次是板书设计配合讲解。根据上面的问题分析,教师再配以有效的板书设计,进一步加深学生对"经济全球化的影响"这一难点的理解,从而实现有效的突破,实现教学目标。板书设计如下:

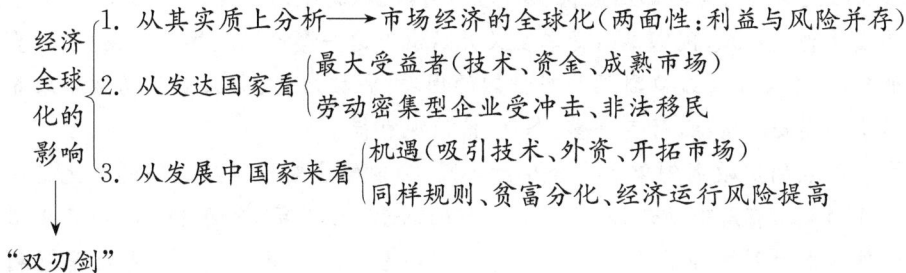

 案例链接3:

人教版选修1"中国历代变法和改革",本课重难点内容之一——北方民族大融合,通过板书设计实施教学也会有意想不到的效果。

北方民族大融合 { 出现:改革之前——→推动改革
深化:改革内容——→处处体现(政治制度、迁都洛阳、移风易俗等)
作用:推动民族统一

这种图示板书,教师依据教学内容的内部知识逻辑结构,进行处理分析,以线索发展的方式呈现于学生面前,详略得当,左右关联,互为因果,使学生对课堂教学内容的理解,尤其重难点知识的掌握是有效的。

四、依据课型要求选择突破手段

高中教学活动大致分为三个阶段:第一阶段是落实课程标准的新授课阶段,第二阶段是高二年级第一学期期中检测后的迎接学业水平测试(必修)的复习迎考阶段,第三阶段则是高二年级学业水平测试后到整个高三年级结束为学业水平测试(选修)而备战的复习阶段。不同阶段的教学目的是有差异的,因此,同一教学内容在不同阶段重难点的突破手段也是有差异的。下面以江苏某高中陈老师的新授课和复习课的课堂教学为例进行分析。

案例链接 1：

以人教版高中历史必修 2 第 18 课"罗斯福新政"为依据

在新授课阶段，陈老师侧重于利用教材文本及图片材料，引导学生参与其中。那么，如何帮助学生掌握新政的内容和影响呢？他是这样处理的：(1) 理清 1929—1933 年经济危机给美国带来的影响，使学生知晓罗斯福上台时面临严重的金融危机、工商业危机、农业危机、社会危机，引导学生阅读教材文本材料，师生一起梳理罗斯福应对危机的整顿金融、调整工业、农业、社会福利方面的举措。(2) 结合经济危机的影响，认清危机的实质是生产和市场矛盾激化的结果，引导学生讨论新政措施是如何缓和生产和市场矛盾的，深化对新政内容的理解。(3) 在前一点分析的基础上，理解新政使美国经济走出低谷、经济状况显著改善这一结果。(4) 结合新政的社会福利措施理解新政缓和美国社会矛盾的作用。(5) 通过比较罗斯福与胡佛反危机举措的不同，概括新政的特点，理解新政开创了国家干预经济发展的新模式，国家垄断资本主义开始出现这一影响。这样，既深化了学生对重点内容的理解，也便于通过罗斯福面对美国的困境，积极应对、大胆创新的做法培养学生健康的情感和高尚的情操，落实情感、态度、价值观目标。

对于本课难点的突破则侧重于结合生活实际，为使学生对于很难理解的美元贬值与刺激出口之间的关系有清晰的认知，他举了这样的例子：2011 年 12 月 18 日，一家中国服装厂把 100 件衣服卖到美国等以美元结算的国家，1 美元/件，利润 10%，也就是总利润 10 美元，1 美元＝6.331 4 元人民币，可赚到人民币 63.314 元。到第二年，如果那时的人民币升值到 1 美元＝5.331 4 元人民币，在订单合同约定价格不变的情况下，100 件衣服卖到美国仍可赚取 10 美元，但只能共赚到人民币 53.314 元，无形中损失了 10 元人民币。这样是很可怕的，因为中国做加工贸易，实际的利润根本没有 10%，升值对本国加工企业拓展海外市场相当不利。反过来看，贬值的好处就显而易见啦，所以，新政实行美元贬值的金融措施能缓解生产和市场的矛盾，从而缓解危机。

总之，在新授课阶段，突破重难点的手段主要以利用学生手中已有的材料和生活经验，调动他们参与学习的积极性，在过程中落实三维育人目标。

而在复习迎考阶段，教学的目的非常明确，就是要提高学生的应试成绩（当然，这个过程也可以提升其相应的素质），教学的依据主要是考试说明所规定的考核目标与要求。考试说明提出了 4 项 12 条的考核目标与要求。其中获取和解读必须直面材料，调动和运用知识必须有材料创设情境，这也就决定了必修和选修学业水平测试中充斥大量材料，复习课突破重难点的手段必然是增加史料的学习，以提升应试能力。

还是以"罗斯福新政"为例。《2016 年江苏省普通高中学业水平测试（必修科目）说明》对本课的要求是了解 1929—1933 年资本主义世界经济危机及其影响；理解罗斯福新政的主要内容；认识罗斯福新政的特点与作用。而 2016 年江苏省普通高中学业水平测试（选修科目）说明的要求则是了解罗斯福新政的背景、主要内容和特点；罗斯福新政的历史作用。依据这两点说明，不管是选修还是必修的学业水平测试的备考复习，新政的内容和影响都还是重点。陈老师在选修备考教学时是这样处理的：

选取三则材料：

材料一 该法规定：成立联邦储蓄保证公司，对5 000美元以下的存款（后逐步增加为两万美元），由政府保证其安全；规定商业银行与投资银行分家；参加联邦储备系统的各银行不得从事支持股票市场投机的信贷业务；联邦储备局有更大权力控制全国信贷系统；私人银行接受联邦储备局监督。

——解力夫《二次大战三巨头（二）：身残志坚罗斯福》

材料二 《美国全国工业复兴法》规定：要消除妨害州际贸易和国外贸易自由流通，势将减少州际贸易和国外贸易的障碍；要通过发展产业组织，促进各同业团体之间的合作行动，以提供普通福利；要在适当的政府制裁和监督下，引导和维护劳资双方的联合行动；要淘汰不公平的竞争惯例；要使各产业的现有的生产能力得到最充分的利用；要取消不适当的生产限制（暂时有需要的除外）；要提高购买力以增加工农业产品的消费量；要减少失业和救济失业；要改进劳动标准，并要在其他方面复兴产业和保存自然资源。

——王春良《世界现代史文献与要论选编1900—1988》

材料三 《美国农业调整法》规定：对自愿减少耕地的农民给予津贴；对与政府合作的农业给予商品贷款，而将其耕地面积减少30%的棉花种植者可用其收成作担保。

——夏清成、菅明军《美国三十年代的经济大萧条和罗斯福新政》

设计如下问题：

（1）依据三则材料概括罗斯福新政的内容。（获取和解读信息）（2）材料一中"由政府保证其安全"的目的是什么？（调动和运用所学知识）（3）材料二措施的实行，起到了什么作用？（描述和阐释事物）（4）依据三则材料分析罗斯福新政的特点。（描述和阐释事物）师生通过解决上述问题，强化了新政内容这一重点，提升了解题能力。

总之，在中学历史教学中，教学目标是确定重难点的依据，教学目的决定是突破重难点的手段选择。

布鲁纳曾说过："教学过程是一种提出问题和解决问题的持续不断的活动。"对于难度较大的问题，教师不妨紧扣教学重难点这一主线，通过有效问题设计来引领师生合作互动，并把问题按难易程度分解成若干个与之相关的小问题，小坡度式地层层递进，化难为易，由易到难，从而突破解决重难点。下面"秦王扫六合"这一课的教学设计案例就对此进行了很好的尝试运用。

案例链接2：

人教版初中七年级上册第9课"秦统一中国"

一、教学目标分析

1. 知识与能力

通过本课学习，使学生掌握秦朝中央集权统治的建立和秦始皇巩固统一的措施及作用;了解秦朝的疆域和秦长城、灵渠两项古代工程。

通过引导学生归纳并试评"秦完成统一的原因""秦始皇巩固统一的主要措施"等问题,培养学生初步综合、分析历史问题的能力;利用实物模型、地图等直观教具,培养学生的观察、想象能力。

通过对秦朝统一历史作用的分析,使学生认识到:统一是历史发展的必然趋势,秦朝是我国历史上第一个统一多民族的中央集权的封建国家,秦的统一在历史上具有重大意义和进步作用。

2. 过程与方法

教学过程以学生为主体,通过创设故事情境、温故而知新、动态演示历史地图、用表归纳历史史实、设计秦朝疆域示意图、评价历史人物、比较辨别等方式,采用多媒体教学手段,动态演示相关教学内容,贴近学生最近发展区,最大限度地调动学生的视觉和听觉,从而达到调动学生参与教学的积极性、主动性的目的,顺利完成教学目标。

3. 情感态度和价值观

通过教学,使学生认识到:(1)统一是历史发展的必然趋势,秦朝是我国历史上第一个统一的中央集权的封建国家。(2)秦灭六国,结束了春秋以来诸侯割据混战的局面,开创了统一的新局面。秦始皇统一六国,符合历史发展的潮流,符合广大人民的利益,具有进步的意义。(3)秦的统一以及秦始皇巩固统一的措施对后世具有深远的影响,对我国多民族国家的形成,以及中华民族的发展,作出了积极的贡献。(4)认识到秦始皇既是千古一帝,又是历史上少有的暴君。(5)长城和灵渠是我国古代的伟大工程,是我国古代劳动人民血汗和智慧的结晶。

二、重点与难点

重点:专制主义中央集权制度的建立;秦朝加强统治、巩固统一的措施。

难点:焚书坑儒。

三、教学内容分析

秦朝是一个承上启下的朝代:一方面,它结束了春秋战国时期的分裂,实现了国家的统一;另一方面,它建立了专制主义中央集权制度,为后世所沿用,影响深远。因此学习秦朝,有助于我们了解中国封建社会的主要政治制度,有助于我们加强对统一多民族国家的认识。

四、教学准备

1. 教师准备

由于教师在课堂教学中起主导作用,所以教师必须对本课知识点、学生提问和学生可能的回答充分备课做好准备。在备课时,注重查找秦朝历史,尤其是秦朝巩固统一的措施,比如统一文字、度量衡等。

2. 学生准备

依据新课程理念,学生自主学习,提前预习和自学,完成本课学案,这是绝大多数学生可以完成的。一部分学生可以达到较高要求,即通过课前搜集材料,从而讨论、评价历史人物,提出与教材不同的观点。

五、课堂教学设计

充分发挥学生的主观能动性。学生自主学习,教师作为课堂的组织者,提出探究性问题;学生讨论,最后总结出答案。在导入新课、重点、难点等问题时适当设问,一步步引导学生找到答案。

六、教学过程设计

【导入新课】

[提问]同学们听过李白《古风》的诗句吗?"秦王扫六合,虎视何雄哉!挥剑决浮云,诸侯尽西来。"

[学生]听过。

[提问]那这首诗反映的是什么历史事件呢?

[学生]秦灭六国,统一全国。

[提问]那今天我们就来学习第10课"秦王扫六合"

【讲授新课】

(一)秦统一六国

1. 统一六国的原因

[提问]我们前面学习了春秋战国的历史,相信大家对著名的"战国七雄"一定还记忆犹新,那"战国七雄"究竟是哪七国?它们分别处于什么地理位置呢?(显示战国形势图)

[学生]齐楚燕韩赵魏秦。

(引导学生)西面是秦国,齐国在东面,燕国在东北面,赵国在北面,楚国在南面,魏国和韩国夹在中间。到了公元前221年,西面的秦国就灭掉了其他六国,统一全国。现在请同学们阅读课文第一、二段的内容,结合以前学过的知识,思考一下:秦为什么能够兼并六国、实现统一?

学生看书、思考、回答。

[讲解]综合同学们的回答,我们可以将秦统一六国的原因归纳成三点。首先,民心所向。春秋战国时期各方诸侯割据混战,给人民带来了极大的痛苦和灾难,也不利于各地经济文化的进一步发展和交流。因此,结束战争,实现国家统一是当时各族人民的强烈愿望。其次,秦具备了灭六国的实力。公元前356年秦国开始进行商鞅变法。经过商鞅变法,秦国经济实力得到发展,军队战斗力不断加强,发展成战国后期最富强的封建国家。最后,善于用人。秦王嬴政任用了李斯、蒙恬、尉缭、王翦等有才干的人。

[提问]请同学们看课文的"动脑筋"部分,思考一下:秦王嬴政在用人方面有什么长处?这和他取得统一战争的胜利有什么关系?

[学生]秦王嬴政在用人上不以出身高低取人,不拘一格,广纳人才;能够礼贤下士,任人唯能;敢于向部下承认错误。由于秦王嬴政善于发现人才并加以重用,所以这些人才在他的统一大业中,能够各尽其能,发挥了至关重要的作用。

2. 过程:公元前230年至公元前220年

[讲解]从公元前230年至公元前220年,秦国十年间先后灭掉了韩、赵、魏、楚、燕、齐六国、统一全国,建立起我国历史上第一个统一的封建王朝——秦朝,都城定在咸阳。

3. 秦朝的建立(公元前220年)

［过渡］俗话说"创业容易,守业难",现在的秦王面对的可是一个如此庞大的帝国,对于这样一个帝国,他又该如何管理呢?

(二)巩固统一的措施

［提问］现在我把同学们分成四小组,每组同学花一分钟的时间看课文,找出秦始皇在政治、经济文化、思想和军事上各采取了什么措施,然后派出代表说出你们组选择介绍哪方面的措施,在这方面秦始皇采取了什么具体举措。(通过小组合作讨论解决重点)

学生回答。(嗯,这位同学回答的就是秦王从政治上巩固统一的措施)

1. 政治上,建立一套封建专制主义的中央集权制度

［引导］嬴政顺应历史潮流完成了统一,可谓顺民心、合民意,这一点确实值得我们敬佩。而嬴政也洋洋自得,毫不谦虚。原来战国七雄的最高统治者都是称王的,嬴政就觉得自己功高盖世,如果还是称王的话,就与自己的功业地位不相称了。结果他怎么办呢?

［学生］把古代三皇五帝的"皇"字和"帝"连在一起,称"皇帝",又希望秦朝的统治能够千秋万代,而自己是第一个皇帝,就自称"始皇帝"。

［补充］后来,秦朝没有像秦始皇希望的那样千秋万代,但"皇帝"这个称呼却一直沿用下来,直到清朝的灭亡。

［讲解］认为自己功高盖世就称皇帝,可见秦始皇的霸气。但那么大一个国家,要管的事情多得不得了,就靠他秦始皇一个人能搞得定吗?不行?那怎么办呢?我们这位聪明的皇帝呀,又立刻寻思着为自己找来了三位得力的干将。他们分别就是丞相、太尉和御史大夫,这三人我们合称为三公。其中,丞相帮助皇帝处理全国政事,其职务就相当于我们今天的国务院总理,太尉掌管军事,御史大夫则负责监察百官,而这三人又必须绝对服从和执行皇帝的命令。这样一来,秦始皇既减小了压力,又把中央大权牢牢地握在了自己手中,可谓一举两得。控制中央之后,下一步就看他如何加强对地方的控制了。针对这个问题,群臣展开了激烈的讨论,有的建议他仍沿用周朝的分封制,有的则建议他把全国分为郡县,然后由皇帝派官吏直接管理。那这位皇帝最后选择了什么制度?为什么?

(学生自由发言)

［归纳］在分封制下,诸侯王都是世袭,受封的诸侯在封地内不但享有行政统治权,而且拥有对土地和人口的管理权,权力非常大,到春秋战国时,各诸侯王拥兵自重,不再听中央的命令了;郡县制则不同,郡守和县令都由皇帝任免,郡守和县令在辖区内只行使行政管理权,对土地和人口逐渐失去统治权。郡守和县令只负责管理人民,收取赋税,征发兵役和徭役。

［总结］好了,综合前面讲的内容,同学们可以概括出这套封建制度吗?我们来看下图。

从中我们可以看出,秦始皇通过郡县制把地方上的权力集中到中央,这就是中央集权,最后中央的权力又集中到了最高统治者皇帝手中,这就是君主专制。两者相结合,就形成了中国历史上的"专制主义中央集权制度",这套制度的核心是皇权,这样就极大地巩固了统一,所以被以后的封建王朝所沿用。(本课的重点——专制主义中央集权制度通过

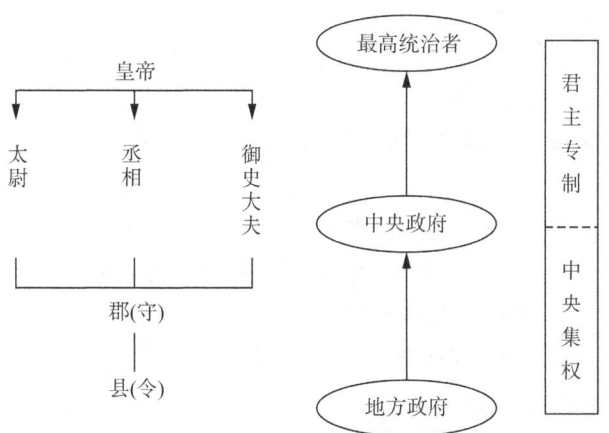

图例展示,形象易懂)

[过渡]第一组的同学表现得非常好,现在哪组同学先来?

[学生]我们回答经济文化上的措施。秦灭六国后,规定在全国统一使用圆形方孔铜钱,同时统一度量衡,对尺寸、升斗、斤两作出统一规定。秦朝还统一了文字,把小篆作为全国规范文字,废除原来六国的文字。后来,又推广笔画更为简单的隶书。

2. 经济文化上,统一货币、度量衡和文字

[讲解]秦统一六国后,就规定以原来秦国的度量衡制度作为统一标准来使用,把秦国的圆形方孔铜钱作为统一的货币,把小篆作为全国使用的规范文字,通行全国。(拿出自制文字图片进行讲解)

[提问]好了,讲了那么多,现在请同学们思考一下:秦统一度量衡、货币和文字有什么意义?

[学生]促进了各地区各民族经济文化的交流发展,巩固和加强了封建国家的统一。

[过渡]统一货币、度量衡和文字之后,秦始皇又做了些什么事呢?轮到哪组同学发挥了?

[学生]为了加强思想控制,秦始皇又进行了焚书坑儒。

3. 统一思想上,焚书坑儒

[讲解]统一度量衡、货币和文字后,为了加强对人们思想的控制,公元前213年,在丞相李斯的建议下,秦始皇发布了焚书令。同学们知道这个焚书令要烧的是什么书吗?(除了医药、占卜和种植的书外,其他的都要烧掉)焚书之后,秦始皇还不满意,第二年他又借口一批儒生批评他,"妖言惑众",将他们抓起来全部活埋了,这两个历史事件,就是我们今天所说的焚书坑儒了。

[提问]同学们是怎样看待秦始皇焚书坑儒的行为的呢?请结合课文引言思考这个问题。

[学生]秦始皇的主观目的是通过这样做来反对效法古代治理国家的方法,巩固统一,但他采取的手段极其残暴、野蛮,其结果是摧残了文化、钳制了人们的思想,给我国古代文化造成巨大的损失,应该给予批判。

[过渡]我们先不评价秦始皇采取的这些措施是否过激,总之经过这一系列措施,秦始皇就从政治、经济、文化和思想上控制了全国。但是,他并没有就此满足,他还将目光瞄上了边境。我们来看一下他是怎样巩固边防的。

[学生]派大将蒙恬反击匈奴,夺取河套地区,并把内地民众移居到那里垦田戍边,并修筑了万里长城。

[引导]这是在北方的措施,那在南方又做了什么呢?

[学生]秦始皇还派兵统一了东南、岭南等地区,开发那里的经济,兴修灵渠。

[归纳]很好,我们在黑板上归纳一下:

4. 军事上,北筑长城和开发南疆

(1) 夺取河套和修筑长城。

(2) 统一南方,修筑灵渠。

[引导]说起长城,相信每位同学都不会陌生,这里有没有同学爬过长城呢?"不到长城非好汉",有机会一定要去看看。同学们知道万里长城是从什么时候修筑的?修筑它的目的又是什么呢?

[学生]防止匈奴入侵骚扰。

[补充]匈奴族与汉族本来同出一源,都是大禹的后代。在夏王朝之后,夏桀的一支后代逃亡到北方,成为匈奴族。在不断吞并周围部族的基础上匈奴迅速壮大,在秦汉之际成为中国北方最大的部族,建立了统治中国北方的第一个强大的奴隶制政权。说完长城,我们就说灵渠了。同学们去过桂林吗?知道桂林兴安县的灵渠吗?修建灵渠主观目的是解决 50 万秦军的粮草问题,但它沟通了长江水系和珠江水系,为中原与岭南地区的经济文化交流,提供了有利条件。

(三)秦朝的疆域

[引导]同学们阅读课文最后一段,看看秦朝的疆域囊括了哪些地方,然后我从每组找出一位代表到讲台上补充地图上空缺的地名。

[学生]填图。

[讲解]秦朝不仅是中国历史上第一个统一的封建国家,也是世界上最早建立的统一的多民族的封建国家。

[讨论思考]有人称他是"千古一帝",有人却称他是"暴君"。通过今天这节课的学习,你又是如何看待他的呢?

绝大部分学生会从秦始皇的功绩方面评判,小部分学生会从秦始皇的过错方面评判,只有个别学生会从功和过两方面综合考虑。

七、课堂小结

公元以前二二一,秦灭六国来统一;

专制集权嬴政始,独揽大权称皇帝;

丞相太尉和御史,地方推行郡县制;

文字货币度量衡,焚书坑儒暴政施;

北筑长城御匈奴,临洮辽东万余里;

开发南疆修灵渠,封建王朝树第一。

八、板书设计

（一）秦统一六国

1. 统一六国的原因。

2. 过程:公元前230年至公元前220年。

3. 秦朝的建立(公元前220年)。

（二）巩固统一的措施

1. 政治上:建立一套封建专制主义的中央集权制度。

2. 经济文化上:统一货币、度量衡和文字。

3. 思想上:焚书坑儒。

4. 军事上:北筑长城反击匈奴和南建灵渠开发南疆。

（三）秦朝的疆域

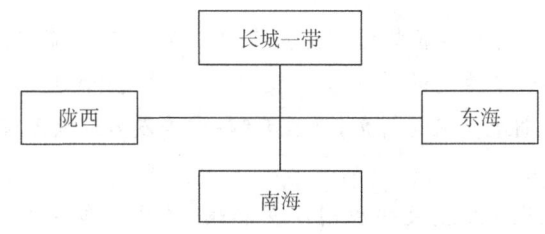

（案例来源:淮阴师范学院附属中学王磊老师执教"秦王扫六合"一课教学设计案例）

教育的艺术就在于让学生乐学、乐问。围绕教学目标,本节课采用问题式课堂教学法,引导学生自主建构知识,让历史课充满生机,为历史课教学增色,将重点突出、难点化解,从而提高课堂教学的实效。

五、情境再现,身临其境

历史是昨天发生的人和事,一切都已成为过去,不能再现,也不会重演。历史的时空与当代中学生的生活有遥不可及的距离,学生无法理解当时的历史情境,也无法体会当时的人物感受。那么,理解历史事件的真实意义,认识历史现象的深刻内涵也就成为一个难题。这时,教师如果能够通过有效的历史情境创设,把学习历史课程的内容与多种多样的活动形式结合起来,让学生在和谐的学习气氛中主动参与,积极互动,以构建知识,提高效率,则对课堂教学的重难点解决、突破都会有意想不到的效果。

在学习"中国民族资本主义的曲折发展"一课时,面对教学重难点,某老师通过"老人与梦"的故事,让全体学生参与讨论,回到近代,设想自己身处其中,以感受中国民族工业的发展历程,促进问题的解决,达成有效教学目标。

案例链接1:

人教版高中历史必修2第10课"中国民族资本主义的曲折发展"教学设计

【教材分析】

"中国民族资本主义的曲折发展"一课是必修2第三单元"近代中国经济结构的变动与资本主义的曲折发展"的第2课。本单元在教材中占据非常重要的地位,本课叙述了民族资本主义自产生后到新中国成立经历的曲折艰辛的发展过程。共分四个时间段,以三个子目具体讲述了其历程。第一目"民族资本主义的初步发展"主要讲述19世纪末民族资本主义初步发展的原因、表现和影响。第二目"短暂的春天",则告诉我们"春天"是如何出现的,有哪些表现和特点。第三目"曲折的发展",叙述抗战前民族工业发展的原因和表现,列举抗战爆发后民族工业在沦陷区、国统区受到沉重打击的具体事例、介绍抗战后民族工业萎缩的原因和具体体现。

【课标要求】

识记:19世纪末,中国民族资本主义发展的初步概况;民族资产阶级开始登上政治舞台;一战期间中国民族资本主义的进一步发展;实业救国;国民政府统治前十年民族工业发展状况;抗日战争时期遭受沉重打击,日益萎缩;中美友好通商航海条约的签订;官僚资本的垄断;通货膨胀。

理解:民族资本主义初步发展的原因及其影响;辛亥革命对民族资本主义发展的影响;民族工业短暂春天出现极其短暂的原因;1927年到1936年间民族工业发展的原因;"三座大山"是民族工业发展的障碍。

运用:探究影响民族资本主义发展的主要因素。探讨民族工业在半殖民地半封建社会的条件下,民族资本主义在中国近代史上的地位和作用。

【教学目标】

(1)知识与能力:认识民族资本主义的初步发展、短暂的春天、曲折的发展三个发展阶段的基本史实,以及在这个过程中出现的重要概念——实业救国、官僚资本;理解民族资本主义三个不同发展阶段的原因,理解"三座大山"是阻碍近代民族工业发展的三大政治障碍;探究影响中国民族资本主义发展的主要因素及民族资本主义在中国近代史上的地位和作用。

(2)过程与方法:利用故事创设情景,使用多种教学方法,引导学生运用史料分析问题,培养学生"论从史出、史论结合"的能力,并引导学生进行问题探究和合作学习。

(3)情感态度与价值观:认识民族资本主义的发展是中国近代化发展的重要进程;自强不息的爱国精神是民族工业发展的主要动力,而民族工业的发展则为抗日战争的胜利奠定了物质基础,从而形成良好的爱国情操;"三座大山"是阻碍近代民族工业发展的最主要的原因,民族独立、国家统一是民族工业迅速发展的前提,从而形成维护民族团结和国家统一的观念。

【教学重点、难点】

重点:民族工业的短暂春天。

依据:在1912—1919年间,清政府统治被推翻,中华民国建立以及西方列强因忙于一战而暂时放松了对华经济侵略,使得民族资本主义的发展来自本国封建主义和外国资本主义的双重压迫减轻,因而这一时期民族资本主义出现了短暂的"春天"。一战后帝国主义卷土重来,民族工业又萧条下去。这典型地说明了外国资本主义和封建主义是阻碍近代民族工业发展的重要因素。本知识点对于学生知识与能力的培养、情感态度与价值观的引导十分重要。

难点:影响中国民族资本主义发展的主要因素和民族工业的历史地位。

依据:解决本问题既能培养学生的知识与能力,展现教学的过程与方法,又能培养学生学会用唯物主义的方法去分析问题、探究问题。

【教法和学法】

本节课采用学案教学法、情景创设法、互动式教学法、问题教学法、表格归纳法、讨论法。具体设计如下:

1. 教法设计

(1)课前发给学生学案,学生根据学案带着问题自学教材,做好预习,以使课堂教学更有针对性。

(2)通过"老人与梦"的发展创设情景,以设问提出问题,学生课堂阅读、讨论、探究。师生互动解疑答难。目的是活跃课堂气氛、提高学习历史的兴趣、培养学生的思维能力以及引导学生形成正确的情感态度与价值观。

2. 学法设计

(1)课前指导:学生根据学案掌握和梳理基本知识点。

(2)课堂指导:引导学生思考民族资本主义发展每一步的前因后果,前后联系知识点,鼓励学生回答问题。

3. 手段选用

借助多媒体教学手段,选择此法的原因是利用多媒体教学直观性强、课堂信息容量大、易于设置历史情境的特点,可腾出更多的时间让学生进行交流、讨论、思考,有助于培养学生的思维能力。

【教学过程】

导入:同学们,我们在第九课学习了近代中国经济结构的变动内容。鸦片战争后,伴随着外国的经济侵略,中国的自然经济开始瓦解,采用机器生产的近代企业在中国出现了,在封建主义和外国资本主义压制的夹缝中,中国的民族资本主义产生了,它的出现给中国带来了光明和希望。那么代表着中国的希望的民族资本主义产生后的发展历程如何呢?今天我们就一起来学习第10课中国民族资本主义的曲折发展。我们首先来读一下学习目标,为了更好地掌握学习内容,我们依据学习目标生成了几个探究性问题。

教师过渡:同学们,国富民强是我们所有中国人的共同梦想,在近代这个特殊的时代背景下,许多爱国志士更是在积极地寻找中国的出路。下面我们就结合一则"老人与梦"的故事来探究一下从19世纪末期到20世纪中期中国民族资本主义曲折发展的状况。

故事展示:"老人与梦"

场景:人生七十古来稀,在2005年的大年初一,110岁的百岁老人张振国从新加坡回到了他那日思夜想的故乡——南京。100年过去了，桃花依旧，人面全非。他牵着一条叫"梦"的狗，颤动着身体站在扬子江边，那滔滔不尽的江水似乎述说着他那坎坷曲折的人生……

走进片段一：1895年的秋天，在南京一个姓张的农村家庭里有一对孪生兄弟降临人间，父亲给哥哥起名为振国，弟弟名为兴业。面对严重的社会危机，父亲像很多憨厚的农民一样，变卖了所有的家田得到了3 000元，在南京郊外开了一家小型丝织厂。几年下来，工厂越做越大，总资本在一万元左右……

（1）通过张家儿子的姓名我们能体会到当时国人有什么样的心理呢？（忧患、爱国、实业救国）

（2）父亲"弃农从商"这件事，反映了社会经济结构出现怎样的变化呢？（自然经济在走向解体，民族资本主义开始发展）

（3）联系课本知识，当时的社会有哪些因素有助于父亲开丝织厂呢？（客观方面：甲午战争后，列强资本输入中国进一步瓦解了中国的自然经济，为中国民族资本主义的发展创造了国内市场和劳动力条件；主观方面：清政府为了赔款，必须扩大税源，从而一定程度上放宽了对民间设厂的限制；此外还有实业救国思想的影响。）当时的民族资本主义发展处于什么阶段呢？（初步发展）

（4）张氏企业等民族企业的兴办给中国带来了什么影响？（民族资本主义的初步发展，壮大了民族资产阶级力量，为维新变法运动的开展奠定了阶级基础。）

走进片段二：1912年17岁的张氏兄弟，刚刚接受了革命的洗礼，全面接手了父亲的生意，生意非常红火，工厂发展进入了"黄金时期"，总资本达到十万元。

张氏企业生意红火时，中国的民族工业出现了什么现象？（民族工业发展的短暂春天）有哪些因素促进了张氏企业的火红发展呢？（辛亥革命推翻清政府，扫除了一些资本主义发展的障碍；南京临时政府一些奖励发展实业的措施；群众性反帝爱国运动的支持；一战期间，西方列强暂时放松了对中国经济的侵略，使得中国民族工业发展获得一个好的时机。）

就全国而言，当时还有哪些行业在生意上也获得了巨大成功？（投资总额增加；厂矿企业增多；面粉业、纺织业发展最快）民族资本主义发展总体状况如何？（较之以前进一步发展）

这一时期民族资本主义出现了"短暂的春天"，是否意味着中国的民族工业已全面走向繁盛呢？它有哪些不足呢？（否。诸如轻重失衡，没有形成独立完整的工业体系；分布不均衡；技术、资本等不足，力量薄弱，无法与外资相抗衡。民族资本主义在近代中国居从属地位，远低于自然经济和外国资本主义企业。）

走进片段三：在苦苦支撑了几年后，1927年，张振国终于在南京盼来了蒋委员长，在他的带领下，张氏企业又重新恢复和发展，总资本达10万元。

1937年的一声炮响又改变了他的命运：国家"碎"了，兄弟死了，工厂被抢占了，张振国在极度的悲伤中，揣着仅有的5万元只身毅然去了重庆，开了一家"振国"丝织厂。由于要支持国家打仗，税收很重，他的工厂一直处于亏本状态。

(1) 1927年,张振国盼来的蒋委员长代表着哪个政府呢?(南京国民政府)这个时期民族工业的发展状况如何呢?(发展较快)原因有哪些?(国民经济建设运动举措、全国基本统一局面的出现)有何历史意义呢?(为20世纪30年代的抗日战争积累了一定的经济基础)

(2)"1937年一声炮响"是指什么事呢?(卢沟桥事变,日本帝国主义全面侵华战争爆发)我们的民族工业为此受到怎样的影响呢?(日益萎缩)

(3)从张振国在重庆开设的"振国"丝织厂的名称来看,支撑他从灾难、悲伤中站起来的因素是什么呢?(自强不息的爱国精神)在重庆的工厂亏本的实质原因是什么呢?(官僚资本的压榨)

走进片段四:1945年8月,50岁的张振国哭了,继而露出了久违的笑容,高呼:"熬出头了!有救了!"……两年后,他提着一个简单的行李箱坐在了前往新加坡的轮船上,深沉地望着扬子江,唠叨着:爸、弟弟,振国对不起你们,振国不亡于鬼子,而毁于老蒋啊,振国对不起你们啊……后来,张振国在新加坡养老,养一只宠物狗取名"梦"……

(1)1945年8月,老人为什么哭呢?(苦心经营的企业规模在8年战火中日益萎缩)他高呼的"熬出头了"是指什么呢?(抗战胜利)

(2)试想老人及其工厂的命运,并分析其原因。(又陷入内战,工厂陷入绝境,濒临破产。原因:美国经济侵略;官僚资本挤压;国民政府增加苛捐杂税,通货膨胀;国共内战。)

情境活动延伸:

(1)在故事"老人与梦"中,"梦"是指什么呢?(发展资本主义,实业救国)

(2)结合故事,整理所学知识,分析张振国老人的梦因何而起,又因何而灭。(近代半殖民地半封建的社会现实。有利因素:①自然经济解体;②清末至民国政府鼓励兴办实业;③群众爱国运动的推动;④自强不息的爱国精神。不利因素:①先天不足,后天畸形;②战争不断,政局不稳;③产生于半殖民地半封建社会,受到三座大山的压迫;④自然经济占主导地位。)

(3)实业救国的梦曾经对近代中国的发展起到怎样的作用呢?(经济:加速了中国近代工业的产生和发展;政治:促进民主革命的发展;思想:促进了国人的思想解放)

(4)老人实业救国梦想的破灭给我们什么启示?(实业救国道路在半殖民地半封建社会的中国行不通;结束半殖民地半封建社会,实现国家独立和民族解放是社会经济发展的前提。)

(5)当"梦"破灭之后,中国经济发展之路何去何从呢?(在中国共产党领导下,探索中国特色的社会主义建设之路。)

师生共回首,一起总结中国近代民族资本主义发展的历程。

本节课中教学情境的创设,不仅提高学生的学习兴趣,调动学生的学习积极性,培养学生的创新精神和实践能力,陶冶学生的理想和情操,而且还为教师的课堂教学注入生机和活力,使中学历史课堂生机盎然,学生在史料情境中感悟历史,成为解决教学重难点的有效途径。

第四章

中学历史教学流程与环节的设计与案例分析

第一节
历史教学流程与环节概述

教学流程与环节是教学活动进程中较为稳定的结构形式，它通常内在地接受特定的教育理念、教学理论或学习理论做指导，又与教学逻辑、组织阶段密切相关。教学理论界基于不同的理论观念，对此有着不同看法，代表性观点如下：

（1）赫尔巴特认为，教学必须有明了、联想、系统、方法四个阶段，即：明了——给学生明确地讲授新知识；联想——使学生将新知识与旧知识联系起来；系统——指导学生在新旧知识的基础上作出概括和总结；方法——引导学生把所学知识应用于实际。

（2）加涅认为，课堂教学过程包括：引起注意；告知学习者目标；激活相关的原有知识；呈现刺激材料；提供学习指导；引发学习行为；提供反馈；评估学习行为和促进记忆与迁移。

（3）现代教学过程的基本环节包括：激发学习动机—感知教学材料—理解教学材料—巩固知识经验—运用知识经验—测评教学效果。

（4）确定教学进度和顺序是课堂教学最重要的决策之一。课堂学习的尝试和广度在很大程度上取决于教学进度和顺序。确定教学进度就是确定一系列教学活动的进展阶段或程度。顺序指的是这个系列中各项应具有的关系。

（5）课堂活动可以指师生的课堂活动，也可以指课堂活动的内容。因此，课堂活动顺序既可以从师生相互作用的形式（指他们在课堂上做什么），也可以从课堂活动的实质内容来描述。前者一般称为"教学方法"或"方式"，后者称为"学科内容""课程"或"教学内容"。

（6）教学过程逻辑的实质是一种特殊的认识过程且具有交往性与实践性。不要将教材和教师布置的学习任务视作某种外来的、凝固不变的东西，而是要将其作为在运动中的东西呈现在学生面前；在这一运动过程中，单个事实、具体的表象要跟概括、概念和一般学说联系在一起，而后者（概括、概念和一般学说）又要跟实际运用的技能和技巧相统一。教学过程的逻辑跟学科的逻辑有着密不可分的联系，但是并不等同。教学过程的逻辑具有更大的能动性、曲折性和矛盾性，它并不是学科的逻辑、学科的大纲和内容、教科书内容的简单投射，而是学科的逻辑与学生掌握教材的心理活动的结合与统一。

（7）所谓教学逻辑，是指教师在对学科教学与学生发展关系认知的基础上形成的在关于教学内容与教学活动序列安排的构想。

可以看出，教学理论界讨论教学流程与环节的视角较为宽泛，教学流程与环节可被视为教学逻辑、教学活动顺序、教学基本环节、教学内容进程、学科逻辑与学生心理活动的结合。具体到学科领域，历史教学界更多地谈论历史教学过程的基本结构，典型观点如下：

（1）综合课的基本结构包括：组织教学；复习旧课，导入新课；讲授新知识；巩固新课；布置作业。

（2）从历史知识的特点看，宜于采用传统的传授和学习书本知识的教学模式。一般地说，这种模式的结构是：感知史实材料；理解史实材料、认识其本质；巩固历史知识；运用历史知识；检查掌握的程度。

（3）历史教学过程的基本结构包括：激发动机；感知历史；理解历史；运用知识；巩固知识；评价反馈。

（4）综合课的基本结构包括：复习导入；讲授新课；巩固新课；布置作业。

（5）综合课的结构一般包括：组织教学；复习提问；新课引导；讲授新课；巩固新课；布置课外作业。

（6）综合课的基本结构与步骤一般是：组织教学；复习旧课，导入新课；学习新知识；巩固新课；布置作业。

由此可见，传统历史教学界对教学结构的提法较为表面，理论视野也较为狭窄，对教学流程与环节的实质性探讨基本上没有涉及。事实上，在讨论教学流程与环节中，要有论证地解决下列问题：怎样向学生提出认识任务，才能使他们领会该认识任务；应当给学生提供哪些实际材料，按照怎样的逻辑来提供；应当向学生提哪些问题，布置哪些观察题和思考题以及建议学生做哪些独立作业；怎样才能使教学过程在掌握知识方面和在学生发展方面都取得最优的效果。概括地说，教学逻辑是历史教学过程的内容顺序与阶段环节，它决定着历史教学过程的推进与发展方向。历史教学流程与环节的内在关键是教学逻辑，教学逻辑反映着教学过程中的内容组织、环节、步骤间的关系建构，其内含的"转承""过渡"等逻辑关系是否科学、合理，是课堂教学评鉴的重要维度。历史教学逻辑是指在课堂教学中各环节、步骤的逻辑关系，它具体体现在历史课堂教学中。

第二节 历史教学流程与环节的主要类型

历史教学流程与环节受一定教育理念、教育理论或学习理论的指导。在不同的教育思想、教育理论指导下，历史教学流程与环节会呈现不同的类型。

一、"传递—接受"类型

此种类型是我国学者在苏联教育学家凯洛夫教学思想的基础上，结合我国一些传统教育思想和教学实践经验而确立的。此类教学流程与环节模式的理论基础是辩证唯物主义的认识论和有关的心理学、教育学基础理论，主要是行为主义心理学理论。其认为，历史知识的内涵包括具体的历史知识：史实知识，如时间、地点、人物和事件；规律性的历史知识如历史概念、历史线索和历史规律等。具体的历史知识是客观的，规律性的历史知识是以具体的历史知识为基础并在马克思主义唯物史观的正确指导下得出来的，也是科学的。历史知识具有客观、真实、静态不变的科学一元性特征,历史教学也就成为教师系统讲授和学生准确掌握外在的科学历史知识的过程。此种类型的教学活动程序一般分为五个阶段:

(1) 激发动机,组织教学。在上课开始阶段,要求学生做好学习准备,包括学习用品、良好的学习心态等。

(2) 检查复习。一般采用问答的形式,对新旧知识进行联系,导入新课。

(3) 讲授新教材。这是历史教学中最主要的组成部分,教师按照教材内容进行新知识的讲授。

(4) 巩固新教材。可以采取教师对所学习的内容的总结与回顾,也可以采取教师对学生进行提问或让学生进行练习的形式,达到巩固新知识的效果。

(5) 布置作业,学习运用。教师布置一定的作业,作为学生复习、巩固所学历史知识或预习将要学习的新知识的一种手段。

二、"自学—指导"类型

此种类型的教学过程以学生自学为主,学生在教师指导下进行自学、讨论交流等,实现自学和指导有效配合。此种类型的教学过程是以当代教育的"以学生为主,教育教学要注重培养、发挥学生的主体地位,使学生学会学习"等理论为指导,实现师生互动的教学。在历史课堂中,此种类型的教学活动程序一般分为以下阶段:

(1) 教师出示课题和自学提示等,对学生自学做总的指导。

(2) 学生自学教材。学生带着教师提供或布置的问题阅读历史教材,通过阅读了解课文的主要内容并尝试解答问题。教师对学生进行个别指导。

(3) 学生讨论交流解决疑难问题,教师对学生的讨论进行启发引导,并针对普遍存在的问题进行精讲。

(4) 教师结合本课的教学目标,让学生运用所学知识完成各种练习并进行评价、小结,使所学知识系统化。

三、教学常规环节类型

此类教学流程以常规性的教学环节组织教学进程,从表层的教学环节中看不出其教学指导思想或教育理念。此种类型的教学活动程序一般分为以下阶段:

(1) 导入新课。采用多种方式激发学生的学习欲望。

(2) 学习新课。这是中心任务和主要环节。

(3) 巩固新课。可以通过教师概括、学生提问等方式,巩固学习内容。

(4) 课堂小结。对本课教学内容进行总结。

四、教学逻辑类型

此类教学流程主要以课堂教学的内容逻辑为依据,以此来组织教学活动进程。教学逻辑类型的教学流程以教学内容的逻辑转换、衔接为依托,同时兼顾对教学内容的处理方式,能较深入地体现设计者基于教学立意对教学内容内在逻辑的理解与把握。此类型的教学活动程序除了课堂导入、小结两个环节外，主要强化对教学逻辑的呈现与把握，一般采取以下形式：

  导入：依据教学主题、学生兴趣进行导课。

  环节一：教学内容包括对教学内容内在逻辑的理解与处理。

  ……

  小结：对本课教学主题做总结、提炼或升华。

需要说明的是，重视教学逻辑类型的教学流程与环节，体现了教师基于本课教学立意对教学内容的深刻理解，这通常是历史优质课大赛中绝大多数教师采取的类型。

第三节 历史教学逻辑的构建与案例分析

  历史教学逻辑与学科结构、学生认知特点以及教材内容密切相关。学科结构是由诸多科学事实、概念、原理、定律等按照一定的联系和方法构成的逻辑体系。学科结构是教师进行教学设计或教学实施的"可能起点"，而"学生发展状态"是教学设计或教学实施的"现实起点"。学生的实际水平可能超前或落后于学科结构中相应知识点的要求，教师要根据"学生发展状态"决定教学的知识起点、层次和相应的教学活动序列，促进学科结构向学生认知结构的转变。同时，教材内容逻辑的类别等，也影响着一节课的教学逻辑框架。具体而言，确立教学逻辑的依据与策略主要集中在以下方面。

一、基于教材的知识逻辑构建教学逻辑

  能否超越教材的知识逻辑，是评判优质课"教学逻辑"的首要维度。课堂教学是以教师、教材、学生三者为主的动态互动，其内容主要来源于教材。教材以科学体系为基础，其学习内容本身具有逻辑顺序性。因此，依据教材呈现的教学内容本身就体现了教材的知识逻辑。不过，限于教材体例、篇幅等因素的制约，教材所呈现的知识逻辑是静态的，且不完满，并不适应教学过程的动态需求。这就为教学逻辑改造、调整教学内容提供了可能。

  当然，教学逻辑对教学内容的"改造"，并非完全脱离教材。教材是教学内容的根基。教材的知识逻辑回答"教什么"的问题，它是教学内容中最实质的要素。好的教学逻辑须以教材的知识逻辑为蓝本，对其进行合理性删减、补充、合并甚至变更，以此实现对教材知识逻辑的超越。

  "鸦片战争"一课，教材所呈现主要内容依次为：(1) 虎门销烟（中国对外贸易长期出超，引起鸦片走私；鸦片走私的严重危害；清政府内部关于禁烟的争论；林则徐虎门销烟）。(2)《南京条约》以及战后的中国（鸦片战争爆发；清军爱国官兵英勇抵抗，但最终惨败；《南

京条约》的内容及影响)。(3)第二次鸦片战争(英法挑起第二次鸦片战争;晚清战败,被迫签订条约;《天津条约》《北京条约》的内容与影响)。在这里,隐含其中的知识逻辑:虎门销烟直接导致了鸦片战争;鸦片战争战败,晚清政府被迫签订《南京条约》;《南京条约》并没有引起晚清统治者的"觉醒",列强继续侵略,挑起第二次鸦片战争;第二次鸦片战争战败,晚清政府被迫签订《北京条约》与《天津条约》。不难看出,受课程标准、教材编制等因素的制约,以上教材所内含的"知识逻辑"较为简单以至过于"片面",仅重点强调了鸦片战争的直接原因,突出了鸦片战争之中清军爱国官兵的抵抗和鸦片战争的负面作用及影响。

上述教材的"知识逻辑"是围绕来自西方侵略这一"外患"展开的。不过,作为高中必修课程的重要内容,鸦片战争是中国近代史的开端。对高中学生而言,揭示"外患"固然十分重要,但理解"内腐"也甚为关键。因为,晚清王朝的腐朽没落,恰恰是近代中国被动挨打的内在根源。如何强化对"内腐"的理解?相对于教材的"知识逻辑",好的教学逻辑会对此作出某些调整与超越。

 案例链接1:

"鸦片战争"一课的教学逻辑

导入:让学生探讨关于鸦片战争的印象。

环节一:两个国家

(1) 两份国书。(英王致乾隆信函、乾隆皇帝答复信函,意在聚焦晚清"闭关锁国"政策、"天朝上国"观念。)

(2) 两张礼单。(英国使臣给乾隆皇帝祝寿的"礼单"、晚清回赠英国"礼单",旨在透视两国经济与社会发展水平的差异。)

(3) 两个现象。(晚清官员参政心态、英国议会对王权的胜利,目的在于揭示两国政治性质的差异。)

环节二:祸起鸦片

(1) 鸦片走私。(阅读材料,认识鸦片走私的危害。)

(2) 虎门销烟。

(3) 战争烽烟。

环节三:"旷世"战争

(1) 瞠目结舌的数字。(以中英双方军队参战人数、伤亡人数的悬殊,促使学生思考拥有数量优势的中国为何战败?)

(2) 匪夷所思的攘夷。(杨芳"粪桶阵"御敌术、奕经"五虎"御敌术、裕谦"剥人皮"御敌术,意在说明晚清军事观念的愚昧与狭隘。)

环节四:历史何以至此

(1) 战败的"代价"。(阅读并讨论《南京条约》的内容与影响。)

(2) 中国的"觉醒"。①懵懂的"觉醒"。(介绍《海国图志》与《瀛环志略》,但两本书并没给中国带来大的影响。)②还没有"觉醒"。(史料解读,意要说明晚清君臣还处于"天朝上国"

的幻梦之中。)③何时才"觉醒"。(至第二次鸦片战争,才给晚清统治者以较大的震撼。)

以上案例的教学逻辑:先是从思想观念、经济与社会发展水平、政治等方面透视了晚清王朝的腐朽没落、与西方的巨大落差和冲突;接着叙述了英商从事鸦片走私、林则徐虎门销烟以及鸦片战争爆发;然后从双方参战规模、作战思想与观念,揭示清军的愚昧和落后;最后讨论《南京条约》的内容与影响,从不同侧面、时段揭示了鸦片战争后晚清王朝并没有立刻"觉醒",朝野上下仍处于"万年和约"的梦幻之中,直至第二次鸦片战争才有所震撼与"醒悟"。如此的教学逻辑,在基于教材内容的前提下,从不同角度、立体地揭示了鸦片战争的"内腐"与"外患",事实上已超越了教材的知识逻辑,也可能更接近历史的真实。

需要强调的是,上述教学逻辑的超越,并不在于让学生掌握有关鸦片战争更多的"知识"。如此的做法显然是让学生更理性地思考鸦片战争之中晚清战败的原因,更多元地探讨近代中国被动挨打的因素,更深入地孕育批判性的思维意识。

二、基于学生的认知逻辑构建教学逻辑

能否顺应学生的认知逻辑,是评判优质课"教学逻辑"的第二个维度。课堂教学以学生为主体,教学成效也最终指向学生,这就决定了教学逻辑虽以调整教材知识逻辑为起点,但其进一步的推进还要以顺应学生的认知逻辑为旨归。

学生的认知逻辑回答"如何学"的问题,它是衡量课堂教学中学生是否"能学""会学"的关键要素。不过,具体的学生的认知逻辑呈现出个体差异,教材的知识逻辑又以理性、静态为表征,这就需要教学逻辑能平衡两者之间的差异,着眼于教学内容的认知化。围绕教学主题设计现实的、情景性的教学流程,引导学生在情景中思考,尽可能弥合学生的个性化理解与人类规范化的知识之间的差异,这是教学逻辑顺应学生认知逻辑的核心。

"秦始皇陵兵马俑"作为选修课,教材呈现了秦始皇陵修建的背景、概况、陵园布局、结构以及陵园内已挖掘的三个兵马俑坑的军阵部署和兵马俑作为陶俑的雕塑技术、绘制材料、艺术等内容。尽管教材涉及的知识信息广,内容也较为详尽,但内含其中的知识逻辑仍是线性的、静态的。秦始皇陵兵马俑深埋地下已不止千年,跨越时空,学生认知起来相对困难。如何让学生有效地认知这一历史奇迹,感悟其文化内涵、价值与魅力?好的教学逻辑对此可作出调整、改进。

案例链接2:

人教版高三历史选修6第五单元第2课
"秦始皇陵及深埋两千多年的兵马俑"的教学逻辑

导入:展示图片。(德国青年痴迷兵马俑成狂,跳入坑内扮秦俑。)

环节一:秦始皇陵——亘古的谜团

(1)地图中的帝陵。

(2)影像中的帝陵。

(3) 文献中的帝陵。
(4) 电脑技术模拟的帝陵。
(5) 科学考古探测的帝陵。

环节二：兵马俑——复活的军团
(1) 播放视频。（介绍兵马俑坑的方位、情况）
(2) 展示问题：①秦俑雕塑体现的艺术特点有哪些？②一号坑军阵的特点是什么？③从布局上看，二号坑与一号坑有什么不同？从作用上看，三号坑与其他坑有什么不同？④出土文物精品反映出秦军有哪些兵种与武器？
(3) 播放视频。（现代模拟的长平之战）

环节三：小结
(1) 秦始皇陵兵马俑的史学价值。
(2) 秦始皇陵兵马俑的艺术价值。

从认知角度看，以上案例之中的教学逻辑至少有以下改进：

其一，由抽象到具象。从手段上，在"导入"秦始皇陵兵马俑—"介绍"秦始皇陵—"探讨"秦始皇陵兵马俑的教学流程中，通过图片展示德国青年"入坑扮俑"事件，引起学生的好奇心，"拉近"秦始皇陵兵马俑与学生的距离；通过地图、影像、电脑模拟等手段，进一步将文字信息描述的秦始皇陵直观化、形象化；通过视频播放、模拟，使秦始皇陵兵马俑的形象更生动、逼真。

其二，由单线到立体。从角度上，改变教材呈现的单一视角，通过"视""听""读""想""模拟"等途径，使学生立体地感受秦始皇陵，在视觉、听觉、触觉等的交融之中形成通感。作为对遗迹的审美与欣赏，"通感可以使各种感官共同参与对审美对象的知觉，克服审美对象因为物质构成所造成的知觉感官的局限，从而使美感更加丰富和强烈"[①]。在各种感觉心理联通、转化与渗透之中，感受秦始皇兵马俑，聆听、体验秦人扫六合、击匈奴、平百越的雄壮余韵与威武气势。

其三，由"远眺"至"近观""神入"，再到"回望"。从过程上，先是引起学生对"时距"遥远的秦始皇陵兵马俑的心理关注；进而向学生介绍有关秦始皇陵兵马俑的背景内容，让学生了解"是什么"；进一步地，再让学生"挨近"探究，从多角度"神入"秦始皇陵兵马俑；最后又让学生"跳出"秦始皇陵兵马俑，在"默念"与"存想"之中，总结秦始皇陵兵马俑的内涵与价值，领悟其所指向、联系着的更深远的文化思想和精神力量。

三、基于历史的认识逻辑构建教学逻辑

能否建构历史的理论逻辑，是评判优质课"教学逻辑"的第三个维度。就评判的性质而言，如果说，超越教材的知识逻辑是基本"起点"，顺应学生的认知逻辑是必要"过程"，那么，建构历史的理论逻辑则是最终"归宿"。

---

① 凌继尧.美学十五讲[M].北京大学出版社，2003：100.

建构历史的理论逻辑之旨向,在于培养学生有关历史的理性思维与人文素养。历史不是史料的堆积。即便史料是原始、真实的,也需通过理性、逻辑的方式再现。通过逻辑的方式再现历史是整体把握历史真实的唯一方式,也就是逻辑与历史相一致。这是培养学生进行理性思维的最高境界。

逻辑与历史相一致,是指人的思维逻辑与客观的历史相一致。"历史从哪里开始,思想进程也应当从哪里开始,而思想进程的进一步发展不过是历史过程在抽象的、理论上前后一贯的形式上的反映。"①也就是说,思维中的概念、范畴的逻辑体系要与其所反映的客观历史相统一。逻辑要以客观历史为前提或基础,逻辑的起点要与历史的起点相一致。在课堂教学中,好的教学逻辑恰恰能帮助学生建构这一点。

 案例链接3:

沪教版高中历史第二分册"封邦建国与礼乐文化"一课的教学逻辑

导入:播放课件——牧野之战。

问题:殷商"亡乎于政",还是"亡乎于制"?

环节一:从"武王克殷"到"天下初定"

(1)艰难抉择:因势而动

问题:如何处理殷商的遗老遗少?

史料:太公对曰:"臣闻爱其人者,兼屋上之乌;憎其人者,恶其余胥。咸刘厥敌,使靡有余,何如?"王曰:"不可。"太公出,邵公入,王曰:"为之奈何?"邵公对曰:"有罪者杀之,无罪者活之,何如?"王曰:"不可?"邵公出,周公入,王曰:"为之奈何?"周公曰:"使各居其宅,田其田,无变旧新,唯仁是亲,百姓有过,在予一人!"

(2)顺势而为:武王初封

史料(略)。

问题:周武王是怎样解决殷民、方国和宗亲功臣的分封的?

环节二:从"三监叛乱"到"封建亲戚"——天下归周

史料:(三年后)成王少,周公……乃摄行政当国。管叔、蔡叔群弟疑周公,与武庚作乱,畔周。周公奉成王命,伐诛武庚、管叔,放蔡叔。

问题:殷商暴政而亡尚可理解,武王德政为何也会招致动荡?叛乱的根源在哪里?

史料:《左传·僖公二十四年》载:"周公……封建亲戚,以蕃屏周。"《荀子》载:"(周公)立七十一国,姬姓独居五十三人。"

问题:周公分封有哪些突出的变化?这种变化的意图在哪里?

环节三:从"宗法关系"到"家国同构"——天下归宗

问题:"三监叛乱"之中,周公的两个兄弟为何也联合武庚叛乱?史料:《春秋公羊传》载:"立嫡以长不以贤,立子以贵不以长。"《礼记·丧服小记》载:"别子为祖,继别为宗,继

---

① 中共中央马克思恩格斯列宁斯大林著作编译局. 马克思恩格斯选集(第二卷)[M]. 人民出版社,1995:43.

祢者为小宗。"《左传》载:"天子建国,诸侯立家,卿置侧室,大夫有贰宗,士有隶子弟。"

问题:如何认识西周宗法分封制度?

环节四:从"制礼作乐"到"协和万民"——天下归心

史料:《尚书大传》载:"周公摄政,一年救乱,二年克殷,三年践奄,四年建侯卫,五年营成周,六年制礼作乐。"

问题:周公所制之"礼乐"有怎样的历史内涵?

小结:天下归一

分封制:"天下归周";宗法制:"天下归宗";礼乐制:"天下归心"。

以上案例之中的教学逻辑,其内含的思路、逻辑框架大致如下:

"殷商亡于政,还是亡于制?"引发学生对制度的思考。武王克殷,如何处理殷商的遗老遗少?顺势而为,武王初封,"无变新旧"。"三监叛乱",周公"封建亲戚",天下归周。"三监叛乱",周公的两个兄弟为何也联合武庚叛乱?引发学生对王位继承制合法性的关注。立嫡以长,立子以贵,宗法制确立。制礼作乐,天下归心。天下归一:分封制——天下归周;宗法制——天下归宗;礼乐制——天下归心。

上述逻辑框架,适切地再现了西周封邦建国、制礼作乐的历史场景,符合此段历史演进的客观进程:西周代商,推行分封制、宗法制,制作礼乐,由此实现了"小邦周"对"大邦殷"及其他地区的有效统治,也推进了殷周之际政治、文化的"剧变"。

不仅如此,上述逻辑推进的每一环节,都有史料支撑,在史料、证据的考证与推演之中,寻求逻辑与历史的贯通。其中,又以两点最为突出:

其一,分封制的确立。分封制是西周封邦建国的重要内容。不过,分封的先例,夏、商早已有之。武王克殷,如何处置殷商遗民?环节一先提出此问题,继之以史料推证:武王时期因循顺势,对殷商遗民"以殷治殷",对外籍方国"封其故地",对功臣宗亲"直辖管理",实施了因循渐变的分封。当然,这种分封并没能维持长久。环节二随之展示:三年后"三监叛乱"爆发。由此设问:殷商暴政而亡尚可理解,周初行德政为何也招致动乱?引发学生对武王分封成效的质疑。再以史料推证:周公"封建亲戚,以蕃屏周",以血缘宗亲关系加强统治;分析周公分封与武王分封的联系与区别。殷民受制于周,分而治之;授民授土,即命于周,礼乐征伐自天子出。以此理解。

其二,嫡长子继承制的确立。嫡长子继承制是西周宗法制得以确立的首要前提,但在此之前,商的继承却是"兄终弟及"。西周为何要确立嫡长子继承制?环节三再以"三监叛乱"为由,设问:商纣王的儿子武庚谋反尚在情理之中,周公的两个亲兄弟为何也参与叛乱?以此点拨,认识管叔、蔡叔叛乱与商的王位继承制的影响有关,引起学生对王位继承制合理性的思考。以史料推证:周公完全确立了嫡长子继承制,别子为祖,继别为宗,按嫡长子继承制世代相传,天子为"大宗",诸侯为"小宗"。由此理解周初对嫡长子继承制的创制。

综上所述,教学逻辑的每一步推进都尽可能与客观历史的推进相一致。以历史的起点为逻辑的起点,内含其中的逻辑、概念,都尽可能是历史在认识中的再现,即,尽可能构建符合史实的思维概念,尽可能构建符合史实的逻辑判断。其中,教学逻辑构建了学生对历史的理性认识,既涉及"凭证据说话"的思维意识,又涵盖以历史为前提并据此进行推理分析的逻辑。

综合地看,评判历史优质课的教学逻辑,至少需要从其与"教材的知识逻辑""学生的认知逻辑"以及"历史的理论逻辑"三个方面的关系来加以探讨。上述三个维度的关系是递进的,体现了历史优质课的内容流程是如何进行"过渡"与转化的:超越教材的知识逻辑涉及教师对教材文本的理解与阐释,回应了历史课"教什么"的基本问题;顺应学生的认知逻辑涉及教师如何把握学生的认知特点,回应了历史课"如何学"的基本问题;建构历史的理论逻辑涉及教师对学科价值的理解与追寻,回应了历史课要"达成什么""追求什么"的基本问题。综合起来看,作为历史优质课,其教学逻辑应是课堂教学的"骨架",是课堂教学中内容组织、思维演绎与逻辑推进的"指南针"。

四、历史教学流程与环节的其他构成

教学逻辑构成了历史教学流程与环节的内在"骨架"。除此之外,历史教学流程与环节的设计,还需要兼顾其他环节。

(一)导课环节

1. 导课的基本要求

(1)目的明确,针对性强。导课应该针对的教学实际指两个方面:其一,是指要针对教学内容而设计,使之建立在充分考虑了与所要学习的教材内容的有机联系的基础上,而不能游离于教学内容之外;其二,是指要针对学生的心理年龄特征、已有知识和生活经验而设。

(2)简洁明了,恰到好处。由于一堂课的教学时间有限,导课又不是教学的重点,所以不宜在课的开头花费太多的时间。冗长、啰唆、不得要领的开头,不但没有美感,而且不能取得良好的教学效果。艺术性的导课必须争取在较短的时间内,用最精练的语言达成预期要达到的目标。

(3)新颖有趣,能吸引人。根据心理学的研究,新异刺激可以有效地强化学生的感知,吸引学生的注意。因此,新颖性的导课能够引起学生兴趣。

2. 导课的形式与方法

(1)设疑导入。即制造悬念,就是指学生心理上造成强烈的期盼,使学生产生急于求知的迫切心情。悬念、疑问是思维的"启发剂",它能使学生的求知欲由潜伏状态转入活跃状态,有力地调动学生思维的积极性和主动性,是开启学生思维的钥匙。有经验的教师都很注意设疑导课的启发功能,在导课时精心设计问题,引发学生的思考。如学习西汉历史时,可以提问:知不知道苏武牧羊、张骞出使西域、驰名中外的丝绸之路?利用疑问、悬念将学生引导到要学习的内容上来。

(2)故事导入。采用寓意深刻、幽默轻松或精彩的故事导课,是历史课堂中为学生所喜闻乐见的形式之一。上课之初先用一个与教材内容相关或相似的故事调动学生的学习兴趣。如:学习春秋争霸时,讲述"围魏救赵";学习秦末农民起义时,引用"破釜沉舟"和

"四面楚歌"。当然,故事导课宜短忌长,故事本身要能说明问题,教师还需引导分析,才不会使学生的注意力局限于故事本身。

(3) 复习导入。即利用已掌握的历史知识,导入新课。它能较好地诱导学生将新旧知识进行相互联系,洞悉历史发展的线索。在"温故"的基础上接受"新知",是个循序渐进的认识过程,便于理解和学习。如在学习人教版初中历史九年级下册第15课"第二次世界大战"时,首先引导学生共同回忆战前的局势:三个法西斯专政的建立,两个战争策源地的形成,三国轴心的勾结,法西斯的侵略扩张,英、法、美的推波助澜,大战的爆发如在弦上。由此导入新课,使学生在掌握历史内容的同时,了解前因后果。

(4) 诗词歌赋导入、图片导入。在学习文化史内容时,利用学生已学过的文学佳作(唐诗、宋词、元曲)作为课堂教学导语,既活跃了课堂气氛,又使学生掌握了作品内容。此外,历史教材有许多精美图片,利用图片进行导课,既增强了直观效果,又有利于理解学习。

(5) 释题导入。题目是文章的窗户,往往也是文章最精彩的概括。如"统一的多民族国家——'秦'"这一标题,高度概括出了秦"统一""多民族""中央集权""封建"等几个特点。导入时抓住这几个要点释题,为学习课文扫除障碍,同时开宗明义,对学习掌握课文重点、难点内容有重要作用。

(6) 激情导课。在课堂教学中,有的教材内容中包含着真挚的情感,即教师导课时"披文入情",以情真意切的语言激发学生的情感,达到以情育人的目的。如讲"戊戌变法"时,首先做提问式讲解,从甲午中日战争的时间、结果入手,痛陈战争产生的深远影响:一方面,《马关条约》的签订,割地赔款,丧权辱国;另一方面,日本侵略得逞,又使帝国主义国家蜂拥而至,掀起瓜分中国的狂潮。中华民族面临灭种亡国之灾,怎么办?民族希望何在?谁来拯救?从当时的形势导入教学内容,可以起到较好的效果。

(二) 结课环节

1. 结课的基本要求

(1) 首尾呼应、相对完整。指课的结束应当与课的开始相呼应,不能离题太远,不着边际。

(2) 留有余味,引发学生思考。也就是说,在一堂课结束时,教师应注意语言的含蓄,不能把话说得太满、太绝,适当给学生留些思考的空间,使学生感到"课虽尽趣尚浓"。

(3) 干净利索,适可而止。要求教师恰当地把握结课时间,及时、有效地结束教学,既不能把结课时间拖得太长,也不宜匆匆忙忙、随随便便地结束。

2. 结课的形式与方法

(1) 自然式结课。这种结课是在下课铃响时自然结束课程。

(2) 总结式结课。即用准确简练的语言提纲挈领地把整个课的主要内容加以总结、概括、归纳,给学生以系统、完整的印象,促使学生加深对所学知识的理解和记忆,培养其综合概括能力。总结、归纳的方式,可视具体情况灵活变化,可以用简明扼要的语言,复述讲解要点,强调应掌握的主要知识和概念等,这是一种比较常用的结课方式。

(3) 拓展式结课。把学习过的知识向其他相关方面延伸,以拓宽学习的知识面,形成知识网络。

（4）对比式结课。将学习的知识与相关知识结合起来，进行分析比较，找出其异同点，以使学生更深刻地理解知识。

（5）练习评估式结课。以课堂提问或练习的方式对学习过的内容进行检测评价，以巩固所学知识。

（6）承前启后式结课。把导课时的悬念、学习中的疑问在结课时予以强调，谓之承前；选择与下节课相关的知识作为下节课的铺垫和伏笔，谓之启后。

（三）板书设计

1. 板书的基本要求

运用板书的关键在于教师要依据具体的目标、内容、学生特点、课堂情境以及自身的素质、特点，作出灵活、合理的策略选择。

板书内容在黑板上的安排方式和位置不同，板书所获得的效果也不同。所有的板书均安排在边框以内。对主要板书，教师可依照板书内容多少和黑板长度做适当分栏处理。副板书可以根据实际需要，灵活安排。

板书设计要做到：一，条理清楚；二，书写工整；三，重难点突出；四，保留和擦除部分分明；五，直观地揭示内容的内在联系。

2. 板书设计的主要形式

（1）从重要性和详略的角度看，板书有两种表现形式：主要板书和辅助板书。主要板书完整地反映教师当前的讲述内容和思路，包括内容框架、重要的概念、基本要点、主要结论和重点词汇等。辅助板书反映的是与当前学习有关但相对次要的内容。它对主要板书起辅助、说明的作用。

异彩纷呈的艺术成就

主要板书：

书法艺术——王羲之（书圣）：《兰亭序》

绘画艺术——顾恺之：《女史箴图》《洛神赋图》

石窟艺术——云冈石窟（大同）、龙门石窟（洛阳）

辅助板书：

期刊：《书法》《美术之友》

丛书：《中国的书法》《中国的绘画》《中国的石刻与石窟》

（2）从板书的形象程度看，板书的表现形式主要有以下几种：

①要点式板书。根据授课内容，在黑板上只列出标题、要点和层次。要点式板书能清晰地反映出授课内容的逻辑思路和层次，便于学生把握主要观点。但它高度概括，只适合于高年级。要点式板书在很大程度上只是教材大小标题的翻版，表现形式较为单一，长期使用会失去对学生的吸引力。

案例链接 1：

秦末农民战争

一、秦的暴政
1. 繁重的赋税、徭役和兵役
2. 严酷的刑法

二、陈胜、吴广发动的农民起义
1. 大泽乡起义
2. 张楚政权的建立

三、农民战争推翻秦的统治
1. 项羽起义军消灭秦的主力军——巨鹿之战（公元前207年）
2. 刘邦起义军攻占咸阳——秦亡（公元前206年）

 案例链接 2：

秦帝国的兴亡

1. 秦王扫六合——秦的统一（公元前221年）
"纸上谈兵"
2. 秦末农民战争——秦的灭亡（公元前206年）
"揭竿而起""破釜沉舟"
3. 楚汉之争——西汉建立（公元前202年）
"项庄舞剑，意在沛公""四面楚歌"

②表格式板书。它是将教学内容中同一类概念、事物或事件的不同侧面分项目整理、归纳，并以表格的形式表现出来。运用这类板书，一般要求教学中的概念事物或事件及其可分析的内容均在两项以上。表格式板书便于将不同内容对照比较，能直观地看出它们的异同点和各自的特征，给学生留下深刻的印象。

洋务运动中的军工企业

时间	创始人	地点	名称	特点
1861年	曾国藩	安庆	安庆军械所	第一个军事工业
1865年	李鸿章	上海	江南制造总局	最大的军事工业
1866年	左宗棠	马尾	福州船政局	设置最齐全的船舶制造工业

③线条式板书。它是根据史实的发展过程、情节起伏或逻辑思路，选择关键性的词语，以线条、箭头等连接起来构成的一幅流程图。线条式板书能把隐含于教学内容之中的线索，清晰直观地展现出来。

夏商西周的更迭

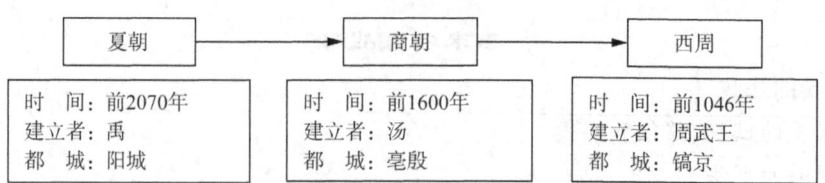

④图示式板书。它以示意图的形式帮助学生认识某一事物的结构、空间位置和演变，或者人为地为某一内容配上具有象征意义的图案，帮助学生理解、记忆教学内容。

三国鼎立局面的形成

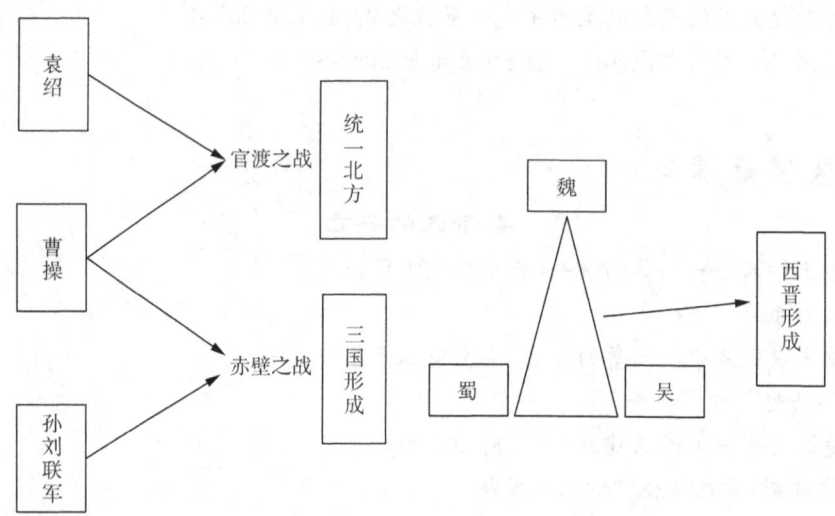

⑤结构式板书。把重大历史事件加以分解，归纳形成一个完整概念。其优点是条理清楚、概念完整、言简意赅。

中国同盟会

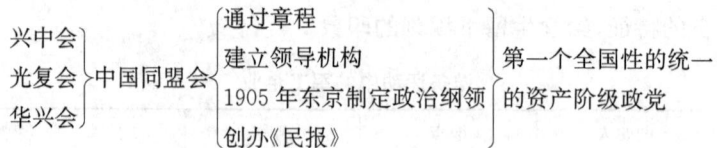

五、历史教学流程与环节设计的操作性案例分析

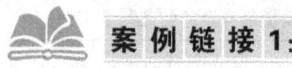 **案例链接1：**

"法国大革命"一课的导入设计

（展示《马赛曲》歌词）

教师：《马赛曲》是具有大炮一样威力的音乐，是什么让小小的《马赛曲》具有如此强大的威力？是什么点燃那个年代法国人的革命激情？又是什么把法国大革命一次一次地向前推进？今天这节课就让我们大家一起回到18世纪的法国去感受那26年风云激荡的革命，去体会革命中法国人迸发的激情，去感悟革命的真谛所在。

教师：1789年的7月14日，法国国王路易十六在他的日记本中写下了这样一行简短的文字："14日，星期二，无事。"然而就在国王看来平淡无奇的这一天里，距王宫二十公里之外的巴黎市民们正在用他们所可以找到的一切武器，攻占了象征着封建堡垒的巴士底狱。法国大革命就此拉开了它疾风暴雨一般的进程，当大臣们匆匆赶进宫向国王报告这个消息的时候，路易十六却一脸茫然地看着大臣问："怎么，造反了？"

（幻灯片演示：法国国王的疑惑）

国王没能觉察到革命的发生，而最让他百思不得其解的是，一次突发的市民骚乱，怎么就酿成了一场风云激荡的革命并且最终颠覆了他的王朝。在课前请大家预习了课文，那么有没有同学能够解答国王的这个疑惑呢？

案例分析：

本案例选择《马赛曲》作为课堂导入，与本课教学立意有密切关联。法国大革命是近代文艺复兴以来启蒙思想的政治实践，具体体现为18世纪晚期的启蒙思想与法国社会现实相互作用的曲折政治历程。法国大革命所追求的价值观是"自由、民主与平等"，而《马赛曲》恰恰唱出了当时法国民众的心声。同时，本课选取1789年7月14日法国国王路易十六的几个特定细节，给学生创设认知冲突，引出法国大革命爆发的原因。

 案例链接2：

"辛亥革命"一课的结课设计

1. 走进革命先烈的精神世界

材料1：孙中山等五位革命先烈的思想言论。（略）

材料2：胡锦涛同志在纪念辛亥革命100周年大会上的讲话视频片段。（略）

在阅读完材料1后，请学生结合整堂课的学习谈感受与认识，实现情感内化。在学生充分地表述后再播放视频，引发学生的情感认同，也与导入环节形成首尾呼应。

2. 一则报道的困惑

教师给学生读一则自己看过的新闻报道："1996年，人们在林觉民家乡福州仓前公园建造了他的塑像。后来公园改建，塑像被废弃在一座公厕旁的杂草丛中长达两年。塑像大部分被毁……所幸塑像的脸部完好无损目光依然坚毅地看着前方……"

问题：

如果辛亥英烈在天有灵，他们将会做何感想？

案例分析：

本案例先是选取孙中山等人的思想言论、胡锦涛同志在纪念辛亥革命100周年大会上的讲话，以此来升华学生对辛亥革命的认识，然后，通过补充一则报道，试图通过一个并不和谐的情感冲突事件,激发学生在情感上的价值判断和心灵震撼。如此的做法虽然不一定是最好的,但一定比向学生灌输"教条"要好。因为现在的大多数学生已经不再欢迎"牧师",他们需要的是榜样,是他们自己能感悟到的道理!

案例链接3:

人教版八年级历史上册(旧版)第12课 "星星之火,可以燎原"的教学流程设计

"星星之火,可以燎原"是第三单元"新民主主义革命的兴起"中第三课的内容。这一课的核心立意在于:大革命失败后,中共在血泊中对革命道路进行艰难探索,找到了一条具有中国特色的革命道路,大有"星火燎原"之势头。但革命的发展不是一帆风顺的,中共在探索中曲折前进,并开始了走向"燎原"的征程。本课的目标是学生通过本课学习:(1)大致知道。南昌起义、井冈山会师、红军长征的故事,了解中国共产党创建工农红军和农村革命根据地的意义,认识中国革命道路的艰难曲折。(2)初步理解。南昌起义的必要性,中国革命道路的特殊性,红军长征的艰巨性。(3)略有感悟。"明国情、顺民心"是中共胜利之本,"知己知彼,百战不殆"是革命的思想保证,"革命英雄主义和乐观主义精神"是战胜一切艰难困苦的重要力量。基于以上立意与目标,本课的教学流程设计如下:

导入新课:

材料1:大革命失败后国民党政权性质的变化。

材料2:大革命失败后革命党人的艰难处境。

问题:在这种情况下,中国共产党人敢不敢坚持革命?怎样坚持革命?

(说明:告诉学生国民大革命失败后的格局,"星星之火"在绝地中迸发,使学生首先感觉"星星之火"出现的必要性和艰巨性。同时,也为下一环节探索"农村包围城市,武装夺取政权"这一革命道路埋下伏笔。)

环节一:星星之火的断然积聚和重挫

(1)利用四张图片来图说"南昌起义"。

情境一:牛行车站,大军进入南昌。

情境二:当年南昌起义的指挥站——江西大旅社的旧式的钟表前,钟表的时间定格在凌晨两点,那个时刻发生了什么?

情境三:在五尊雕塑面前,介绍南昌起义的领导人:周恩来、叶挺、贺龙、朱德和刘伯承。学生讲述领导人足智多谋的故事。

情境四:在"朱德的手枪"、八一军旗和江泽民题词"军旗升起的地方"面前,你仿佛能听到什么,看到什么?

(说明:真实生动的图片引导学生自己讲述南昌起义,体会这沉寂黑夜中的枪声拉开了"星星之火"积聚的序幕,为了坚持中国革命,在当时的条件下,必须进行武装斗争,必须创建自己的军队。学生在情境中听到了昭示着漫漫黑夜之后黎明来临的那一声枪响,看到了使白色恐怖黯然失色的红旗。)

(2) 同一时期,秋收起义、广州起义相继发生,进一步强化了"枪杆子里出政权"的理念,但是相继失败的结果也让"星星之火"危机四伏。中国革命的主攻方向在哪里? 指向城市还是指向农村?

出示材料:

材料1: 俄国已经初步完成了工业化,城市成了社会经济生活的核心和中心。产业工人很集中,达到了世界上最先进资本主义工业的集中程度。这种集中化程度导致了它集体行动能力强,组织程度高,也就是苏联史家所说的"发动革命比较容易",能够起到革命起点上的"先锋队和决定性"作用。

材料2: 毛泽东在《中国社会各阶级的分析》《国民革命与农民运动》和《湖南农民运动考察报告》等文章中阐明了农民问题对中国革命的极端重要性:第一,农民问题是中国革命的中心问题;第二,农民是中国的基本群众,是中国革命的主力军;第三,解决农民的土地问题,既是中国新民主主义革命的基本内容和任务之一,也是调动农民的革命积极性、实现革命目标的重要动力。

(说明:通过这组对比强烈的材料,引导学生归纳结论——中国革命只有依靠农村,只有依靠分布在偏远农村、对旧秩序极端愤恨和反抗的农民,才有中国革命的"星星之火"。)

(3) "星星之火"的典型代表:井冈山革命根据地。出示井冈山革命根据地的三张图片(井冈山的地理位置、井冈山会师、井冈山上的歌谣),学生根据书上的介绍用故事的形式按图片说明井冈山精神是如何一步步产生、发展壮大直到形成并播下"燎原的种子"的。

(4) 至此,经历了从南昌起义、秋收起义、广州起义再到井冈山革命根据地开辟的探索,中国革命探索出了一条新道路,这条道路新在什么地方?

教师出示两则材料加以巩固说明:

材料1: 中国共产党的任务,不是经过长期合法斗争以进入起义和战争,也不是先占城市后取乡村,而是走相反的道路。

——毛泽东

材料2: 毛主席最伟大的功绩就是把马列主义的原理同中国革命的实际结合起来,指出了中国夺取革命胜利的道路。

——邓小平

(说明:通过情境设置和层层问题的化解,学生亲身经历了"革命新道路"发展的历史逻辑,在还原历史的过程中也体会到了创造历史的艰难。)

(5) 教师出示1928—1930年中国农村革命根据地的变化图,引导学生得出结论,学生此时充满了希望和期待,很容易得出结论——星星之火,可以燎原。这里一定要注意这一时期并未形成"星星之火"已经"燎原"的局面,只不过有了"燎原"的势头,"星星之火"在不断地积聚和扩大。

(6) 为什么"星星之火"正当积聚扩大之时又遭遇重挫呢?

出示课件:前四次反围剿和第五次反围剿的对比,通过数据和文字来说明问题。

红军不得不放弃井冈山等根据地,高举"北上抗日"的旗帜走上艰苦卓绝、不屈不挠的长征之路。随即转入下一环节。

环节二:"星星之火"的智慧及红军精神

创设情境重走长征路,共筑民族魂,通过三个板块来进行突破。

板块一:重温历史,在长征的数字中感受长征的艰难曲折。

板块二:见证历史,引导学生进入情境,一起背起行囊,亲自去见证这段传奇的历史。

(1)学生讲述长征途中过草地尝百草的故事和过雪山成丰碑的故事。

(2)共同体验"长征之最":长征中最惨烈的一次战役,长征中最重要的也是很艰难的一次会议,长征中毛泽东最杰出的指挥,长征中最惊心动魄的一次战役,长征中最令人激动的地方。

(3)重点讲解遵义会议,引导学生从领导层面艰难斗争的角度来评价为什么遵义会议是转折点。

(说明:通过有代表性的故事、图片、视频使学生认识当时的时代特征,形成强烈的震撼,初步感悟红军长征的艰难、红军的智慧和红军精神。)

板块三:感悟历史。板块三要紧紧接在板块二后面,师生在背景音乐中齐声朗读《七律·长征》,感悟长征精神,在你一言我一语的回答中,学生情绪慢慢高涨起来,再出示材料:我以我眼看长征。

(说明:将学生引向思考,引导学生从不同视角对长征及长征精神进行再感悟,树立对这一段历史进行全面评价的意识。)

小结:

教师在黑板上写下:"星星之火"有可能"燎原"吗?

(说明:引导学生勇于从不同角度思考、发现、提出问题,培养学生的证据意识。这是对本课内容的小结,也是对知识的拓展和升华。)

最后,在同学们的讨论中,教师总结并写下八个大字:星星之火,可以燎原!

案例分析:

本案例首先确立了教学立意及目标,并基于此,调整本课教学环节,将其内在的教学内容逻辑调整为:大革命失败后,中国共产党遭受残酷镇压——于绝地之中,"星星之火"的断然积聚和重挫——"星星之火"的智慧及红军精神,并以长征精神启示学生,引导学生慢慢总结出本课的课题"星星之火,可以燎原"。整个教学流程的设计基于教学立意,环节紧扣,逻辑严密。

第五章

中学历史教学方法与策略的设计与案例分析

第一节 历史教学方法概述

一、教学方法的概念

现代教育学原理认为,教学方法是教师和学生为实现共同的教学目的,完成共同的教学任务,在教学过程中运用的方式和手段的总称。它包括教师教的方法和学生学的方法两方面,是教法与学法的统一。王策三在其《教学论稿》中对教学方法作出定义:教学方法是为达到教学目的、实现教学内容、运用教学手段而进行的,由教学原则指导的,由一整套方式组成的,师生相互作用的活动。教育家李秉德在《教学论》一书中认为教学方法是教学过程中,教师和学生为实现教学目的,完成教学任务而采取的教与学相互作用的活动方式的总称。

由于时代、社会背景和文化氛围的不同,以及研究视角的差异,不同时期的研究者对"教学方法"概念的界说不尽相同,但有其相近的特点:一是教学方法包括教师的教和学生的学,教与学是教学活动中师生互动的统一体,是师生双方共同完成教学活动内容的手段,是教学活动中师生双方的行为体系;二是教学方法要服务于教学目的、教学原则和教学内容;三是教学方法常常表现为一定的教学方式和手段。

二、教学方法的分类

1. 巴班斯基的教学方法分类
第一大类:组织和自我组织学习认识活动的方法;
第二大类:激发学习和形成学习动机的方法;
第三大类:检查和自我检查教学效果的方法。
2. 拉斯卡的教学方法分类
拉斯卡依据新行为主义的刺激—反应联结学习理论,归类出四种教学方法:呈现方法、实践方法、发现方法和强化方法。
3. 威斯顿和格兰顿的教学方法分类
依据教师与学生交流的媒介和手段,把教学方法分为四大类。
(1) 教师中心的方法:主要包括讲授、提问、论证等;
(2) 相互作用的方法:包括全班讨论、小组讨论、同伴教学、小组设计等;
(3) 个体化的方法:如程序教学、单元教学、独立设计、计算机教学等;
(4) 实践的方法:包括现场和临床教学、实验室学习、角色扮演、模拟和游戏、练习等。

4. 李秉德的教学方法分类

依据教学方法的外部形态及学生认识活动的特点,把教学方法分为五类。

第一类:"以语言传递信息为主的方法",包括讲授法、谈话法、讨论法、读书指导法等。

第二类:"以直接感知为主的方法",包括演示法、参观法等。

第三类:"以实际训练为主的方法",包括练习法、实验法、实习作业法等。

第四类:"以欣赏活动为主的教学方法",如陶冶法等。

第五类:"以引导探究为主的方法",如发现法、探究法等。

5. 黄甫全的层次构成分类

黄甫全教授依据从具体到抽象的认知特点,认为教学方法是由三个层次构成的。

第一层次:原理性教学方法,如启发式、发现式、设计教学法、注入式等。

第二层次:技术性教学方法,如讲授法、谈话法、演示法、参观法、实验法、练习法、讨论法、读书指导法、实习作业法等。

第三层次:操作性教学方法,如语文课的分散识字法、外语课的听说法、美术课的写生法、音乐课的视唱法、劳动技术课的工序法等。

三、中学历史教学方法设计的基本依据

1. 教学目标

教学目标既是教学的出发点,也是教学的最终归宿,依据教学目标选择相应的教学方法,以实现不同领域或不同层次的教学目标的有效达成。

如为实现"引导学生通过解读文献资料,初步学会用文献资料与文物资料相互印证的方法,认识宋朝是我国古代继隋唐之后经济和文化科技继续发展的一个重要朝代"的教学目标,可采取的教学方法有讲述法、资料研习法、探究式教学方法等。

2. 教学内容特点

历史是一门包罗万象的学科,政治的、经济的、文化的、科技的方面,各具特色,即使是同一内容,在不同的学段,其教学方法也是不相同的。例如,初中学生和高中学生都要学习"秦朝的中央集权制度",但学习要求完全不同。初中学段要求了解秦兼并六国和秦始皇加强中央集权的史实,探讨统一国家建立的意义;高中学段要求知道"始皇帝"的来历和郡县制建立的史实,了解中国古代中央集权制度的形成及其影响。初中学段重在了解秦始皇加强中央集权的史实,而高中学段在史实的基础上,了解中央集权制度的形成过程及其对整个封建社会的影响。此外教学方法的运用亦不相同,初中学段可以用讲述法,或者是学生自主学习,学生掌握基本的史实即可;高中学段要求在史实的基础上进行分析、总结和归纳。因此,不同阶段、不同单元、不同课时的内容与要求不一致,要求教学方法的选择具有多样性和灵活性的特点。

3. 学生特点

学生的学习特点直接制约着教师对教学方法的选择,这就要求教师能够科学而准确地分析学生,有针对性地选择和运用相应的教学方法。如学生学习能力强、思维比较活跃的班级,可以多采用探究式教学,而相对气氛沉闷的班级,可采取问题教学,调动学生学习

的积极性。

4. 教师个人特点

教师是教学的设计者,也是教学的执行者。新课程倡导教师运用多种教学方法,组织丰富多彩的教学实践活动。但在教学中,也不是运用的教学方法越多越好、越新越好。任何一种教学方法,只有适应了教师的个人特点,并被教师充分理解和把握,才能在实际教学活动中有效地发挥其功能和作用。因此,教师在选择教学方法时,还应当根据自己的实际情况,扬长避短,选择自己最适应的教学方法。

5. 教学环境

教学方法的选择要充分考虑教学环境,包括教学场所、教学设施、教学空间大小等因素。如学生人数过多的班级,合作学习方式实施就较为困难;秧田式的教室布置,学生不便于进行合作探究;没有多媒体设备的情况下,教师更多地只能依靠传统的教学方式。所以,应在教学环境条件允许的情况下,最大限度地运用多种教学方法。

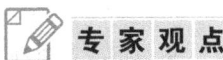
专家观点

叶小兵谈教法

在选用教学方法时,要认真考虑教法的适用性问题,尤其是要着重思考以下三个方面:

1. 是否适合教学内容。中学历史教学的内容丰富多彩,如果从课型上分类,可以分为导言课、新知识课、复习课、练习课,以及讨论、模拟等活动课。不同的课型有不同的侧重,在教学目的、教学内容、教学过程、教学环节等方面各有不同。如果从教学内容上划分,涉及政治、军事、经济、社会、民族、外交、科学技术、文学艺术、教育等领域具体的历史状况,有历史进程的发展、历史人物的活动、历史事件的经过、历史现象的表现等不同的形态。这些内容的教学,肯定是不能用某一种教学方法就可以包办了的,而是要根据具体的内容灵活采用教学方法。即使是针对某个知识点,有时也需要用多种方法,如对重要历史事件的教学,可以用讲解的方法分析事件的背景,用讲述的方法介绍事件的过程,用讨论的方法探讨事件的影响。这些都需要教师在备课时,结合具体内容进行认真的思考和选择,比较各种方法对实际教学内容的效用,搞清楚哪些方法不适合哪些内容的教学,如对学生来说未知的、难以理解的某些内容,就不宜采取讨论的方法。

2. 是否适合学生的学。在课堂上教师所运用的所有教法,其实都是为了学生更好地展开学习活动,更有效地进行师生互动。不同的学校、不同的年级、不同的班级,学生的情况是不一样的。即使是一个班里,也有不同程度的学生,而且,学生的情况也不是静止不变的。面对这些具体的教学对象,是没有"一招鲜,吃遍天"的方法的。有些教法在这个班使用效果很好,并不一定在其他的班上也有同样的反响。这就需要教师根据具体的学情,有针对性地选择和运用教学方法。

3. 是否适合教师的教。每个教师都有自己的特色,而且优秀的教师一定有着自己独特的教学风格,这是在长期的实践中不断反思、总结、提炼而形成的,绝不是靠刻意模仿、照搬他人的方式。教师要搞好教学工作,其主体意识和自觉意识是非常重要的,这也包括对自身的了解、发掘和驾驭，而不是在实际中迷失了自我。如果一个教师根据自己的教学经验，运用某种教法已经得心应手，就不一定非要改弦易辙或随波逐流。尤为重要的是，我们每个人都是有所长，同时也是有所短的，教法的运用之妙，也在于如何量体裁衣、扬长避短，而不是削足适履、刻舟求剑。

第二节 新课改下中学历史教学方法的设计

一、讲述法的设计

（一）讲述法的概念

讲述法是教师运用口头语言，对历史事件、历史人物、历史现象等进行生动描述、系统叙述、扼要概述的一种教学方法。这种方法有利于向学生介绍历史事件的经过、基本线索和重点，系统性强，因此被广泛运用于中学历史课堂中。

对讲述法的认识，褒贬不一，一种观点认为讲述法不利于发展学生智力、培养学生能力，主张把发展学生的智能放在首位或核心地位，甚至作为根本目标，"以智能为核心组织教学"，由学生的讨论取代教师的讲授。另一种观点认为历史知识的过去性特点，决定了该门学科在教学方法上只能采用讲述法，提出"教师在课堂教学中应该用主要精力和时间来讲述历史知识，即使'一讲到底'也无可非议"。经过近二十年课改的总结，依据历史学科具有大量陈述性知识的特点，我们普遍认为讲述法仍是历史学科一种主要的教学方法，尤其是在初中历史教学中。《义务教育历史课程标准（2011年版）》要求：注重对基础史实必要的讲述，运用多种方式展现历史的态势，尤其是通过教师清晰明了的讲述，使学生知晓历史的背景、主要经过和结果，通过具体、生动的情节感知历史，清楚地了解具体的历史状况。在此基础上，引导学生思考问题，对历史进行正确的理解，对史实作出合理的判断。如通过具体讲述历史人物典型的言行事例，使学生有真切的感悟，加深理解和认识。2022年版《义务教育历史课程标准》要求：在历史教学中，教师进行必要的讲述是必不可少的。教师的讲述包括对具体的历史事件、人物和现象的叙述，对重要历史问题的讲解等。教师讲好相关的历史故事，有助于学生提高学习兴趣，体验历史情境，了解史实的基本情况，加深对历史的思考和理解。

历史知识具有过去性、具体性和综合性等特点，教师运用讲述法，可以使学生系统地了解比较完整的历史过程，形成历史的表象，进而理解历史，认识历史发展的规律。同时培养学生的观察、想象、记忆和思维等能力，并对学生进行情境感染和历史教育。

（二）讲述法的运用

1. 历史事件的经过

教师运用讲述法，讲述历史事件的起因、开端、发展、高潮、结局，有助于学生较系统地了解历史事件发展的前因后果,形成完整的历史表象。

案例链接 1：

人教版历史八年级上册第 3 课"太平天国运动"的"天京变乱"教学设计

下图概括了天京变乱的全过程：①杨秀清逼洪秀全封其为"万岁",洪秀全意识到问题的严重性,就秘密召回与杨秀清有恩怨的韦昌辉；②韦昌辉在夜里包围东王府,不但将杨秀清杀了,还把东王府的上上下下都给杀了；③这就引起了石达开的强烈不满,他责怪韦昌辉做得太过分；④洪秀全既出于害怕也为了平息事态,就把韦昌辉给杀了；⑤但是他从此对石达开就产生了疑心,这引起了石达开的不满；⑥于是石达开负气带着十万精兵出走了,在四川大渡河附近被清军包围,石达开为了保全将士,便领着自己的儿子进入清军大营,希望清军放过他手下的将士,但是清军不但没有放过那些将士,还将石达开凌迟处死。这就是天京变乱。天京变乱它是偶然还是必然？为什么？

天京变乱

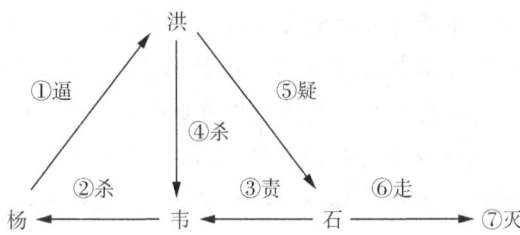

（案例来源：西南大学历史文化学院 2008 级学生陶宝明——"太平天国"一课的"天京变乱"教学设计）

教师结合图示运用讲述法,将天京变乱的过程系统、清晰、完整地展现出来,便于学生了解天京变乱过程,也有助于学生分析天京变乱的前因后果。

2. 历史场景

"春秋战国"一课涉及较多的成语,成语的意思学生大多了解,但对于成语的相关来历学生未必清楚。初中教学中,许多老师或自己讲述,或请学生讲述成语典故。

案例链接 2：

一鸣惊人

春秋时期,楚庄王继位以后,终日饮酒作乐,三年不理国事,还不准任何人批评他。有一天,有位大臣故意问楚庄王："大王,我有一个谜语想请您猜一猜,楚国山上有只大鸟,住在大王的宫廷中,已经整整三年了,可是它既不振翅飞翔,也不发声鸣叫,只是毫无目的地蜷伏着,大王您猜,这是一只什么鸟呢？"楚庄王本是聪明人,一听就知道是在讽刺自己身为一国之尊,却毫无作为,只知道享乐。他沉吟了一会说："嗯,这一只大鸟,你不知道,它不飞则已,一飞就会冲到天上去,它不鸣则已,一鸣就会惊动众人,你慢慢等着瞧吧!"从此楚庄王不再沉迷于饮酒作乐,而开始整顿国政,楚国也重新强大起来。这个成语比喻一个人平时没有突出的表现,却一下子作出惊人的成绩。

3. 历史人物

历史人物是对学生情感教育的重要素材,教师带有感情地讲述历史人物,会引发学生心灵的共鸣。

 案例链接3:

富兰克林·罗斯福

他于1882年1月出生在美国纽约,是美国历史上执政时间最长的总统,也是最有威望的总统之一。他读书多,见识广,文质彬彬,酷爱体育,擅长网球、高尔夫球,爱好骑马和驾驶帆船。擅长辩论,是"辩论学会"会员。他曾一度想进安纳波利斯海军学院,希望自己将来当一名海军军官,但是年迈的父亲坚决反对。1900年他进入哈佛大学,攻读政治学、历史学和新闻学。1910年,他以民主党人的身份开始涉足政界,他智慧、干练、胸怀宽广、深孚众望,似乎什么都不能阻挡这个男人迈上政治巅峰的脚步。但是,无情的灾难就在这时降临了。1921年8月,他带全家在坎波贝洛岛休假,在扑灭了一场林火后,跳进了冰冷的海水,因此患上了脊髓灰质炎症。高烧、疼痛、麻木,以及终生残疾的前景,并没有使他放弃理想和信念,他一直坚持不懈地锻炼,企图恢复行走和站立能力。在康复期间,他大量阅读书籍,其中有不少传记和历史著作。

1932年11月,他作为民主党总统候选人参加竞选,提出了实行"新政"和振兴经济的纲领。政敌们常用他的残疾来攻击他,这是他终生都不得不与之搏斗的事情,但是他总能以出色的政绩、卓越的口才与充沛的精力将其变成优势。首次参加竞选他就告诉人们:"一个州长不一定是一个杂技演员,我们选他并不是因为他能做前滚翻或后滚翻,他干的是脑力劳动,是想方设法为人民造福。"依靠这样的坚忍和乐观,他终于在1933年以绝对优势击败胡佛,成为美国第32届总统。

他就是美国历史上著名的总统之一——富兰克林·罗斯福。

罗斯福首次履任总统的1933年初,正值经济大萧条的风暴席卷美国,到处是失业、破产、倒闭、暴跌,到处可见美国的痛苦、恐惧和绝望。罗斯福却表现出一种压倒一切的自信,他告诉人们:我们唯一害怕的就是恐惧本身!(The only thing we have to fear is fear itself!)在1933年3月4日那个阴冷的下午,新总统的决心和轻松愉快的乐观态度,"点燃了举国同心同德的新精神之火"。

案例分析:

教师饱含深情的讲述,尽显罗斯福总统的人格魅力,震撼学生心灵。

4. 历史线索

初高中历史课程标准均要求学生掌握基本的历史线索,运用讲述法讲解历史线索的内容,有助于学生清楚理解历史发展的轨迹和基本趋势。

 案例链接 4:

中国古代封建专制主义中央集权制度的演变

封建专制主义中央集权制度建立于秦朝,发展于汉朝,完善于隋唐,强化于宋元,极端化于明清。

案例分析:

短短几句,将专制主义中央集权制度的发展过程清晰勾画出来。

(三)注意的问题

(1)注重内容的条理性。历史事件、历史人物、历史情境内容繁多,线索错综复杂,在讲述时,一定要突出重点,注重内容的条理性,理出主要线索,做到脉络清晰。

(2)突出重要的历史情节。历史情节是历史事件或历史人物的亮点,讲述好重要的历史情节,可扣人心弦,可充分调动学生的积极性。如"案例链接3"中,关于罗斯福总统身残志坚的情节,便能深深打动学生。

(3)善于设问解疑,激发学生的求知欲望和积极的思维活动。讲述法主要是教师讲述,学生参与性相对较差,易导致学生学习疲劳。因此,在运用讲述法的过程中,教师要善于设疑,激发学生思维。如"案例链接1"中,教师提出:"天京变乱是偶然还是必然?为什么?"这些问题可激发学生去探究天京变乱的原因。

(4)要讲究语言艺术。运用讲述法进行教学时,教师语言要清晰、精练、准确、生动形象、富有感染力,音量适中,语速适度,语调要抑扬顿挫。同时,要有丰富的情感,根据历史教学内容,表现出或表扬,或热爱,或敬佩,或愤怒,或否定的情感,以适应学生的心理节奏。

二、情境教学法的设计

(一)情境教学法的概念

情境,《现代汉语词典》中解释为"具体场合的情形、景象或境地"。从教育教学的角度看,"情境"就是以情感调节为手段,以学生的生活实际及教学材料为基础,以促进学生主动参与、整体发展为目的的优化了的学习环境。

教育学者顾明远认为:情境教学就是运用具体生动的场景,以激起学生主动的学习兴趣、提高学习效率的一种教学方法。其基本思想是以情感为纽带,以思维为核心,通过各种情境的创设,把学生的认知活动和情感活动结合起来,让学生通过主动参与体验到学习的快乐,不仅掌握了知识,而且发展了学习能力,提高了学生的思维品质。

（二）情境教学的运用

情境教学在历史教学中，尤其是在初中历史教学中运用极为普遍。情境教学的关键是情境的创设，余文森教授认为设置教学情境的类型有：借助新旧知识的关系创设教学情境、借助实物和图像创设教学情境、借助问题创设教学情境、借助背景创设教学情境、借助历史活动创设教学情境。

1. 借助新旧知识的关系创设教学情境

建构主义学习理论认为知识的获得，不是通过传递，而是通过建构，学习是学生原有的知识结构在新情境下发生变化的过程。因此，通过创设情境建立新旧知识的联系显得尤为重要。

在创设新旧关系的情境中，其方式有：①引导学生回顾已学的历史知识，然后提出新的历史现象；②先提出新的历史现象，再引导学生回顾已学的历史知识，然后，组织学生针对新旧知识进行探讨、交流、比较，用旧知识解释新的历史现象，得出新的认识。

案例链接5：

人教版高一历史必修1第4课"明清君主专制的加强"的教学片段

导入：我国著名的历史学者陈登原，经过研究发现，我国古代宰相在皇帝身旁议政，在汉唐是"坐而论道"，到宋代被撤掉座位，成了"站而论道"，而明朝身份大降，变成了"五跪九叩，臣更低于下，君更高于上"了。

请大家思考：宰相由坐到站再到跪的礼仪变化说明了什么问题？

学生：皇帝的地位越来越高，宰相的地位越来越低。（皇权加强，相权削弱或君主专制空前加强）

我们知道秦朝建立的专制主义中央集权的政治制度包含了两大矛盾，即中央与地方、皇权与相权的矛盾。中国古代政治制度发展的历史就是围绕着这两大矛盾不断展开的。首先，中央与地方的矛盾，元朝在地方设立行省制度得到很好的解决。

教师：非常正确，反映了皇权加强了，而相权削弱了。

而皇权与相权的矛盾，虽然经历了从汉到元的发展演变，皇权不断扩大，相权不断萎缩，但并没有得到根本解决，我们知道元朝的时候宰相的权力又变得很强大了。那后来的明朝和清朝，皇权与相权的PK游戏中，这对矛盾又是怎么发展的呢？

今天，我们学习的第四课"明清君主专制的加强"就要来解开此问题的神秘面纱。

看到标题我们就可以推测皇权与相权的PK游戏中谁取得了胜利？

学生：皇权。

教师：那明清两代的皇帝们采取了哪些措施让皇权取得胜利呢？

案例分析：

通过前两课的学习，学生对专制主义中央集权制度的形成及其发展有了一定的了解，教师充分联系学生的旧知识，通过宰相地位的变化，引导学生进入新情境中，探讨明清君主专制加强的表现、原因,在此基础上分析专制主义中央集权制度的发展轨迹,并对其进行评价。

2. 借助实物和图像创设教学情境

历史课堂教学情境的实物有模型、文物等;图像包括图片(人物、地图、景物图)、视频等。在现代多媒体技术普及的情况下,图像的运用比实物的运用显得更容易、更普遍。

借助实物和图像创设的教学情境,首先为学生提供实物或图像,引导学生聆听和观察,获得感性知识;其次,教师根据实物和图像提出问题,引导学生获取相关信息并结合所学知识进行思考,再进行解释、分析和评价。

案例链接6:

人教版八年级历史下册(旧版)"探索建设社会主义的道路"一课教学设计片段

炼钢是一项技术活,即使在科技发达的今天,炼钢仍旧需要很多必要的条件,请看图5-1。

问题:你们觉得炼钢需要哪些条件?

设计意图:的学生不可能很清楚地知道炼钢需要的条件,教师可以利用图片提示学生炼钢需要高温、技术、优质的原材料等必要条件,使他们理解大炼钢铁是得不偿失的。

"大跃进"时期掀起全民炼钢高潮,小高炉林立于全国,如图5-2所示。

图5-1 炼钢图

图 5-2 大炼钢铁

教师:开展全民大炼钢铁运动,把钢铁生产看得如此简单,人人都可以干,这在现在看是个闹剧,但当时人们响应号召,确实都投入运动之中,以为把废铁溶化了就能炼出钢。这样,以大规模的群众运动搞钢铁生产,到 1958 年 8 月,为了完成既定的钢产量目标,全国掀起了建设小高炉的高潮。

请看材料:

材料 1:形势逼人,逼出一条"小土群"(小高炉、土法上马、群众运动)的路子来,抢建土高炉炼钢,有的炉子用耐火砖砌成,有的则在山坡或路旁挖洞成炉,有的地方竟就地挖坑,倒入矿石、煤炭、点火炼钢。

材料 2:建设小高炉、"小土群",需要大量的劳动力,除了从机关、学校、工厂动员以外,不得不大量动员农民参加……1958 年,究竟动员了多少人参加大炼钢铁,没有精确统计,报纸公布,大约有六千万人参加了大炼钢铁运动。

——《当代中国的钢铁工业》

材料 3:许多地方没有煤炭就烧木材,没有木材就滥砍滥伐。技术人员远远不够,上山的农民根本不知道炼钢是怎么回事,也要去炼。

——金冲及《二十世纪的中国史纲》

问题:用这样的方法能炼出优质钢材吗? 大炼钢铁带来了哪些危害?

设计意图:先提供现代化的炼钢图片,再说明 1958 年大炼钢铁的情况。经过对比,学生自然能够理解"小土群"不可能生产出合格的钢。而大炼钢铁运动中消耗的人力、物力情况,使学生能直接感受到巨大的投入是无效的,还带来了生态的破坏等严重后果。

案例分析:

两张图片所创设的情境,给学生以较强的视觉冲击,对比鲜明,再加之教师提供了文字史料,有利于学生理解大跃进的冒进,从而认识这一时期国家在经济建设上的"左倾"错误。

3. 借助问题创设教学情境

在教学过程中,借助问题创设相关的历史学习情境,可以引发学生的思考。为学生提供相关素材,提供问题的情境,使学生了解情境,从情境中去感悟。问题或由教师提出,或师生合作提出,在此基础上引导学生进行探讨、交流。

案例链接7：

"罗斯福新政"一课教学片段

(山东省汶上县第一中学 刘学厂、房绪国,扬州大学 朱煜)

教师:综上所述,新政以国家干预经济的调节职能,调整了资本主义金融体系,调整了资本主义生产的无政府状态,调整了生产和销售的矛盾,调整了资本家和工人、农民之间的相互关系。可以说,新政是在资本主义经济肌体内部进行的一场"伤筋动骨"的大手术。那么,请同学们结合下面老师所提供的材料,联系资本主义经济发展的进程,以及这次危机发生的背景,讨论一下,罗斯福新政对美国产生了哪些积极影响?新政能否从根本上消除经济危机?我们应该如何理解罗斯福自己所说的"新政是旧民主秩序的新应用"?

(教师投影下列资料)

1. 在罗斯福执政的12年间,到1937年,工业指数已超过1929年的3.4%,国民收入也已增加到715.1亿美元。国有企业资本1939年比1929年增加近一倍。美国工业产量占资本主义世界工业总产量的比例,由1929年的48.5%上升到1945年的60%。到1940年,美国已基本实现了农业机械化,居世界首位。

2. 福斯特在所著的《美国共产党史》一书中指出:"美国资本主义在财政上还有办法来实施像新政这样的改良方案,而不必采用法西斯主义这样攸关命运的武器。"

3. 罗斯福说:"作为一个国家,我们拒绝了任何彻底的革命计划。为了永远地纠正我们经济制度中的严重缺点,我们依靠的是旧民主秩序的新应用。"

(学生阅读材料并讨论后说出自己的见解)

教师:新政是在维护资本主义制度的前提下进行的政策调整,不可能解决资本主义制度的固有矛盾。因此,不能彻底消除经济危机。但它在很多方面确实产生了积极影响。我们可以按照影响的程度将其概括为:①直接影响。它在一定程度上减轻了经济危机对美国经济的危害程度,促进了生产力的恢复。另外,新政还在很多方面改变了美国人的生活。②间接影响。新政缓解了经济危机引发的社会危机,改善了民众的生活状况,遏制了美国法西斯主义势力,使美国避免走上法西斯道路。③深远影响。新政开创了国家干预经济的新模式,对于战后国家垄断资本主义发展有借鉴作用。

教师:现在来思考一个问题,新政到底"新"在什么地方?给大家几分钟时间,以4人一组进行分组讨论。

(先学生讨论,后师生对话、归纳)

(1)新的理论和政策。当时西方资本主义国家采用的都是从19世纪延续下来的自由放任的经济政策,它倡导自由竞争、自由贸易,国家不干预经济,主要依靠市场进行调节。随着经济的发展,生产及市场结构的变化,自由放任理论已经过时,现代经济的管理出路应该由政府来进行有组织的规划,凯恩斯主义应运而生。凯恩斯倡导政府要干预经济事务,把经济发展纳入有序的轨道中。罗斯福新政就是对凯恩斯主义进行的大规模实践。

(2)新特点。在不触动资本主义制度的前提下,国家对金融、农业、工业、社会救济、公共工程及财政等方面进行干预,并通过法律形式,将国家保障经济稳定和发展的责任,以及援助贫困公民的责任固定下来。

(3)新起点。罗斯福新政实际上是对生产关系进行的局部调整,把美国的私人垄断资本主义迅速推向美国式的、非法西斯式的国家垄断资本主义。新政是资本主义制度的自我调节和自我完善。这正是上层建筑对经济基础反作用的具体体现。国家垄断资本主义在二战后被西方国家普遍采纳,成为资本主义继续向前发展的新起点。

(由学生概括总结)

学生:1929—1933年,世界性资本主义经济危机又一次引起了资本主义世界的大震荡。在经济危机影响下,美国罗斯福政府坚持资产阶级民主政治道路,采用国家干预经济的方式来摆脱危机,从而使国家政权同垄断组织相结合,开始了向国家垄断资本主义的转变。

案例分析:

在学生已学习了"罗斯福新政"的背景、内容基础上,教师提出三个问题,即罗斯福新政对美国产生了哪些积极影响?新政能否从根本上消除经济危机?我们应该如何理解罗斯福自己所说的"新政是旧民主秩序的新应用"?层层推进,体现由浅入深,由易到难,实现对史实的理解和升华。

4. 借助"背景"创设教学情境

历史事件的发生不是偶然的,都有其经济、政治、文化等多方面的原因。所以,历史情境的创设,背景因素不可忽视。教师可提供图片、文字、视频等多方面材料,增强背景的丰富性,提高学生的学习兴趣,加深学生对历史史实的了解,组织引导学生依据"背景",探讨相关问题,找出历史背景与学习内容之间的关系。

案例链接8:

岳麓版历史九年级上册"文明的冲撞与融合"一课教学片段

(北京市朝阳区东方德才学校 郭大维)

阿拉伯人对文明传播的贡献

说起阿拉伯人,我们首先想到的就是每天都在使用的阿拉伯数字。我们先来看看在阿拉伯数字普遍使用以前,各地的人们如何计数?

提问:阿拉伯数字和其他的数字相比有什么特点?现在通行世界的阿拉伯数字有着怎样的作用?归纳学生的感受和回答:阿拉伯数字笔画简单,书写速度快,笔算时很便利,数字间不易混淆。现在世界各地虽然语言和文字不同,但有了这种统一的计数方法,方便了人们的经济、文化交流,有利于数学、物理等学科的发展。

各地区数字符号及演化简表

1世纪的婆罗门		一	=	≡	+	∽	6	7	S	7
印度梵文	○	?	?	?	४	५	६	७	८	९
东支阿拉伯至今	·	١	٢	٣	٤	٥	٦	٧	٨	٩
11世纪的西支阿拉伯		1	2	≷	۶	y	6	7	8	9
欧洲15世纪	○	I	2	3	૪	६	6	∧	8	9
16世纪至今	0	1	2	3	4	5	6	7	8	9
罗马数字		I	II	III	IV	V	VI	VII	VIII	IX
中国算筹		I	II	III	IIII	IIIII	T	TT	TTT	TTTT

提问:这套数字是阿拉伯人发明的吗?为何现在全世界都将它称作阿拉伯数字?

学生依据已有知识或阅读教材内容回答。可见传播文化也和发明创造同样重要。

[出示"12世纪前后欧亚主要商路图"(图略)和教材文字材料"学问虽远在中国,亦当求知之。"]

提问:在这张图中,能得到关于阿拉伯帝国的哪些信息?(提示学生从阿拉伯帝国的疆域范围、地理位置、邻国等方面观察)从文字材料中感受到什么?

归纳学生得到的信息和感受:阿拉伯帝国幅员辽阔,处在欧、亚、非三大洲的连接处和东西方的贸易通道上,境内有埃及、波斯等古代文明国家,还曾经同中国(唐)、印度、拜占庭等东西方大国相邻。感受到阿拉伯人追求、提倡文化的巨大热情。

提问:综合以上材料分析,为什么古代印度人发明的数字由阿拉伯人广为传播?

归纳、总结学生的回答:阿拉伯帝国处于有利的地理环境,在境内各族人民的智慧相互渗透的同时吸纳外部文明,又通过往来各地的商旅将文明传播、交流。

提问:除了阿拉伯数字的传播以外,阿拉伯人在文明的交流、发展过程中还发挥了什么作用?(出示材料)

材料一: 在欧洲文化凋敝的时期,阿拉伯人从被他们征服的地方搜集了大量古希腊典籍,并把它们翻译成阿拉伯文。

材料二: 元世祖时,有关阿拉伯天文仪器和天文学的书籍传入中国,郭守敬在编制《授时历》时,采用了阿拉伯人的数学知识。明代医学家李时珍的《本草纲目》里有阿拉伯的药物和治疗方法的记载。

材料三: 阿拉伯人用中国工匠在撒马尔罕(今日乌兹别克斯坦境内)建立了中国境外的第一个造纸作坊,以后又将造纸技术传到欧洲。

归纳、总结学生的回答:阿拉伯人使古代文明得以保存,同时也注意对外部文明的吸收,更使不同地区的文明成果较快地得到交流,加快了文明发展的速度。

5. 借助历史活动创设教学情境

借助学生活动创设历史教学情境的方式包括学生的角色扮演、实地考察、历史制作等等。

　　角色扮演活动,事先要编写剧本,进行排练,要有效地将过去的历史情境再现出来,增强历史的真实感;实地考察活动,活动前将学生分组,查阅考察对象的相关资料,准备调查的题目;历史制作活动,教师要充分考虑制作的可行性,预留充分的时间让学生自主进行制作,并为其安排展示的时间。

 案例链接9:

人教版历史七年级上册第14课"张骞通西域"教学片段
（重庆市北碚区实验中学,孙雪莲）

　　教师:公元前138年,张骞率领大队随从从长安出发,开始了他的出使之程。张骞历史上曾两次出使西域,我们现在学习的是他第一次出使。关于这次出使,我班历史兴趣小组的同学们在课前收集了大量资料,自己编排了一个历史短剧,他们非常希望展示给大家。下面有请这几位同学。

（学生表演）

第一幕:张骞辞行

汉武帝:张骞,听说你是主动报名出使?

张骞:是的,皇上。

汉武帝:你可知道这一任务有多艰巨?

张骞:臣不怕。只要能为我大汉效力,替陛下分忧,哪怕是龙潭虎穴,臣也要闯一闯!

汉武帝:那我就赐你宝马一匹,祝你早去早回。

张骞:谢皇上,臣告退。

第二幕:张骞第一次被擒

旁白:张骞一进入西域,就被匈奴所擒。

匈奴兵:听说你是汉朝的使臣,到西域来有什么事?

张骞:军机不可泄露。

匈奴兵:我们早已明白了你们的意图。你们是想联合其他的国家来进攻我们。我们才不怕呢! 实话告诉你,连你们的汉朝皇帝,迟早也会成为我们的阶下囚。我劝你不如早点投降我们,我们可以让你享尽荣华富贵。

张骞:呸! 我们大汉乃天朝大国,兵多将广,你们小小的匈奴,怎能与我大汉抗衡!

匈奴兵:放肆,给我狠狠地打!

张骞:打死我也不投降!

匈奴兵:把他囚禁起来,让他一辈子也回不到汉朝!

第三幕:张骞找到大月氏

旁白:张骞被匈奴囚禁了10年,他终于找到了机会,逃了出来。他没有忘记汉武帝交给他的任务,继续寻找大月氏。终于,他找到了大月氏,见到了大月氏王。

张骞:尊敬的大月氏王,匈奴为非作歹多年,我们大汉想联合你们共同进攻匈奴。

大月氏王:我们的生活已经安定下来,不愿再和匈奴作战,你还是请回吧!

旁白:张骞劝说无效,只得转身回国。

第四幕:张骞第二次为匈奴所擒

匈奴兵:张骞,你又被我们抓住了,你始终是逃不出我们的手掌心的。

张骞:我还会逃的。哪怕你们抓住我一千次,一万次,我还会逃走一千次,一万次。我张骞的心,始终是向着大汉王朝的!

匈奴兵:大胆,给我带回牢去,严加看管!

旁白:张骞又被囚禁了一年多。直到公元前126年,他才回到长安,此时,距离他离开长安已18年了。

张骞:啊!长安,我终于回来了!

教师:张骞的第一次出使,历时13年,所率的随从从出发时的100多人到回到长安时的1人,其中有人死于大漠,有人屈从于匈奴的淫威,但张骞坚持自己的信念与目标,哪怕是遭受磨难,甚至已在匈奴娶妻生子,都没能动摇他完成任务、回到故土的决心。这种精神,难能可贵。

案例分析:

学生通过角色扮演活动,再现了张骞第一次出使西域的情况,虽无法保证所有情境的真实性,但在学生活动中,扮演的学生通过查阅资料,丰富了历史知识,增强了历史学习兴趣,听课的同学,从情境中去感知这段历史,也学有所获。

(三) 情境教学应注意的问题

1. 历史情境要设置在教学的重点或难点上,以促进学生对历史的理解

历史教学中,设置情境的最终目的是帮助学生加深对历史问题的理解,因此,课堂教学中,情境不宜过多、过复杂,情境要突出教学的重点或难点。

案例链接10:

人民版高中历史必修2"民国时期民族工业的曲折发展"教学设计

(河北省石家庄三十三中,聂静)

百年张裕一:民族工业的初步发展

百年张裕二:民族工业的"黄金时期"

百年张裕三:民族工业的"第二春"

百年张裕四:民族工业的日益萎缩

百年张裕五:民族工业重获新生

案例分析:

聂老师以张裕葡萄酒公司发展兴衰史为主线,运用文字材料和图片设计了张裕葡萄

酒公司发展过程的情境,实现由"个体到整体",达到"窥一斑而见全豹"的目的,最终使学生能够理解中国民族资本主义发展史,突出教材的重点。同时,也有利于学生从张裕葡萄酒公司的发展去总结近代影响中国民族资本主义发展的因素,从而突破难点。

2. 设置的历史情境要与学生的生活经验相联系

 案例链接 11:

人教版高二历史必修 3 第 5 课"西方人文主义思想的起源"的教学片段

教师:同学们,你们生病了会做什么?

学生:去医院、吃药……

教师:古希腊人会怎么做呢?我们来看一幅来自古希腊的浮雕。

学生:在向神祷告,祈求神的帮助。

教师:这种现象在古希腊不足为奇。仅雅典城邦,一年中就有144天为公共的宗教节日。我们用一个词语来形容神在希腊的地位——至高无上,神就是衡量万物的尺度。

案例分析:

《西方人文精神的起源及其发展》一课有三个子目:"人是万物的尺度""美德即知识""柏拉图和亚里士多德"。思想史教学的难度较大,教师在导入时设置能贴近学生生活经验的情境,一定程度上会缩小学生理解课文的难度,激发学生去认识西方人文主义思想产生的情况。

3. 教师要关注学生对历史情境的理解,让学生走进情境,亦要走出情境

"历史情境是沟通教师与学生、学生与学生、教师与历史、学生与历史的桥梁",如何架好这座桥梁,教师的作用至关重要,教师不仅要设置好情境,还要帮助学生去理解情境,并从其中认识历史。

 案例链接 12:

"西方人文主义思想起源"中"审判苏格拉底"的教学片段

教师:法官们,你们怎么看这段证词,是否可以证明苏格拉底"不敬神"?

学生:苏格拉底这段话也太没大没小了。

教师:为什么这么说呢?原本应该谁"大"谁"小"呢?

学生:在古代雅典是神"大"人"小",苏格拉底说在神、人、其他生物三者之中人最重要,自然我会认为这种思想是有罪的。

案例分析:

学生说"没大没小"到底是什么意思?教师进行追问:为什么这么说呢?原本应该谁

"大"谁"小"呢？从追问中去认识神与人的关系,有助于理解苏格拉底的思想,更能体悟其人文精神的内涵。

三、合作学习的设计

(一) 合作学习的概念

合作学习是指学生在小组或团队中为了完成共同的任务,有明确的责任分工的互助性学习,它是针对教学条件的组织形式而言的。其要素有:积极的相互支持、配合,特别是面对面的促进性的互动;积极承担在完成共同任务中个人的责任;期望所有学生能进行有效的沟通,建立并维护小组成员之间的相互信任,有效地解决组内冲突;对于各人完成的任务进行小组讨论;对共同活动的成效进行评估,寻求提高其有效性的途径。

合作学习强调共同的目标性,为共同完成某一目标或实现共同利益而合作,个体目标和群体目标是同一的,在实现共同目标的基础上实现个人目标;强调合作性,合作个体间要相互配合和协调。合作学习以小组合作为基本形式,以学生为中心,利用师生、生生之间的合作互动来促进学习,共同完成目标。多边合作、民主和谐、平等交流、学生自我发展是合作学习的特点。

(二) 合作学习的运用

案例链接13：

川教版八年级《中国历史》上册第13课
"抗日救亡运动"关于"西安事变"的合作学习

(重庆市第一中学 王伟民)

主题活动：我为展厅编剧本

活动主题	关于"西安事变"历史剧的策划
场景命名	
内容设计的课本依据 (标明课本页码、段落及辅助材料)	
内容选择的作用分析	
史实概述(根据史料简述历史短剧的主要内容)	
困惑或思考	
老师意见	
组员讨论发言记录	
活动组长	
活动组成员及简单分工	

1. 合作学习内容的选择

确定内容是合作学习的重要前提,不是所有内容都可用于合作学习,不能为合作而合作,教师要选择合适的内容开展合作学习,在备课时教师须进行认真的思考和精心的选择。合作学习内容要具有开放性,不能过于简单,也不能太难,要选择具有讨论价值、适合分组合作学习、操作性较强的问题交给学生进行合作学习。重庆市第一中学的王伟民老师将西安事变确定为合作学习的内容是因为:一,因为西安事变是本课的重点,也是学生的兴趣点;二,西安事变用于合作学习难易适度。西安事变的过程相对简单,学生结合教材查阅资料,基本能了解。但对西安事变发生的背景、为什么要和平解决西安事变、和平解决具有何意义等内容,具有一定的开放性,学界也有不同的观点,能激发学生去思考这些问题。

2. 分组方式

如何进行有效的合作学习,分组方式也至关重要。分组方式主要有学生自愿组合、教师安排、随机分组、男女同学搭配、相邻座位同学成组等。通常情况下,学生在自愿组合的基础上,教师进行合理调配,把不同性别,不同性格、爱好的学生分在一组,这样有利于学生相互取长补短。

3. 小组合作学习过程

确定合作学习目标:教师和学生共同制定合作学习的目标,并让每位同学理解目标。

小组成员分配任务:为了提高小组合作学习的实效,鼓励小组成员发挥各自长处,分工合作。推选小组长,明确每位成员的任务,既有分工,又有协作。

合作交流:小组在分工的基础上,组长组织成员在组内交流。在和谐、民主、平等的氛围中进行交流,形成小组成员共同意见。

合作学习成果展示:各组展示合作学习成果,全班学生互相交流,从而激发历史学习兴趣,提升历史思维能力。

教师点评:在学生交流的基础上,教师要充分发挥课堂的主导作用,针对学生的观点、思想,提升学生的历史认识。如王伟民老师引导学生从西安事变中得出启示:①在很多历史时刻,有条件的和平比武力威力更大;②在复杂的形势下,需要勇气,更需要智慧。

4. 合作学习的评价

合作学习将个人之间的竞争转化为小组之间的竞争,有助于培养学生合作的精神和竞争的意识。合作学习强调合作的过程,通过合作帮助学生确立能够达成的目标,强调理解而非死记历史结论。因此,合作学习应注重过程性评价,依据一定的评价标准,对整个活动中学生的表现作出评价,包括学生学习历史的态度、学习活动中的行为规范、历史知识的掌握程度及历史学习的能力。

(三) 合作学习应注意的问题

1. 充分发挥教师的主导作用,推动合作学习顺利开展

合作学习以学生间的相互学习为主,但教师不能撒手不管,教师要把握全局、深入小组活动,了解每组是否都有组织地在进行分组合作学习,了解他们的学习动态,当学生遇到困难时,教师能够提供必要的帮助,提高合作学习的效率。对于学习能力相对较弱的小组,教师应多扶持一点;对于学习能力较强的小组应多给予自由学习的空间,保证每位学生都能在合作中学有所获。

2. 关注学生的合作学习过程,激发学生活动意识,提升学生活动技能

合作学习以学生为中心,把学习的主动权交给学生,体现学生活动,充分地发挥学生学习的积极性、主动性,让每个学生在合作中获得知识,在合作中获得自信,在合作中改变自己的认知结构。因此,在合作学习中,教师更应关注学生的合作学习过程,通过评价激发学生参与合作学习的意识,并通过教师的指导,提高学生活动的技能,从而更好地培养学生的合作精神,使学生的学习能力得到全面的训练和提高。

3. 避免合作学习流于形式,保证合作学习的有效实施

自新课程改革以来,合作学习方式得到了前所未有的重视,不论是优质课、公开课、研究课,还是常规课,均会设置合作学习环节,似乎没有合作学习就不能体现新课程理念,于是合作学习成为学生学习的主要方式。但在一些课堂学习中,合作学习流于形式,主要表现在:①教师给学生合作学习的时间短(通常2—5分钟),缺少让学生思考的过程;②合作学习的内容没有探讨价值,要么太简单,不需要合作学习,要么太难,资料有限无法探讨;③学生不会合作,合作学习氛围不浓厚,课堂出现冷场或秩序混乱等。鉴于此,教师要加强学习,提高合作学习的指导能力,可根据不同的学习内容采用不同的方式进行,激发学生的合作意识,培养学生合作能力,从而保证合作学习的有效实施。

 案例链接 14:

合作学习:洋务运动与中国近代化

一、研究课题开题报告

课题题目:洋务运动与中国近代化

指导老师:刘云高

课题组成员:高一年级部分学生自愿报名,学校及指导老师根据学生的知识水平及教学实际确定人选。

课题确定原因:

(1)顺应教改形势,根据课程改革的需要和学校的安排,充分调动学生的学习积极性。增强学生对历史学习的兴趣,扩大学生的知识面,培养学生独立研究、相互协作的能力。

(2)面对中国"入关"和现代化加速的现实,深入研究在中国近代化进程中具有开创意义的洋务运动的有关子课题,总结洋务运动的经验教训,从而前瞻性地研究中国入关所面临的机遇和挑战。

课题目的和意义:

(1)在分组进行研究性学习中,学会自主学习、分享合作、平等交流及尊重史实、探索历史发展规律的严谨治学精神。

(2)让学生能初步感知和掌握历史研究的一般方法及途径。

二、研究小组分工(学生自愿报课题而形成的自然分工)

洋务运动重要任务研究组:宋佳、陈颖

洋务运动科技文化研究组:顾韵韵、张鹏

洋务运动思想研究组：张楠、崔翠

洋务运动经济研究组：王远、黄愿

洋务运动军事研究组：齐旭、滕菲

洋务运动与中国近代化综合研究组：刘寅晟、孙蕴超

三、活动计划

1. 任务分工

论文撰写：小组的每一位同学

组织分工：崔翠

宣传联络：刘寅晟

2. 活动步骤

阶段	时间	主要任务
一	2001年9月15日至9月底	查找资料、确定研究子课题
二	2001年10月	访问、调查、初步交流
三	2001年11月14日	研究成果公开展示

四、研究过程

1. 开始搜集资料

（1）去南通图书馆或书店查找纸质档案材料及相关研究著作,人均每周至少两次。

（2）查阅图书：《中国近代史》《中国史纲要》《从鸦片战争到五四运动》《李鸿章传》《李鸿章》《曾国藩传》《晚清洋务运动研究》,等等。

（3）上网查询目前相关课题研究的进程及最新动态。

网址：中国教育科研网 http://www.zgjykyw.cn

海淀教育网 http://www.bjhdedu.cn

上网研究方法：阅读文章、下载资料（文章、图片等）、讨论交流

2. 教师指导

（1）确定子课题。

（2）资料的"去伪存真"。

（3）解决学生研究存在的"广而不深"等问题。

（4）指导论文写作。

3. 访问学员

访问员：高一（12）崔翠等

受访者：南通师院副教授姜德琪、崔荣华

访问时间：2001年10月24日

地点：江苏省南通中学科学楼

访问主题：（1）什么叫近代化？

（2）为什么说"洋务运动迈出了中国近代化的第一步"？

五、研究成果课堂交流实录

主持：崔翠　张鹏

首先播放资料片，对洋务运动作简单介绍。

接着由学生介绍曾国藩的成就及对他的评价；两位学生对李鸿章进行人物以及他在洋务运动中的成就介绍；学生就李鸿章的"收回利权"对前两位同学的研究给予否定。

最后主持人作总结。

——陈慧敏.新课程历史学科合作学习研究.上海师范大学硕士学位论文.2007:40-42.

四、探究式学习

（一）探究式学习的概念

探究式学习即从学科领域或现实社会生活中选择和确定研究主题，在教学中，创设一种类似于学术（或科学）研究的情境，使学生通过自主、独立地发现问题、实验、操作、调查、搜集与处理信息、表达与交流等探索活动，获得知识、技能、情感与态度的发展，特别是培养探索精神和创新能力的学习方式和学习过程。和接受式学习相比，探究学习具有更强的问题性、实践性、参与性和开放性。经历探究过程以获得理智能力发展和深层次的情感体验，建构知识，掌握解决问题的方法，是探究学习要达到的三个目标。

探究式学习的基本特征及程度

基本特征	程度			
学习者探究科学型问题	学习者自己提出问题	学习者选择问题、提出新问题	学习者提炼或澄清教师、教材或其他途径提供的问题	学习者直接探究教师、材料或者其他途径提供的问题
学习者搜集问题相应的证据	学习者自己确定证据并进行搜集	学习者在指导下搜集某些数据	学习者对提供的数据进行分析	数据和分析方法都提供给学习者
学习者根据证据形成解释	学习者总结证据之后形成解释	学习者在指导下根据证据形成解释	给学习者提供根据证据形成解释的可能方法	给学习者提供证据
学习者将解释同科学知识联系起来	学习者独立考察其他资源，并形成其同解释联系	向学习者介绍科学知识的领域和资源	给学习者提供可能的联系	
学习者交流和辩论自己的解释	学习者用合理的合逻辑的证据表达解释	学习者在交流过程中得到指导	学习者在改进交流中得到广泛指导	给学习者提供交流的步骤和程序

多←学习者自主探究的过程→少
少←教师和学习材料指导的程度→多

——[美]国家研究理事会.美国国家科学教育标准.戢守志等译.科学技术文献出版社,1999:30.

（二）探究式学习的运用

实施探究式学习的基本环节是探究主题的确定、探究方案的设计、探究方案的实施，以及探究学习的总结与反思。

1. 探究主题的确定

探究主题的确定是进行探究式学习的关键，那么，什么样的主题适合中学生进行探究呢?

(1) 历史课程标准中的重点或难点问题。课程标准是教材编写、教学、评估和考试命题的依据,是国家管理和评价课程的基础,因此,要依据课程标准,结合教材和学生的实际,选择探究主题。如《普通高中历史课程标准(实验)》要求:知道古代中国农业的主要特征、耕作方式,了解古代中国农业经济的特点。本部分内容的重点是古代中国农业的主要特征和耕作方式,而难点是总结古代中国农业经济的特点,教师可就古代中国农业经济的特点设置探究问题,既可帮助学生深化对重点内容的理解,也可培养学生认识历史事物的能力。

(2) 学生感兴趣的问题。"以学生为本"不是一句空话,应体现在具体的教学行为中。教学中,我们要关注学生的兴趣点,围绕学生的兴趣点发掘探究的问题,可以很好地激起学生探究的欲望,更好地促进学生的发展。如讲人教版高一历史必修2第5课"开辟新航路"一课时,教师常常会将新航路开辟与郑和下西洋进行对比,分析为什么郑和下西洋未能像新航路开辟那样对世界产生那么大的影响?学生对这样的问题也是非常感兴趣,教师直接将答案告诉学生,不如让学生去探究。

(3) 与现实密切相关、有价值的问题。"历史永远是当代史",历史不只属于过去,它是现在一切之源,与现实密切相关的历史问题值得学生去探究,以达到"古为今用,学史明智"的作用。如讲20世纪"70年代中日关系的改善"这一知识点时,为进一步正确认识中日关系,教师可针对当今中日关系中的热点——钓鱼岛问题组织学生进行探究,引导学生收集资料,了解钓鱼岛问题的由来,提出解决问题的方案。一方面可引导学生去关注现实,认识历史学科的重要作用;另一方面,让学生提出解决问题的方案,增强学生的主人翁意识和国家民族的责任感,认识到国家强盛的重要性。

2. 探究方案的设计

探究方案包括正确的探究目标、细化的探究内容、探究的具体安排和分工等环节。正确的探究目标,保证了探究的科学性;细化的探究内容,保证了探究的方向性;探究的具体安排和分工保证了探究的可行性。这一切便增强了探究的计划性,减少了盲目性,使探究有条不紊地进行,是问题探究顺利进行的有利保障。

如人教版高一历史必修1第25课"两极世界的形成"一课关于"冷战"的启示,其探究方案可以这样来设计。

(1) 探究的目标:在理解美苏"冷战"的表现及其影响的基础上,认识"冷战"给全人类的启示,由此形成正确的历史认识能力。

(2) 探究内容:从"冷战"的背景中看启示、从"冷战"的两国看启示、从"冷战"阴影下的德国看启示、从"冷战"中的世界局势看启示、从"冷战"看国际法规等多角度去认识"冷战"。

(3) 探究的具体安排和分工:根据细化的探究内容进行分组,并制定时间表,同时确定查阅资料的途径。

3. 探究方案的实施

探究方案的实施是学生通过探究解决问题的过程,是探究式学习的核心环节,它是将探究付诸实施的过程,是学生获得知识的主动建构、能力培养和情感体验的过程。

案例链接 15：

渐进的制度创新

教师用视频导入，精彩的画面、外形潇洒的布莱尔、动感又流行的音乐，创设了轻松的课堂氛围，学生深深地融入情境中。通过看视频，学生探究出当时英国的时政——布莱尔遭遇党内逼宫。教师适时点拨：这一现象出现在英国，问题在于英国的君主立宪制政体。什么是君主立宪制政体？

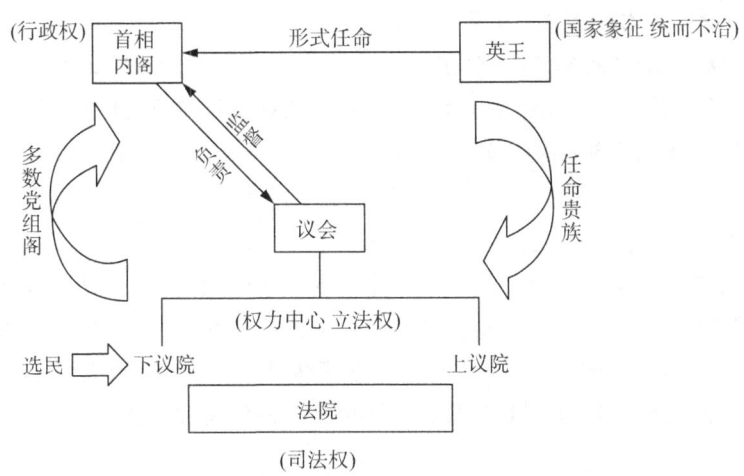

图 5-3　英国君主立宪政体中国王、议会、内阁关系图

教师请学生展示课前探究的结果，把探究的自主权交给学生。在学生探究交流的基础上，明确君主立宪制的内涵，并展示课前绘制的有关国王、议会、内阁等的关系图（见图5-3）。这时教师适时抛出探究问题：英国君主立宪制是如何确立并发展的？

学生通过阅读教材自主探究，再分小组讨论，形成自己的探究结果。探究君主立宪制确立并发展的历程有一定难度，教师要走进每个探究小组适时引导：君主立宪制的形成过程就是议会、内阁取得权力而国王失去权力的过程，明确三者关系是关键。

分小组交流探究结果，在全班学生思想碰撞之后，教师引导学生进一步分组探究：国王与议会的关系、国王与内阁的关系、内阁与议会的关系。这是本课的重点。

再次以小组为单位交流探究结果，英国君主立宪制的确立过程日渐清晰。教师引导学生逐一明确议会、国王、内阁关系的同时，绘制英国君主立宪制的三方关系图。君主立宪制的确立标志——1689年《权利法案》的颁布，它确立了"议会至上"的原则，议会取得了立法权，从此英国国王受到议会制定的法律的约束，英国从"人治"转向"法治"。君主立宪制的发展——责任内阁制形成。19世纪中期，议会选举在两大党之间展开，获胜的多数党的领袖就是首相，国王只是接受议会选举的结果对首相进行形式上的任命，并由首相组阁，内阁首相有行政权，首相内阁要对议会负责。

在明确了英国君主立宪制确立及发展的过程后，再引导学生探究英国君主立宪制的特点，就比较简单了。但在这一环节还会产生一个新概念——代议制。

然后回归上课之初的情境问题:布莱尔遭遇党内逼宫,在英国为什么会出现?

引导学生进一步探究:英国君主立宪制的核心——责任内阁制的特点。

接着,教师创设情境,进行课堂模拟,检验学生学习知识并运用知识的情况。

课堂模拟:(讨论)英国首相布莱尔追随美国出兵伊拉克。

你认为:

1. 内阁成员大体上是赞同还是反对?为什么?
2. 女王伊丽莎白二世如果反对,布莱尔会不会为此而撤兵?为什么?
3. 议会中大多数极力反对,结果又会如何?

最后回归题目"渐进的制度创新"引导学生明白"创新"与"渐进"的含义。英国确立君主立宪制是制度的创新,从《权利法案》到责任内阁制的最终确立,是英国君主立宪制从确立到完善的过程,体现了制度发展的渐进性。

案例分析:

首先,案例中教师充分调动了学生自主探究和呈现探究成果的积极性,充分体现了以学生为本的理念。其次,教师较好地扮演了学生探究的指导者,引导学生将探究引向一个正确的方向。最后,师生的共同努力,保证了探究方案的有效实施,取得了较好的探究成果,帮助学生正确认识了英国君主立宪制度的特点——创新和渐进。

4. 探究学习的总结与反思

探究学习强调学生的创造性思维,为学生提供充分自由表达、质疑、探究、讨论问题的机会,引导学生学会学习和掌握科学的学习方法,为终身发展奠定基础。探究学习,不单单是一种教学形式,更应该是一种教学思想与原则。探究学习时,学生按类似科学研究的方法研究问题、解决问题。但研究问题、解决问题不是根本目的,而探究的过程更具有价值,所以,学生要对探究进行总结与反思:自己做了什么?为什么这样做?做的结果如何?对探究学习的总结与反思有利于培养学生的科学素养和形成严谨的科学态度。

 案例链接 16:

人民版高中历史必修 1"卓尔不群的雅典"教学设计

1. 探究问题的提出:创设情境,设疑引思——视频导入

用视频展示 2008 年美国大选的片段。美国大选备受世人关注,高中生又是一个日渐关注时事的群体,视频很快引起了高中生的兴趣。教师适时地抛出问题:美国大选向我们展示了当今西方民主政治的一个剪影,民主范围不断扩大。西方民主政治起源时,是怎样的呢?下面让我们一起走进民主制的源头希腊雅典,去寻找答案。

教师从生活实际入手,用生动的视频创设了很好的问题情境,生成了有意义的探究问题,它吸引着学生去弄清问题的由来,促使学生必须重温历史以找寻答案。

2. 探究方案的设计:寻找解决问题的途径

视频将现实与历史联系了起来,为了解决问题,学生脑海里就要思考出解决问题的方案。

首先,学生要清楚问题的实质是雅典民主制的内容及其对人类文明发展的影响。这恰巧是课标要求掌握的内容。其次,学生要知道有哪些途径去找寻答案。比如,自己已有的知识经验,其中是否有关于雅典民主制的信息;自己是否在课前通过更多的手段——网络、书籍等查询过相关信息;教材提供的信息;教师可以提供的帮助;可以与同学讨论解决;等等。

3. 探究方案的实施:自主学习、合作探究

根据探究方案,学生要弄清雅典民主制是怎样的。首先,要走进雅典。呈现的资料有:学生对雅典已有的印象、教材提供的信息,以及教师提供的超出教材的有关雅典地理环境、经济、文化的资料。运用资料探究的方式:自主学习、探究,进而与同学合作探究,弄清楚民主制是诞生在一个怎样的雅典。

然后,要弄清雅典民主制。通过前面的学习,学生已经知道了梭伦、克里斯提尼、伯利克里三人与雅典民主制相关。但是学生好奇三人与雅典民主制相关到什么程度。教师适时引用斯塔夫里阿诺斯在《全球通史》里的话:"梭伦改革……'为以后建立著名的雅典民主奠定了基础';克里斯提尼改革……'雅典已出现了民主政治';伯利克里改革让雅典的民主政治'达到最高潮'。"到这里,又生成了新的探究问题:民主的概念是什么?梭伦改革为什么是"奠基"?克里斯提尼改革为什么是"确立"?伯利克里改革为什么是"高潮"?学生先要有解决新探究问题的方案:怎么弄清民主的概念?可以查词典,可以找有关的政治书等。要弄清三人与雅典民主制的关系,首先要知道三人改革的内容,可以运用教材资料,可以借鉴教师提供的资料。在此基础上,从民主概念入手,探究三人改革对雅典民主制确立程度的影响。至此,当学生清楚了雅典民主制确立的历程后,进而会发问:"雅典民主制到底是什么样的?"此问题实际上是问雅典民主制到底有什么特点,这是学生自己生成的新的探究问题。解决的方案就是从民主制的材料入手,合作探究分析。

最后,当学生知道了雅典民主制的内容时,回归最初的探究问题:雅典民主制与西方现在的民主有什么关系?进而认识雅典民主制对人类文明的影响。要解决此问题,学生要先列举出西方现在的民主形式,可以从自己已有的知识储备中提取,可以与同学交流或者与教师交流等获得。之后,再将西方现代民主制与雅典民主制比较,进而认识雅典民主制是西方民主制的源头,西方现代的民主又有很多发展。

4. 探究学习的总结:口头形式、书面形式等

本节课探究了多个问题,根据课标的要求,我引导学生以不同方式对探究问题作了总结。如口头总结雅典民主制的特点;撰写小论文"今形昔影——雅典民主制对人类文明的影响"。

——节选自杨敏.高中历史探究式学习的实践研究.山东师范大学硕士学位论文.2009:18-19.

(三)需要注意的问题

（1）确保探究的有效性。当前的历史课堂中，探究学习被广泛运用，但许多探究是形式上的"热热闹闹"，并无探究实质。其原因大致有：一，缺乏探究的条件，包括探究的时间、空间和资料；二，教师缺乏引导学生探究的能力；三，学生缺乏探究的意识和探究技术。

（2）探究学习是基于问题和材料的学习，因此问题是基础，材料是保障。探究中强调问题的真实性和拓展性，重视问题，而非结论。同时，教师不能仅局限于教材，要从大课程观出发，站在历史发展的高度引导学生去认识历史问题。

（3）重视探究的过程。探究学习过程中最主要的活动是对学生历史思维能力的培养，是思想的持续改进，而不是重复记忆简单的历史知识。探究学习中，学生探究意识的养成、探究能力的形成是关键，将评价融于过程，实现教、学、评一体化。

第三节 历史教学方法设计案例分析

案例链接 17：

"中国如何应对全球化的挑战"教学设计

（西南大学历史文化学院　杨珂）

导入新课

经济全球化（Economic Globalization）是当今世界热点话题之一。回看历史，15世纪新航路的开辟，世界由分散走向整体，拉开了经济全球化的序幕；工业革命及第二次工业革命的强大动力让世界联系更加紧密；二战以后，尤其是20世纪90年代以后，随着世界格局向多极化趋势发展，经济全球化速度明显加快。立足当下，经济全球化让我们的生活更加丰富多彩，跨国公司可口可乐、肯德基遍地开花。展望未来，经济全球化是世界经济发展的主流趋势，是历史的必然。

然而，经济全球化却是在发达国家主导下进行的，对广大发展中国家来说既是机遇，也是挑战。中国是世界上最大的发展中国家，随着国内改革开放的不断深入，我们该如何应对呢？这节课我们就来学习本单元也是经济文明卷的最后一课"中国如何应对全球化的挑战"。

分析： 本课是岳麓版历史必修2第28课，它是"经济全球化的趋势"单元的最后一课，也是历史必修2经济卷的最后一课。"经济全球化"是本单元的关键词，教材从战后资本主义世界经济体系的形成、欧洲经济的一体化、亚洲和美洲经济的区域集团化到经济全球化的趋势，说明区域化和全球化相伴而行，在经济全球化的同时，经济的区域集团化的趋势明显加快。本课作为本单元的综合探究学习内容，充分体现了中国史和世界史的有机融合,从中国的视角看全球化,更贴近学生的生活。教师的导入,从纵向——新航路开辟以来世界的联系到当今的全球化,横向——各国间经济的相互影响,说明全球化是世界经济发展的主流,是历史的必然。面对这样的发展趋势,经济的全球化对中国有何影响呢?从而引入新课内容,激发学生探究新知。

教师将本课内容设计为三个环节:应对之势、应对之路、应对之策。

教学过程

教师:要探究中国如何应对全球化,首先必须结合特定时期的大背景大形势。(请同学们从国际和国内的角度进行思考)

师生互动得出:①国际方面,经济全球化趋势不断加强;②国内方面,改革开放不断深入。1978年,改革开放适应经济全球化;2002年,中国加入WTO融入经济全球化;今天,中国成为经济全球化的重要力量。全球化过程中,机遇与挑战并存(机遇带来发展,挑战促进竞争)。应对之势板书如图5-4所示。

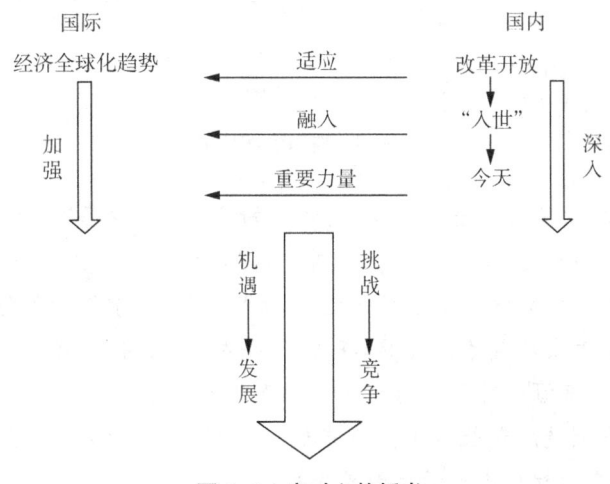

图 5-4 应对之势板书

分析:三个环节——应对之势、应对之路、应对之策。"应对"说明在全球化势力不可逆转的形势下,中国只能应对其变化。"应对之势"实际上是中国应对全球化趋势的国际国内背景;"应对之路"是指中国应对全球化的方式;"应对之策"是指中国在应对全球化的过程中,经济层面乃至制度层面的建设策略。"三个应对"是该设计的亮点。在如此形势下,中国选择了哪种应对之路来抓住机遇、迎接挑战呢?接下来老师带领学生进入第二板块的学习。

教师:课本前三子目分别介绍了上海大众、一汽大众、彩电业及海尔这些成功案例,以及农业受到冲击的情况,分别从正面和负面论证了全球化对我国的影响。同学们能否通过他们的应对状况来剖开现象发现改革开放以来我国应对全球化的经济战略(理念)呢?(提示:同学们可以从前三子目的标题中提取升华。)

师生互动得出:上海大众和一汽大众成为"最受赞誉的合资企业",主要体现的是"引进来","在竞争中求发展"的彩电业主要体现"参与国际竞争","走向世界的海尔"则体现了"走出去"。可见,改革开放以来我国应对全球的战略是"引进来"→"走出去"。板书如图 5-5 所示。

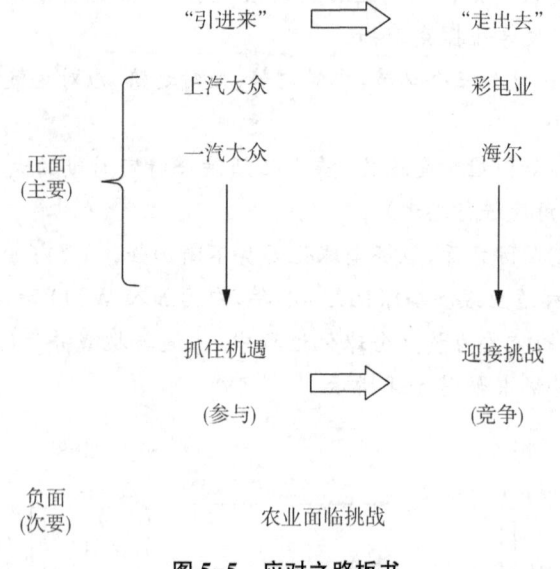

图 5-5 应对之路板书

(PPT 展示大众汽车标志含义)"人民大众的汽车"是德语"Volkswagen"中"V"和"W"的组合;从另一角度看,由"Victory"的首字母"V"组成,代表大众企业信念"必胜—必胜—必胜"。(可补充,以激发学生学习兴趣)。除此之外,同学们对大众企业了解多少呢?

师生互动得出:大众原是德国企业,在 1985 年和 1991 年,分别与上海汽车制造厂和长春第一汽车制造厂合资组建了上海大众和一汽大众。

教师:上海汽车制造厂和长春第一汽车制造厂为什么能够和德国大众企业合资呢?(提示:请同学们结合教材从内外两大因素分析)

师生互动得出:①内因。国内轿车工业基础薄弱,产量少——中国需要世界(中国通过引进外资、先进技术及管理经验实现企业升级,在较短的时间内缩小与发达国家的差距)。②外因。1985 年和 1991 年(城市经济体制改革的开展和沿海开放城市的开放),改革开放正形势大好——世界需要中国(改革开放使中国市场准入扩大,中国广阔的市场、廉价的劳动力和丰富的资源对跨国公司有巨大的吸引力。离开中国,经济全球化将不再完整)。

教师:合资之后,两个企业发展得怎么样呢?通过对比两个企业改革开放前后的发展状况来说明。(出示 PPT——改革开放前后轿车业发展状况对比表,如下表所示。)

改革开放前后轿车业发展状况对比表

行业	改革开放前	改革开放后
轿车业	基础薄弱,产品短缺	产量增加,备受赞誉的合资企业

探究 1:上海大众和一汽大众从"基础薄弱"发展到"备受赞誉的合资企业"的成功之路是什么?

师生互动得出：引进外资、先进技术、管理经验……这体现了我国改革开放初期积极参与全球化，抓住机遇"引进来"走合资之路的应对之路。需要强调，引进固然可取，但要适度，不能盲目引进。

教师：同学们能否再举出改革开放初期通过"引进来"发展起来的成功案例？可以寻找重庆本地企业。

师生互动得出：重庆长安福特汽车（中美合资）、重庆长安铃木（中日合资），以及食品行业、日化行业，不胜枚举……

教师：随着改革开放的深入，人们的思想观念也发生了改变，由抓住机遇积极"引进来"到迎接挑战主动竞争，中国企业走出国门、走向世界，融入经济全球化的浪潮之中。符合参与竞争"走出去"的企业有哪些？

学生：彩电业和海尔电器。

教师：现在，请同学们结合轿车业的学习方法来类比学习彩电业和海尔电器（前两组学习），第三组学习全球化下我国的农业。每组完成一个探究，之后派代表发言总结。

探究2：彩电业从零基础发展到世界先进的成功之路是什么？

学生合作学习得出：

1. 第一步，引进外资；第二步技术创新（将资金与技术创新相结合）。

教师：这一过程中，思想观念发生了改变，与改革开放初期轿车业相比，轿车业是抓机遇促发展，体现参与全球化，后者是迎接挑战，在竞争中求发展，体现了竞争意识的出现。

2. 竞争意识的出现。竞争促使企业技术创新、加快产品结构调整、企业重组改制，从而提高企业竞争力，变被动为主动。

教师：彩电业的成功告诉我们要将资金和技术相结合，还要有竞争意识，那么走向世界的海尔又会给我们哪些启示呢？

探究3：通过对比海尔前后实力的变化，探究海尔的发展战略是什么，留给我们的启示又是什么。

学生：

(1) 战略——创名牌，砸坏不合格冰箱，重质量，体现质量意识（品质观念）；

(2) 多元化——从单一产品冰箱到电视、洗衣机、空调、电脑……

(3) 国际化——与德国竞争，在竞争中求发展，体现竞争意识。

教师：要"走出去"主动积极地参与国际竞争，要重质量，还要制定适合自己的发展战略。无论是轿车业还是家电业，都作为成功案例从正面论证了经济全球化对我国的影响，然而，全球化也会给我们带来负面的影响，尤其是对国际竞争力差的行业比如农业，接下来我们就来看全球化下的农业发展。

探究4：全球化下中国农业面临怎样的挑战？应对之路何在？

学生：

(1) 挑战——"入世"后关税减让，给农产品销售带来巨大冲击；

（2）应对之路是走"科技兴农"之路，改进生产方式，提高农产品质量，调整农业生产结构……从而提高农业竞争力。体现农业走迎接挑战，在竞争中求发展的应对之路。

教师：经济全球化既带给我们正面的影响，也带来了负面的影响，然而从长远利益、整体利益出发，其正面影响是主要的，负面影响是次要的。

分析：本目用"解剖麻雀"的方式，以一汽大众和海尔的成功案例说明中国应对全球化是如何抓住机遇、迎接挑战的，再以中国加入WTO后对农业的挑战来说明全球化的负面影响，从而客观地看待全球化给中国的正、负方面的影响。该设计依据教材，但又不拘泥于教材，先分析上海大众、一汽大众的"引进来"和海尔的"成功走向世界"，说明应对全球化之路是"引进来—走出去"。上海大众、一汽大众和海尔等企业相对为学生所熟知，贴近学生，能激发学生兴趣，因此教学效果良好。其次，分析中国的农业生产面临的挑战，说明了全球化对发展中的中国农业冲击较大，有利于培养学生正确认识历史事物的能力。

教师：全球化背景下，轿车业、彩电业和海尔的成功留给我们的是经验，农业受到的冲击让我们反思。我们如何在经验和反思的基础上再寻应对之策呢？

探究5：多角度探究全球化下中国的应对之策？

1. 借鉴经验，深刻反思

师：总结以上案例，轿车业告诉我们要"引进来"抓住机遇，积极参与全球化，实现企业升级换代；彩电业告诉我们要将资金与技术创新相结合，增强竞争意识，在竞争中求发展；海尔告诉我们要"走出去"就要制定适合自己的发展战略主动参与国际竞争，随着经济的深入发展，在制度上与之相适应。我国政府制定了一系列与全球化接轨的制度，同学们能举出实例吗？

学生：2002年，《计算机软件保护条例》的实行是为了保护知识产权，逐步完善社会保障制度，完善法律监督体系……

教师：什么是知识产权，简言之就是公民在一定时期内对自己智力劳动成果的占有和支配的权利，包括发明权、专利权、商标、著作权、设计等，同学们能否举例说明侵犯知识产权的实例呢？

学生：盗版光碟、盗版书、盗版软件……

教师：(PPT展示打击盗版光盘的图片)请同学们从目的和意义的角度分析政府为什么要大力打击盗版光盘？

学生：

（1）目的。从制度上保护智力成果，为我国融入全球化营造良好的制度环境。

（2）意义。有利于树立国民维护知识产权的意识，有助于鼓励创新发明。

教师：21世纪是"知识经济"的时代，谁掌握了知识，谁就有能力将知识与技术相结合进行科技创新，就能够在国际竞争中占据主动地位，从而掌握竞争优势。保护知识产权正是尊重知识、尊重人才、尊重创新的体现，更是中国在制度上与WTO接轨时遵守游戏规则、运用游戏规则的体现，符合我们的长远利益。

2. 制度上与全球化相适应

教师：以上讲了那么多，在全球化浪潮下，我们需要"引进来""走出去""在竞争中求发展"，还需要完善制度保障，那么，从另外一个角度看，我们更需要干什么呢？

师生互动得出：我们更需要"自我保护"——维护自身在全球化竞争中的合法利益。

3. 维护自己的合法权益

教师：那么，中国该如何既参与竞争又自我保护呢？我们通过实例说明，请同学们快速阅读"如何应对倾销指控"这一子目。请同学们思考中国在应对倾销指控上有何变化？原因何在？

学生：由大蒜案失败到马钢、潍钢应诉成功，失败由于不应诉，没有积极主动维护自己的合法权益，成功由于积极应诉。

教师：结合 27 课"经济全球化的趋势"的内容，同学们能否深层次发掘应对倾销指控失败的根本原因？

师生互动得出：全球化使发达国家成为最大受益者，广大发展中国家由于缺乏完善的、成熟的应对全球化的机制和手段，再加上部分发达国家强权政治的习惯，动不动就对发展中国家进行经济制裁，这就使发展中国家从主观和客观上都处于劣势。

教师：在这样不利的形势之下，中国该如何应对倾销指控呢？

师生互动得出：

（1）态度层面：敢于抵制发达国家的指控。

（2）制度层面：完善应对机制，如培养能够熟练掌握国际经贸规则的人才，改革内部不合理制度。

（3）经济实力层面：增强我国的经济实力，正所谓实力决定地位就是这道理。应对之策板书如图 5-6 所示。

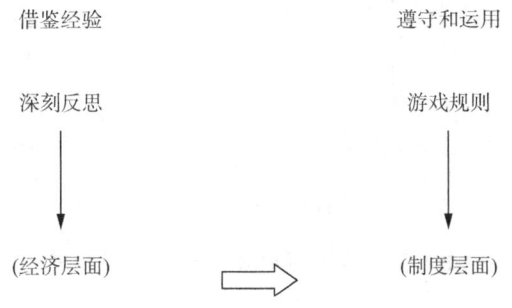

图 5-6　应对之策板书

分析：多角度探究全球化下中国的应对之策，教师仍是依据教材，但不死搬教材内容，从经济层面上升到完善制度建设的层面，总结轿车业、彩电业和海尔的成功经验，反思全球化带给农业的冲击，并结合教材中的两个案例——大蒜案，马钢、潍钢应诉事件，说明全球化背景下中国既要遵守游戏规则，又要敢于维权，进行正当的自我保护。

小结：本课是本单元也是本册书的最后一课，向我们介绍了改革开放以后，中国应对全球化的情况。中国抓住机遇、迎接挑战，在竞争中求发展，经历了"引进来"到"走出去"，参与竞争，经济层面到制度层面的应对过程。在此期间，积极应对的态度显得至关重要，它贯穿了每一个环节，正所谓态度改变行动、行动决定命运就是这个道理。然而，经济全球化在带给我们积极作用的同时不可避免地对我国农业造成冲击，这是我们不能忽视的，但是从整体、大局、长远利益来看，其正面影响是主要的，这说明我们不仅要辩证地看问题，还要分清主次。

课后作业：结合世界经济全球化的历程，思考19世纪以来中国是如何应对全球化的？有哪些经验和教训？

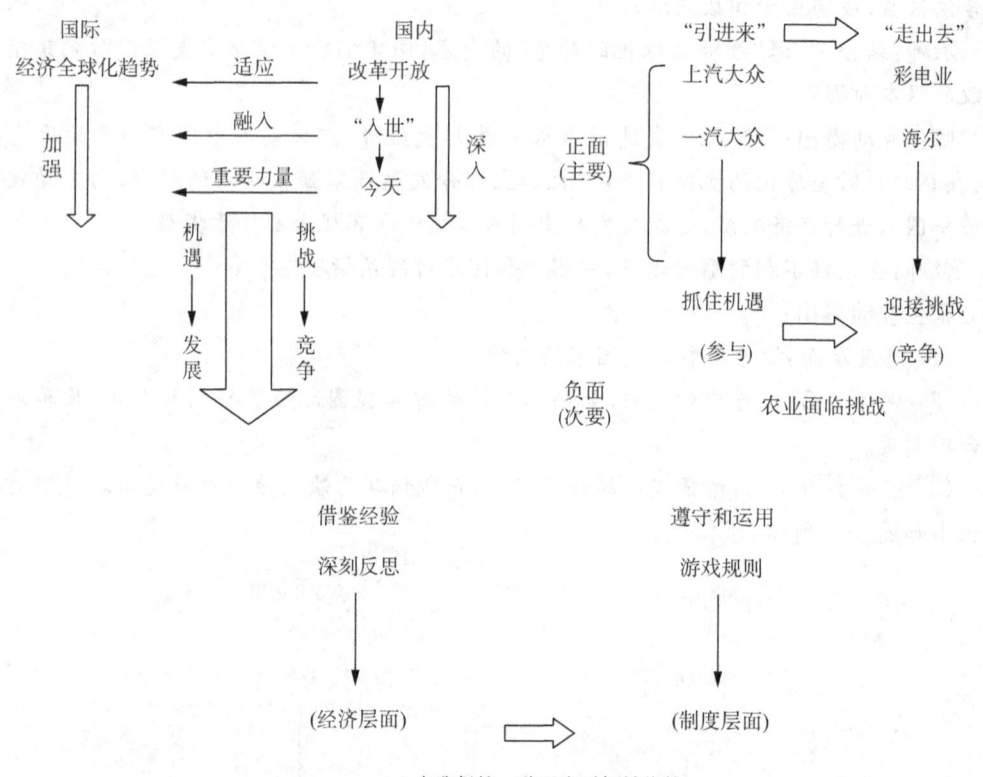

图5-7 中国如何应对全球化的挑战板书

分析：如图5-7所示，本设计将教材看似零散的内容，以中国应对挑战为主线很好地串联起来，并以图示的形式将三个应对关系简洁明了地表现出来，层次清楚、逻辑较严密。整个教学过程中，教师以探究的教学方式为主，提出了五个环环相扣、层层递进、具有思考价值的探究问题，引导学生正确认识中国如何应对全球化。本设计最大的特点就是贴近学生，深入浅出。

第六章

中学历史史料教学设计与案例分析

第一节
史料及其在历史教学中的作用

一、史料的概念和类型

（一）史料的概念

史料，也就是历史资料或历史材料，指能够记录或者反映过去发生、存在过的事情的文字记载和一切物品，也可以说过去留下的任何书面资料或物品都可以作为认识和了解历史的资料。在认识历史的过程中，史料扮演着不可或缺的角色，人们对它们进行的整理、分析、综合，成为一种必要的研究历史的方法。所以说，史料人们进行正确历史观教育的最基本材料。然而，在整个历史长河中，各种史料相互交织，每一则史料都是人类历史发展过程中不可或缺的有机组成部分，从多个角度、不同层次、不同视角反映着人类历史活动的方方面面。所有人类对历史的认知和理解，都离不开对史料的深入挖掘和研究。

（二）史料的类型

史料的种类繁多，其分类也是千差万别。现在普遍将史料分为第一手史料和第二手史料。中国近代史学家梁启超将其分为文字史料和文字之外的史料。文字史料分为旧史、关系史迹之文件、史部之外之群集等。后者则主要指史迹遗存，包括人类化石、墓葬遗物、传述口碑等。中国著名历史学家翦伯赞则把史料分为了考古史料、文献史料和文艺作品中的史料。复旦大学历史学系李剑鸣教授，则是按照储存的形式把史料分为文字史料、实物史料、口碑史料、声像史料和数字化史料等。

（三）史料在历史教学中的作用

1. 史料的运用对提高学生学习兴趣具有关键作用

一切过去发生的事情都是历史。历史具有不可重复性，历史现象既不能重演，也不能借助现代科技将其复原，所以史料在历史教学中的重要性不言而喻。如果没有史料的辅助，历史课将变成教师的单方面讲述，学生会觉得历史离自己的生活很遥远，学习兴趣不高；而史料的展示会让学生真切感受到那个年代的社会背景、生产力发展水平和风土人情，对于学生了解当时的情况具有非常重要的作用。兴趣是最好的老师，对于学生而言，教师巧妙地利用史料开展教学工作，有助于提高学生历史综合素质。同时，史料的运用可以丰富教师的课堂教学，教师搜集的具有时代感和趣味性的史料，可以改善学生学习的枯燥感，改变沉闷的课堂气氛。

2. 史料的运用对于学生历史思维的培养具有重要意义

历史思维的培养一直是历史教学的重要目标。历史本身就是一门涵盖诸多领域的学科，历史思维的养成对于学生眼界的开阔和看问题角度的多元化有重要的影响。教师要想在历史教学中切实培养学生的历史思维,就需要让学生直观感受历史的魅力,而史料的运用对于学生历史思维的培养具有非常重要的作用。教师在向学生呈现史料时,必然会向学生进行详细的介绍,而史料不同于以往的教学资料,其在教学中的引入会在一定程度上深化学生对历史的感性认识。在教师的教学引导下,学生可以将这些感性认识上升为理性认识,逐渐认识到历史发展规律,强化对于现象和本质的认识,透过历史现象看历史发展本质,提升历史思维。同时,教师在历史教学中合理运用史料可以避免历史教学过程中的刻板僵化现象,如果学生对于历史脉络的了解不够清晰,不能理解历史的魅力所在,就无法促进学生历史成绩的提高和历史思维的养成。

3. 在历史教学中运用史料有利于学生核心素养的培养

当今世界,科学技术不断进步,中国的经济实力和综合国力不断提升,对于人才的要求越来越高。早在 20 世纪末,一些国家就已经提出了"核心素养"这一概念,强调核心素养是 21 世纪的人才必须具备的一项素质。教师在历史教学中科学合理地运用史料,可以培养学生在历史学科方面的核心素养。史料在历史教学中的运用可以让学生了解中国悠久的历史文化,增强学生对于中国历史的自豪感和自信心,对于学生家国情怀的培养具有重要意义。运用史料进行历史教学,对学生唯物史观的塑造也有助力效果,学生能通过不同历史时期的史料研究,感悟不同历史时代下社会民众的思维、生活、学习以及社交等变化趋势,继而更加珍惜今天的幸福生活,如此便于学生核心素养的提升。

4. 史料的运用是培养学生公民意识的需要

所谓公民意识,即作为本国公民应该具有的对于自己国家和民族的责任感和自我认识。历史教学绝不仅仅是让学生了解浅层次的史学内容,更重要的是要通过对史料的系统接触,让学生对历史有深切的感知,"以史为鉴",把握历史发展规律,让学生树立起维护国家统一和民族团结的责任感。史料是中国历史璀璨的结晶,运用史料进行历史教学可以帮助学生树立正确的文化观念,传承中国优秀历史文化,培养学生的公民意识。公民意识的培养对于历史教学而言具有重要意义,只有拥有正确的公民意识,才能够让学生在全球化的浪潮中保持清醒的头脑和长远的眼光,对国家和民族未来的发展产生正确的观点和见解,以便立足历史、放眼未来,积极投身于实现中华民族伟大复兴的征程。

第二节 史料的选择与运用

一、史料的辨析

史料是反映某一特定史实的材料,史料的真实程度是相对而言的。一般来说,辨析史料的真伪程度,可有以下方法:

其一,考察史料的来源。这是较为简单的辨析方法,即考察史料的原始出处,辨析史料的作者、时间、地点和用途等。对于古代史料,可考察其制作的原料和技术。比如,绢、帛、铜等材料的演变可为考察提供鉴别信息;对于近代史料,可将其与已有材料作对比,也可结合当时的制度、思想与时代特点加以鉴别。

其二,考察史料的保存、流传过程。史料总有一个保存过程,在其传承过程中,或经过传抄,或经历编撰,多方面的因素导致其可能被造伪、篡改,史料所涉及的时间、地点、作者姓名甚至史料的核心内容,都可能被掺入不实的信息。比如,对于书籍、文章中引用的史料,由于传抄疏忽或校对不清等因素,可能会产生字误或张冠李戴等问题,对此要尽可能核对原资料。考察史料的保存过程,实质上是追溯相对特定史实的第一手史料的过程。从某种意义上讲,第一手史料最为可信,以下依次类推。一般情况下,史料经历传抄次数越多,其出错的概率就越大。考察史料的保存过程,从一定程度上可辨别史料的真实性。

其三,核实与提炼史料。核实史料主要是解决史料的真假问题,看其是否原始史料,或有无虚假成分。提炼史料是主要针对某特定史实或研究对象,选择最有价值的史料,即将最贴近史实的史料挑选出来。比如,针对某次会议,当时的会议记录、与会人员的日记与信件、经过考订的回忆材料,就是核心史料。当然,辨析史料,不仅包括提炼核心史料,还包括挑选反映历史活动进程的关键史料。历史进程中的某些关键点,常常是各种因素聚焦的、形成历史必然趋势的临界点。提炼史料,要针对特定史实或不同问题,挑选最接近历史临界点的关键史料。

其四,运用内证、旁证、反证等方法鉴别史料。内证就是依据史料所反映的史事、文字、文体、思想等内在要素辨别史料的真伪程度。旁证就是借助其他相关材料去辨别史料的真伪。反证就是举出一个与史料所言意思相反的证据,通过逻辑推理和对比分析,判断史料的真实性。此外,还可借助考古发掘等材料来鉴别史料。总之,要尽可能运用多种手段与方法,辨析史料真伪,去粗取精,去伪存真。

二、史料的选择

选择史料是探究历史的必要。一般而言,涉及上古时期的史料中,考古资料较重要;涉及近代的史料中,则包括大量官方文书、报纸、书信、日记等原始史料;涉及现代史的史料还有口述史料等。对于众多类型的史料,如何加以选择?以下有几点可供参考。

(一)选择可信度高的史料

选择真实性高的史料,是史料选择的首要原则。史料真实是历史求真的基础。在历史课堂中,为寻求历史教学的生动性而选择未经证实的、不可靠的史料,此种做法是不可取的。比如,讲述商鞅变法的内容时,有教师选择电视剧《大秦帝国》中的某些情节:孟子在齐国稷下学宫讲学,卫鞅与之意见相左,于是双方展开了一场论战。事实上,卫鞅(商鞅)与孟子论争的场景是绝对不可能发生的,因为根据考察,孟子于公元前329年首次到齐国讲学,而商鞅此时已在秦国变法成功。因此,选择史料要尽可能真实可靠,以第一手史料为佳,似是而非、疑点重重的转手史料不要选择。

（二）选择核心史料

核心史料是针对史实、对象与问题而言的，在历史课堂中，主要包括：

1. 针对达成课堂教学目标的核心史料

围绕课堂教学目标选择教学材料，是历史课堂的内容组织策略之一。在教学目标引领下，避免了教学知识目标本身的碎片化，为史料的取舍和加工提供了总的指导。可首先根据课程标准等因素确立课堂教学目标，在此基础上选择相关史料。比如，人教版高一历史必修1"近代西方资本主义政治制度的确立与发展"专题的课程标准要求是：了解《权利法案》制定和责任内阁制形成的史实，理解英国君主立宪制的特点；说出美国1787年宪法的主要内容和联邦制的权力结构，比较美国总统制和英国君主立宪制的异同；知道《法兰西第三共和国宪法》和《德意志帝国宪法》的主要内容，比较二者的异同；分析资产阶级代议制在西方政治发展中的作用。上述要求涉及资产阶级代议制在欧美国家的确立与发展，强调新制度的变迁与创新，而教材内容注重欧美资产阶级革命，由此需要依据课程标准与教材之间的内容落差，补充相应的核心史料。补充核心史料宜精不宜多。

2. 针对教学内容整合的核心史料

史料选择要建立在教师对教学内容的宏观把握之上，尤其体现于对教学内容的整合。比如，人教版高一必修1"近代西方资本主义政治制度的确立与发展"、人教版高二历史必修3"启蒙运动"、人教版高三历史选修2"近代社会的民主思想与实践"，三个专题互有关联，且分属于不同模块。从学科内容整合看，启蒙运动是近代西方文艺复兴以来的重大思想解放潮流，其发展、演变与近代西方代议制的确立密切相关，两者又都属于近代社会民主思想与实践的重要内容。模块整合体现于纵、横两个维度的内容整合。横向维度上，英国确立君主立宪制与议会内阁制；美国确立总统共和制；法国确立共和制与半总统制；德国确立二元君主制。纵向维度上，英国选择君主立宪制的进程较为缓慢、渐进；美国创建总统共和制的道路较为独特；法国确立共和制的道路更为艰难曲折；德国实现统一与制宪的道路并行开展。其中，虽同为君主立宪，英国与德国的差异有天壤之别，美国与法国的共和制也相差显著。鉴于教材内容叙述有限，有关上述方面的历史都需要选择适宜的核心史料加以补充。

3. 选择可读性强的史料

史料的选取，除了符合教学目标、教学内容及可信度高等因素外，还要考虑可读性。所选史料要能引起学生的阅读兴趣，激发学生思维；史料要简洁明了，难度适中，能够针对学生的知识面与阅读水平；史料要有层次性，所选史料要有梯度，能够针对学习内容层层递进，使学习能够顺利进行；选择的史料还要避免艰涩难懂，不要在词汇、语言形式、概念或上下文信息上对学生构成学习障碍。

三、史料的运用

对于运用史料，教师可实际操作的方式很多。国外对史料的运用较全面、彻底。比如，英国教师在实际教学时所采用的主要方式有：(1) 展现叙述与证据之间的关系。常见的提问形式："在这段资料中可以得到什么样的证据来说明……"(2) 鼓励学生去分析史料的内容,从中引出推论,说明自己的观点以及找出支持此观点的证据,而不是让他们只是去重复或摘要史料的内容。(3)时常要求学生针对不同材料的证据,就内容和可信度作比较。(4)明确针对相互冲突的证据进行讨论。(5)对同一事件之不同的历史论述加以比较。(6)选出一个主题,给予学生多段来源不同的材料,让他们自己去对照整理,并且解释其中的差异,进而形成他们自己的推演,找出自己的结论。(7)让学生尝试用自己的眼光去找出史料中的问题,并用他们自己的方式处理。

对于史料的设问,教师多集中于史料的特殊性和可信度。为了做到这一点,师生可以对文献做一些最初的"质问":(1)这是原始史料还是二手史料?(2)是谁创制了原始文献?作者来源的证据是什么?(3)文献是什么时候创制的?创制日期的证据是什么?(4)文献最初在哪儿创制的?(5)文献最初设想的受众是哪些人?(6)文献最初设想的目的是什么?(7)在当时什么事件给文献提供了背景?

当然,运用史料要结合特定的历史课堂条件,结合具体的课堂要素加以展开,可分为以下两种情况:

其一,根据特定的教材内容来筛选、运用史料。

史料对于教材内容有拓展、补充与深化作用。在历史课堂中,先要对教材中的史料加以充分运用,在教材中的史料不足的前提下,再根据特定教材内容,补充相关史料。比如,人教版高三历史选修3"第二次世界大战的扩大"一课,对于叙述美国对外政策的变化,可直接从教材中提取史料:

材料1:1939年11月初,通过新《中立法》,允许其他国家在现款自运的条件下,购买美国武器。这为掌握航海权的英国购买军火打开方便之门。

材料2:1941年3月通过《租借法案》,授权总统可以向"对美国防务至关重要的国家"出售、转让、交换、出借军事设备和其他物品。

结合这两个材料,让学生思考两个法案发生的变化。为了呈现美国对外政策的前后变化过程,我们还提炼了《中立法》的内容。

材料3:1934—1937年,美国连续出台三个中立法案,规定美国在世界其他地区发生的战争中保持"中立",不得向交战双方输送军火和战略物资。

以上三则材料虽然从教材中提取,但在美国对外政策变化上已经有了关键历史细节的支撑。

其二,根据课堂教学逻辑和学生认知规律,适时地融入史料。

对于课堂内容的理解,还需要考虑其内在的内容逻辑及学生的认知特点。在历史课堂中,可根据学生对教学内容的认知程度,结合具体的教学进程,科学地补充史料。比如,学习"官渡之战"的内容时,面对势力强大的袁绍军队,如何让学生理解曹军能以少胜多,可补充以下史料:

材料1:毛玠语太祖(曹操)曰:"……宜奉天子以令不臣,修耕植,蓄军资,如此则霸王之业可成也。"太祖敬纳(接纳)其言。

——《三国志》

材料2:沮授说绍(袁绍)曰:"……宜迎大驾,安宫邺都,挟天子以令诸侯,蓄士马以讨不庭,谁能御之。"……绍弗能用。

——《三国志》

材料 3:或(荀彧)曰:"……今与公(曹操)争天下者,唯袁绍尔。绍貌外宽而内忌,任人而疑其心,公明达不拘,唯才所宜,此度胜也。绍迟重少决,失在后机,公能断大事,应变无方,此谋胜也。绍御军宽缓,法令不立,士卒虽众,其实难用,公法令既明,赏罚必行,士卒虽寡,皆争致死,此武胜也。绍凭世资,从容饰智,以收名誉,故士之寡能好问者多归之,公以至仁待人,推诚心不为虚美,行已谨俭,而有功者无所吝惜,故天下忠正效实之士咸愿为用,此德胜也。夫以四胜辅天子,扶义征伐,谁敢不从?绍之强其何能为!"

——《三国志》

问题:

(1)谋士给曹操和袁绍提出的建议中有哪些相同措施?这些措施是否正确?

(2)措施相同,为何最终曹操胜利而袁绍失败?

官渡之战想要取胜需要具备政治资本,即材料 1 中所提"奉天子以令不臣",材料 2 中"挟天子以令诸侯";也需要经济军事资本,即材料 1 中"修耕植,蓄军资",材料 2 中"蓄士马以讨不庭"。虽然学生不能将材料完全翻译出来,但都能利用原材料思考和解决第一问题,关键在于第二问,既然谋士对袁绍和曹操提出的建议相同,为什么曹胜袁败,由材料 3 进一步提升,让学生了解善于纳谏、善用人才、法令严明是曹操取胜的关键。

四、口述史料的价值与获取

口述史料是通过口述方式收集的史料,它相对于文字史料而言,是与文献史料、实物史料并列的三大史料之一。从某种意义上讲,口述史是亲历者叙述的历史。从其撰写角度看,口述史主要是指非亲历者或知情者写作的历史回忆录。

(一) 口述史料的价值

口述史料研究作为现代史学研究的凭借与方法,被引入历史学习,其价值主要体现在学习内容与学习功能两个方面。

1. 从学习内容方面看

口述史料所具有的价值主要包括:

(1)口述史料能够提供历史记录的广阔空间。传统的历史学习内容主要侧重于政治生活与社会精英的活动,对普通民众的社会生活记录很少,尤其缺乏有血有肉的个案记录。口述史料可以提供普通民众的"由下而上"的生活史,为普通人留下从来没过的历史记录,开拓传统历史学习内容延伸、发展的可能空间。

(2)口述史料能够提供非常生动的描述,不仅能使史料的表述生动化、通俗化,且能借助现代音像记录手段使其记录完整地、"原汁原味"地加以保存,能够较为完整地再现历史原貌,让学生能够直接观察、评价。

(3)口述史料挖掘了传统史料的承载内容,还能纠正、充实文字史料的偏见,这比单一的文字史料来得全面。

(4)口述史料能促使学生走出课堂,接触社会,在接触记录口述史料的过程中直接感受社会与现实,从历史与现实的联系与差异中增强对社会的多维度认识。

2. 从学习功能方面看

口述史料所具有的价值主要包括:

(1) 从工具运用手段看,口述史料的引入促进了史料呈现主要由记文向录音、摄像等手段转移,进一步丰富了历史学习的外在运用手段。

(2) 口述史料能够使学生直接接触到历史探究的方法。口述史料以问题为中心,涉及资料搜集、分析与整理等多个环节,聚焦了历史探究方法的基本特征。

(3) 口述史料收集能够促进学生各种能力的发展,丰富其情感,增进其社会意识。

(二) 口述史料的获取步骤

对学生而言,口述史料的亲自获取,需要经历以下步骤:

(1) 确定访谈选题及相关资料的准备。要根据访谈对象特点、经历等,确定要访谈的适宜主题。对被访谈者要尽可能地做访前了解,以便访谈能深入进行。根据拟定的访谈主题查阅相关资料。对访谈中可能需要的其他设备,要做到提前准备。

(2) 拟定访谈提纲。根据访谈主题设计详细的提纲,设计时需要考虑以下问题:如何进入访谈主题;主要提问哪些问题,这些问题的先后次序;对较难的、不容易回答的问题采取什么样的突破方式;等等。

(3) 活动实施。在口述史料采集过程中,要重视访谈互动,尽可能营造轻松的访谈气氛,比如,采访人可自我介绍,向受访者说明来意,就采访内容做简要沟通等。同时,要注意受访者的心理变化,不打断受访者的陈述,采访者要尽可能与其互动,对受访者的谈话要尽可能倾听。在采访过程中,对可能发生的意外情况要能随机应变。

(4) 整理口述访谈资料。可分为两步:第一步,对所得口述材料进行分类,将有些杂乱的内容尽可能系统化;第二步,对口述材料进行比较,将重复的、不相关的内容删掉,筛选出有价值的历史资料。

(三) 口述史料的获取准则

(1) 尊重受访者的意愿与隐私。口述史访谈活动应以受访者为中心,整个访谈活动过程中要尊重受访者的意愿,对涉及访谈活动的内容、时间、地点、方式等问题和访谈后整理的口述材料及原始资料等以及受访者的隐私,需要在整个活动中予以全程保护。

(2) 口述史料与文本史料相结合。口述史料尽管重要,但由于被访者受诸多因素限制,比如,对特定历史事件的认识局限、记忆误差、表达过程中的刻意回避或夸张、自我拔高等,都会使口述史料的可信度受到影响。因此,根据口述所得的资料,需要与文献史料相互印证、核实或辨伪。整理口述史料也不能仅局限于对口述者的访谈,还要注意搜集与访谈主题相关的其他文献或实物,如日记、相册、家谱等,以提高口述史料的可信度。

(3) 史学单元准则。口述史搜集活动的目标在于搜集一般不易于记载的史料,用以再现和留存特定时段的历史与事件。一个具体的口述史搜集活动,要尽可能构成具有史学意义的独立单元,尽可能自成体系、独立完整。比如,五四运动亲历者口述史、南京大屠杀见证史等。

(四)口述史料的成果制作

(1) 口述史料成果记录。口述史料成果应尽可能原话原录,避免产生误差。成稿的成果记录应该请受访者确认。需要后期加工的,也应告诉受访者,并约定日后确认。避免未征得受访者同意,擅自将口述史料记录成果对外公布。凡外示口述史料记录成果必须经过口述者授权。

(2) 口述史料论文成果。口述史访谈活动结束后,学生可围绕一定主题,分析、探讨口述史料,并根据分析所得,撰写口述史料论文。

第三节 史料教学与学生的证据素养

史料是史学研究的基础,这一点众所周知。不过,从教学的层面看,史料首先应是学生感受、确证历史的知识来源。进而,通过史料教学,它还可以充当培养学生逻辑推理与分析能力、证据素养、求真意识的重要手段。当然,史料在学生的认知世界里还充当证据。鉴于此,以下从培养学生证据素养的角度,做具体探讨。

1. 为何将史料引入教学——用证据说话

学生对历史的感受与理解是分阶段的。相关研究表明,一些学生并没有想到人们是如何了解过去的这个问题,尤其是更小的学生,他们认为历史是已知的,仅仅是像百科全书那样的权威书籍中的信息。如此的观念不仅普遍存在于较低年级学生,即使高中、本科阶段学生,在以教材为本、讲授为主的教育模式下,其中持此观念者也占有一定的比例。我们曾不止一次于大四本科生实习听课中发现,学生讲述涉及夏商周文明的内容时,或者描述禹"三过家门而不入"的治水故事,或者"控诉"商代奴隶制的罪行。且不说这样的内容作为"传说"或某种推断,其真实性大可作疑,即使非要将其作为课程内容,也必须从证据的角度对其可信性程度做必要说明。

让学生懂得历史需要用证据说话,这是历史教学的基础,也是将史料引入教学的最深层原因。对学生而言,将史料作为证据引入教学,至少可起到以下作用:(1) 与学生的日常观念做区分。学生理解历史人物、事件通常以已有知识、日常观念为基础,但日常观念与过去的时代迥然相异,学生常认为过去的人们看起来很奇怪,这就需要考虑如何有效地运用史料,以史料为证据来解释过去的人们是如何看待事物的。(2) 与社会上的某种"戏说"、偏见做区分。当代社会信息发达,网络、电视、报刊等各种媒介会借助不同途径、手段时时影响学生对历史的认知,其中既有史实的"戏说",更有某些非历史的偏见,这也需要教师引用史料加以适当纠正。(3) 懂得历史知识的来源。当前的学校教育实质上仍将教材作为组织课程内容的主要凭借,学生接受历史知识的途径主要来自历史教材,但历史教材限于篇幅,还是以对历史的叙述、记载为主导形式,这常导致学生误将"历史叙述""历史记载"作为历史知识的来源。引入史料,也正是为了纠正此种认知偏差。

当然,从根本上讲,将史料作为证据引入教学,终归是要学生确立"通过史料推论重塑过去"的观念。发生的是"过去",写出来的是"历史"。写历史是人类对"过去"的梳理与重新认识,是人类对"过去"的挑选与判别,体现着每一代人对"过去"的理解与思考。史学研究需要借助史料"写历史",历史教学更需要借助史料,让学生体验"写历史"是一个对史料不断鉴别、判断、解读乃至智慧参与的创造过程。比如,夏商周文明尽管上下纵贯一千八九百年,但遗留文献甚少,且越向前记载越模糊,并夹杂着神话成分。这一时段的历史空白、疑问很多。学习此段历史,就不宜只向学生简单地陈述历史知识或研究成果,以避免学生形成此段历史已知的认知错觉。而更应该是,借助文献记载,参照历史遗址、遗物、青铜器铭文,甚至甲骨文等史料,由已知推及未知,由相对晚近推及相对远古,向学生呈现"实在"的原生态的"历史"。如此,既可使学生生成"以史料为证据探究历史"的观念,又可以使其认知结果更接近历史的本真。

2. 史料未必都是真的——一分证据说一分话

将史料作为证据引入教学,是培养学生证据素养、建构合理"历史"观念的前提性基础。但是,从证据角度看,引入历史教学的史料未必都是真的。作为反映某一特定历史事实的材料,史料既有实物或文献、原始史料或二手史料之分,又存在有意史料或无意史料之别。史料的客观局限或主观属性,使史料对史实的反映既可能不相符合,又可能不相周延。这就决定了,基于史料作证据的推论要适当,要"一分证据说一分话"。在史料教学中,若要让学生做到"一分证据说一分话",至少需要避免以下情况:

其一,避免推论"过度"。基于史料考证史实,对相关的历史人物、事件、制度等作出评价与推论,是史料教学的基本规程。此操作规程中,鉴于有些史料存在某种程度的不确切、不完全、带偏见,甚至有歪曲等现象,对其分析与推论就宜把握适度。在当前的历史教学中,很多案例中的史料运用仅是为了证明某种观点,对史料自身作为证据的准确性、适当性、周延性等并不予以关注,这就导致很多案例即便运用了史料,其整体的信息呈现仍像是一种"历史叙述"。学生所能训练、习得的,也多是对史料的句读、辨别、阐释能力,对更深层的对史料的反思能力、批判性思维能力反而很少涉及。更多的情况下,为了论证某种观点,史料通常被直接作为证据用于演绎性论证,史料自身有无问题、能做何种力度的证据则不考虑,这就会造成对史料的误用或过度推论。例如,一些教师在讲授"太平天国"运动一课时,为了论证《天朝田亩制度》的"凡天下田,天下人同耕"以及其"以户为单位,不论男女,按人口和年龄平分土地"等内容,会拿"忠王李秀成所发的田凭"作例证(图 6-1),以此来说明"太平天国分田地给农民"。

从史料作为证据的角度看,以上述田凭为证据来论证太平天国分田地给农民(教材也如是说),实际上属于推论"过度":根据田凭上的内容,可推断这是忠王李秀成发给"花户黄祠墓祭"的"田凭",但"花户黄"究竟是什么身份,却很难做定论。因为,所谓"花户黄祠墓祭"意指占有黄氏祭田的在册民户,依据所能掌握的材料,祭田的占有情况却很复杂。占有黄氏祭田的"花户黄"可能是黄姓宗族,也可能是黄姓某个家庭,至于这个宗族或家庭是地主,是农民,还是其他什么身份,终究很难确定。鉴于此,罗尔纲先生也只能称其为

图6-1　忠王李秀成所发的田凭

"忠王李秀成发给金匮县黄祠墓祭田凭"。

其二,避免推论"错位"。史料作为证据,有确证与反证之分,涉及某一历史人物、事件、制度等的评价,也都可能从正面或反面找到可作证据的史料支撑。不仅如此,并不是所有的历史都可以用史料再现,遗留下来的"历史"也有空白。因此,在史料教学中,对作为证据的史料要做准确评估,切忌仅从某一方面或超越某特定的历史阶段作出推断,以避免所做的评价或推论"错位"。比如,关于义和团运动的评价,既可找到其围攻教堂、抵抗八国联军的史料,也可找到其降神驱鬼、破坏铁路以及抵制洋货的史料,无论基于哪类史料,所作出的推论都可能是偏颇、错位的。在教学实践中,即使让学生分别从"反帝爱国""愚昧排外"两类正反相异的视角展开讨论,倘若教师不做辩证引导,或者仅对正、反辩论双方都赞扬,或者各打五十大板,借此所呈现的由证据到推论的逻辑思维也是"简单化"的,最终也会脱离其特定的历史境遇与历史时空。

其三,避免"人造史料"。人造史料指基于课程目标的需求而被人为塑造的"史料"。此类史料的特点在于,史料所反映的单个历史人物、事件虽然并不存在,是虚构的,但它可能折射或揭示某类历史现象、某个历史阶段特征的"普遍之真"。比如,某教师为让学生形象感知中共八大、"大跃进"及人民公社等内容,虚构了"阿牛"这个小人物,并以日记形式的"史料"向学生呈现了阿牛在此期间所经历的种种怪象、所遭受的痛苦等,以此来揭示"大跃进"、人民公社的"左倾"表现及后果。应该说,作为提升教学效果的手段,此种做法本无可厚非,但是,从培养学生证据素养的角度看,此种"人造史料"的做法却并不可取:作为过去"遗留物"的当下存在,史料决定着人们还原、建构过去"历史"观念的基质与诉求,"史料之真"决定了人们所重塑的"历史之真"。换言之,史料作为证据不可"人造",它会消解、虚化学生求真意识的理性与根基。

3. 史料作为证据的方法论反思——大胆假设,小心求证

由史料作为证据推论"过去",既揭示了史学研究的必由之途,又强调了史学重视事实、追求"史真"的学术基质。不过,史料作为证据,虽能做客观的史事"复原",但也存在内容不完整、可能的主观臆断,这就从方法论上强调了探究历史尽管要以史料为凭借,但对待史料要谨慎,需"大胆假设,小心求证"。

对学生而言,"大胆假设,小心求证"不仅揭示了由史料获取历史知识的史学方法,而且启悟了由史料培养学科思维的学习方法。从对史料的质疑开始,提出假设,假定种种解决问题的办法,通过验证每种假设最终寻求正解与答案。在这里,"假设"是建立在搜寻、辨别史料的基础上,"求证"则是建立在方法自觉、证据推理的基础上,科学的怀疑态度、基于"求真"的逻辑推理及辩证理性,都涵盖其中。具体有以下特征:

其一,"疑"与"证"相反相成。从史料作为证据的推理过程看,"大胆假设,小心求证"作为"方法"蕴含了"怀疑"与"求证"两个主要环节。"怀疑"既是开启从未知到已知的逻辑起点,又体现了参与主体的批判性思维品质;"求证"既指向参与主体的求真意识,又包含考辨、判断、逻辑推理与辩证等建构性思维理性。两者正反相依,相辅共存。在历史课堂中,恰当、深层次的史料运用恰恰蕴含了此类思维特征。比如,以《清明上河图》为凭借探究北宋城市经济,可通过图画中的街市结构、招牌、灯箱广告、药铺、旅店以及饮食等,探讨北宋东京的商业经营场所、经营手段与理念,以此透视北宋城市经济的繁荣,这是从史料中辨别、分析与推理有效信息的一般做法。但也有教师突破此常规做法,让学生进一步关注图画中的"驴队"(图 6-2),作出"假设"与"求证"。

图 6-2　驴队

学生由此可做出的"假设"包括驴队驮运的可能是粮食、铜钱、工艺品、药材、木炭等;"求证"的结果虽然并不确定,却深层次揭示了城乡经济的互动,折射了城市经济的繁荣,具体推论过程如下:

学生 A:粮食……?

学生 B:铜钱……?

学生 C:工艺品……?

学生 D:药材……?

教师：木炭……？

结论：其实，可以反映城乡关系……

从学生的思维特征看，上述"假设""求证"的过程恰恰体现了"疑"与"证"并存，不仅蕴含了学生依据"驴队"作为商业运输载体，对其可能驮运的、与城市经济对应的"商品"的推测与概括，也从整体上揭示了一个示范、默会、假言推理的辩证思维过程。

其二，"实"与"疏"至通至远。从史料作为证据的推理结果看，"大胆假设，小心求证"既以"求实"为努力的目标，又以不确定性为特色。它一方面肯定史事的"复原"需要以证据为前提，另一方面又隐含着对史料有限性的超越，强调对史料做有凭借也有约束的假设与推论，勾勒历史的丰富性，以"假设"之"疏"来连接、弥补历史的断层。就学生的思维发展来说，"大胆假设"突破了其对已有史料的接受、理解模式，强化了对史料作为证据的超越与反思，倡导学生对历史的多元阐释与对话，关注学生作为生命主体的独立表达与评判，其价值导向更着眼于学生的自主发展与未来。就这一点，美国史料教学有较好的借鉴与启示作用。比如，关于"美国独立战争"一课，美国教师不仅呈现涉及独立战争的史料，分析相关史料的内容与形式，还会让学生据此作出不同的假设：（1）如果你是一位反独立者，你认为你在战前、战中以及战后是何感受？如果你是一位爱国者，你认为你在战前、战中以及战后是何感受？（2）作为反独立者的正面意义有哪些？爱国者呢？（3）作为反独立者的反面意义有哪些？爱国者呢？（4）如果反独立者赢得这场战争将会怎么样呢？生活会与现在有何不同呢？如此，学生就会超越现有的史料文本，其思维更具洞察性、延展性。

以上，以"用证据说话""一分证据说一分话""大胆假设，小心求证"为突破，探讨了史料作为证据的层次以及学生可能具有的证据素养。史料是史学研究的"粮食"，更是从事历史学习不可或缺的"构件"与凭借。史料能否成为证据、学生能否生成恰当的证据意识，取决于教师对史料的理解、解释与运用。不同年龄和能力的学生需要使用不同形式的史料，也对应不同层次的证据素养潜质。如何让学生从懂得"用证据说话"到能够辨清"一分证据说一分话"，最终能在方法论层面上理解与体悟"大胆假设，小心求证"，既需要教师对学生现有水平有深入的了解，又需要教师对此做相应的、精心的史料教学设计。

第四节
史料教学设计与案例分析

案例链接1：

人民版高一历史必修1"美国1787年宪法"一课的史料选用

一名教师设计的"过程与方法"教学目标：从纵向的角度了解美国宪法的历史，从横向的角度解读美国宪法的内容。学会多维化透视美国宪法。为达到第一个教学目标，他选

取的史料:

1620年,《五月花号公约》:以上帝的名义……制定并颁布公正平等的法律、法规、条令、宪法并选任官员。

1776年,《独立宣言》:人生来就是平等的,人的生命、自由和追求幸福的权利是不能被剥夺的。为了保障这些权利,人们协议成立政府,任何政府如果损害了人民的权利,人民则有权改变或废除它。

1781年,《邦联条例》:各州保留主权、自由和独立,拥有除外交以外的一切重大权力。中央只设一院制的邦联国会。

案例分析:

本案例所选取的史料阅读难度不大,都因为出现于教材而为学生所知,但是又因为教材中无具体条文而为学生所陌生。通过以上史料,让学生明白《五月花号公约》是美国制宪的基础,自治传统长远;《独立宣言》使启蒙思想成为美国的法律,协议政府成为一个理想模式;《邦联条例》却使美国成为一个松散政府。这也可使学生对这些重要历史文献产生一些感性的认知。

案例链接2:

人教版高一历史必修1第9课

"资本主义政治制度在欧洲大陆的扩展"之"艰难的法兰西共和之路"史料运用

在学习"法国大革命"一课时,教师引用了据说是路易十六在狱中指着伏尔泰和卢梭的著作说的一句话:"这两个人摧毁了法国。"

在引用时,教师设想以不同的环境、不同的语气和神情来再现这句话,期望学生基于此能够对身陷囹圄的路易十六的心态有更多的了解。

方案一:愤怒的语气,对着来访者

说明:革命推翻了王朝,对于主张"朕即国家"的波旁王室来说,王室的毁灭与国家的毁灭并没有区别。或者他是在愤慨:竟然有人当着他的面读叛逆者的书!

方案二:沮丧的语气,喃喃自语。

说明:路易十六也许并不那么在意是谁毁灭了王朝,重要的是,波旁家族的统治结束了。

方案三:不屑的语气,对着来访者

说明:路易十六也许从来也没有读过伏尔泰或者卢梭的著作,到死也没有。根据大卫的著作,路易十六喜爱的是布封(1707—1788年,法国博物学家),读过他的《自然史》好多遍,路易十六也喜欢拉丁语作家的作品,喜欢旅行文学,他在狱中读的是一部神学作品:《效仿基督》。对他来说,伏尔泰和卢梭未必是什么大人物。

方案四:怜悯的语气,对着狱卒

说明:伏尔泰和卢梭在路易十六看来也许算不上一流的哲学家,法国人就是被这样的人蛊惑,竟然为之干出了大逆不道的行为!

案例分析:

本案例在所引史料并不充分的前提下,对史料可能对应的历史情境作了多种推测与设计;对路易十六的"心态"做了"愤怒""沮丧""不屑""怜悯"不同状态的估计,并据此给出不同的情境,设计出不同的语气读出这些话。同时,也在某种程度上向学生再现了多种可能的历史情境,为学生提供了多角度推测、想象的机会。在史料不充分的条件下,本案例的多种推测与设计符合史料选用的内在准则,也体现了历史推测的合理性想象空间。

案例链接3:

岳麓版高一历史必修1"五四爱国运动"一课的史料选用

现在日本在万国和会上要求并吞青岛,管理山东一切权利,就要成功了!他们的外交大胜利了!我们的外交大失败了!……我们学界今天排队到各公使馆去要求各国出来维持公理。务望全国工商各界一律起来设法开国民大会,外争主权,内除国贼,中国存亡,就在此一举了!

——罗家伦:《北京全体学界通告》

问题:

(1)从材料中看,游行的背景是什么?(预设答案:巴黎和会上日本取得管理山东的权利,或巴黎和会上中国外交的失败。)

(2)从材料中看,游行的目的是什么?(预设答案:外争主权,内除国贼。)

补充说明:在使用这个材料时,可简单介绍相关的历史背景。1898年,德国强租了山东的胶州湾;一战爆发,日本驱逐德国,并占领了山东大部;1915年,日本迫使中国签订"二十一条",其中包括管理山东;1919年,巴黎和会召开,中国以战胜国的身份参加会议,并提出收回山东的要求。教学中可引导学生思考:"外争主权"的同时,为什么还要"内除国贼"?这里的"国贼"指哪些人?为什么称他们为"国贼"?

卖国贼曹汝霖、陆宗舆、章宗祥遗臭千古

卖国求荣,早知曹瞒遗种碑无字

倾心媚外,不期章惇余孽死有头

北京学界泪挽

教学意图:在学生阅读了挽联后,引导他们分析其含义。痛骂曹汝霖就像奸诈专权的曹操一样,以至于无法用言语形容;诅咒章宗祥就像引党羽蔡京、擅权植党,导致北宋灭亡的章惇一样,因此必将死到临头。教学中应介绍曹汝霖、陆宗舆、章宗祥三人的主要卖国史实:1915年时任外交次长的曹汝霖和当时的驻日公使陆宗舆,与日方代表签订了"二十一条";1918年,继任驻日公使章宗祥与日本签订秘密协定,"欣然同意"日本管理山东。还可以根据情况介绍五四事件发生后陆宗舆、章宗祥两人的下场,借以进行情感教育:浙江海宁宣布开除陆宗舆的乡籍,并在陆家门口等处竖立石碑,上刻"卖国贼陆宗舆"字样;

浙江湖州宣布开除章宗祥乡籍、族籍,并查封其家产。

补充说明:1895年中日签订《马关条约》前夕,应考举人发起了"公车上书",主张"拒和""迁都""变法"。作为条约的签字者李鸿章并未受到太多的谴责,为什么曹汝霖、陆宗舆、章宗祥三人会有如此"待遇"?

案例分析:

　　五四运动有广义和狭义之分,因此,对它可以长时段研究也可以瞬间描述,可以全景透视也可以私人叙述,可以理性分析也可以感性复原。从史实的叙述上看,教科书采用的是狭义概念,加之,广义的五四运动知识点不仅难以驾驭,更难在一课时内完成,所以这个教学设计中的五四运动是狭义的。对于狭义的五四运动,不宜进行"全景透视",单纯的"理性分析"也不可取。此设计中将采用"瞬间描述""感性复原"的方法,通过大量的史料呈现历史细节,引导学生对这一学习主题进行研究。

　　中学历史教科书和一般的史著在叙述历史事件时,基本上都是按照这样的思路进行的:背景或原因—情况或过程—结果与影响。这种思路似乎给人以这样的感觉:历史是必然的,作者早就预料到了事情的发生。其实,许许多多的历史事件是在发生以后,人们才理出一个基本的线索来。如果没有一定的时间间隔,人们所看到的并记录下来的事实不一定就是事实的真相,或者不一定就是事实的最主要方面。思考的起点一般有两个。当事情发生时,人们可能才会想道:为什么会出现这种事情?当一定的结果出现时,人们可能才会想道:为什么会出现这样的结果?

第七章

中学历史教学手段的设计与案例分析

第一节　历史教学手段概述

一、现代教学手段的基本概念

（一）教学手段

"手段"主要指"为达到某种目的而采取的具体方法"，常说的"行政手段""经济手段"就是这个意思。在教育领域，教学手段指人类在教学活动中所采用的一切技术手段（师生在教学活动中互相传递信息的工具、媒体或设备）的总和，包括物化形态的手段和智能形态的手段两大类。物化形态的手段即有形技术，主要是指在教学活动中所运用的物质工具，包括黑板、粉笔、挂图、印刷材料、实物、模型等传统教具，或者幻灯、投影、电影、视听器材、计算机、网络、微课、电子白板等各种现代教学媒体。智能形态的手段即无形技术，既包括在解决教育教学问题中所运用的技巧、策略和方法，又包括其中所蕴含的教学思想、理论等。教学手段的真正内涵体现在作为教学手段所依托的有形手段和作为教学手段之魂的无形手段两个方面。由于教学手段的内涵和外延非常广泛，本章的论述主要侧重于物化形态的手段即有形手段。

（二）传统教学手段与现代教学手段

从技术发展的角度看，教学手段的发展经历了三个阶段，即以手工技术为基础的阶段、以机械和电气技术为基础的阶段和当代正蓬勃发展的以信息技术为基础的阶段。

在手工技术时代通过"口耳相传"来进行教育活动，有时候教育者通过动作或者实物来帮助受教育者理解。随着文字的出现、造纸术和印刷术的发明，黑板、粉笔、模型、教科书等在教育中得到了应用，这大大扩展了教育信息的来源，教育的途径也趋于多样化。因此，手工技术时代的传统教学手段主要是指教育者的语言技巧和教学技能以及黑板、粉笔、图片、模型、实物等的运用。

以视听媒体的应用为标志的视听媒体教学手段源于19世纪视听技术的发展。视听技术是指能够传递声音和图像的机械或电子设备。其中，较早问世的传递声音的包括留声机、录音机和无线电收音机等，传递图像的包括幻灯机、无声电影等，而有声电影和电视是最早能够同时传递声音和图像的视听设备。早期，教育界仅仅注重这些硬件在教学中的应用，后来软件的开发与应用也受到了教育界的重视。这一时期物化形态的教学手段得到飞速发展。

以计算机为核心的信息技术在教学中的应用，使教学手段进入了新的发展阶段，向信息化教育技术迈进。信息化教育技术包括硬件（技术设备和相应的教学系统，如多媒体技术和多媒体教学系统、人工智能和智能教学系统、网络技术和网络教学系统、虚拟现实技术和虚拟现实教学系统等)、软件(与硬件相配套的教学软件),也包括各种观念、方法、理论体系和相关的科学研究成果。

就发展而言,现代化教学手段是与传统教学手段相对而言的。传统教学手段主要指一部教科书、一支粉笔、一块黑板、几幅历史挂图等,即技术发展的第一阶段——手工技术阶段。现代教学手段是指各种电化教学器材和教材,即视听技术加信息技术阶段。现代教学手段把幻灯机、投影仪、录音机、录像机、电视机、电影机、VCD机、DVD机、计算机等搬入课堂,作为直观教具应用于各学科教学领域。因利用其声、光、电等现代化科学技术辅助教学,又称为"电化教学"。当时电化教学活动中使用的幻灯、电影等媒体比原始口耳之学以及后来的印刷媒体,其传播方式跃进了一大步,已属现代教学手段的范畴,但这还不是完整意义上的现代教学手段,只是现代教学手段发展的初级阶段。20世纪90年代起,随着计算机技术的迅速发展和普及,多媒体计算机已经逐步取代了以往的多种教学媒体的综合使用地位。狭义上的现代教学手段主要是指以计算机为核心的信息技术在教育教学中的运用。现代教学手段一方面更加强调现代的信息技术,比如计算机、多媒体、网络技术、人工智能、虚拟现实等新的媒体技术的应用,另一方面并不忽视或抵制传统技术手段的应用。

教学手段的发展不是后一阶段的技术体系简单地替代前一阶段的技术体系,与之相反,教学手段的发展表现出一定的累积性,这使得教学手段的内容随着时间的推移越来越丰富多样化,教育教学更具有灵活性和创造性。教学手段发展的累积性并不是说今天的教学手段取代了过去的全部手段,传统和现代的关系应该是让传统成为现代的必要资源,是一种"扬弃",即只是保留其中有生命力的技术。例如,黑板、粉笔,目前仍在课堂上被继续使用;1924年,美国心理学家普莱西发明了世界上第一台自动教学机器,可用于教学、测验和记分。尽管在美国20世纪60年代多达几十种,但随着计算机的运用已被完全淘汰了。幻灯机和投影仪作为同时代的媒体技术,投影仪以其独特的优势逐渐发展并被广泛应用,而幻灯机则基本消失。

二、现代教学手段的主要特征

现代教学手段是以现代信息技术为主要依托,在教育领域全面深入地运用现代信息技术来促进教育改革,实现教育信息化。我们可以分别从技术层面和教育层面来考察现代教学手段的基本特征。

从技术层面看,现代教学手段的基本特点是数字化、多媒体化、网络化、智能化。

(1) 数字化。信息技术,主要是指以计算机为基础的数字化技术。数字化使得现代教学手段设备简单、性能可靠和标准统一。

(2) 多媒体化。以计算机为基础的多媒体技术使得信息与媒体设备一体化、信息表征多元化、真实现象虚拟化。

(3) 网络化。当今的数字信息网络做到了"天网"(如数字卫星和移动通信系统等)和"地网"(以互联网为主)合一。网络化的优点是资源共享、时空不限、多向互动和便于合作。

(4) 智能化。人工智能将成为信息化教学系统的核心技术,智能化使得系统能够做到教学行为人性化、人机通信自然化、繁杂任务代理化。

从教育层面看,现代教学手段具有以下显著特点:

(1) 教材多媒化。教材多媒化就是利用多媒体,特别是超媒体技术,建立教学内容的结构化、动态化、形象化表示。已经有越来越多的教材和工具书多媒体化,它们不但包含文字和图形,还能呈现声音、动画、录像以及模拟的三维景象。例如现阶段的中学历史教材都附带有学习光盘,光盘中的内容主要是课堂教学实录,对学生的学习具有一定的借鉴价值和意义。

(2) 资源全球化。利用网络,特别是互联网,可以使全世界的教育资源连成一个信息海洋,供广大用户共享。网上的教育资源有许多类型,包括教育网站、电子书刊、虚拟图书馆、虚拟软件库、新闻组等,如历史春秋网(http://www.lishichunqiu.com/)、国学网(http://www.guoxue.com)、中学历史教学园地(http://www.zxls.com/index.html)等。

(3) 教学个性化。利用人工智能技术构建的智能导师系统能够根据学生的不同个性特点和需求进行教学和提供帮助。为了做到这一点,对学生个性的测定,特别是对学生认知方式的检测,将成为教育研究的重要课题。

(4) 学习自主化。由于以学生为主体的教育思想日益得到认同,因此利用信息技术支持自主学习成为必然发展趋向。事实上,超文本、超媒体之类的电子教材已经为自主学习提供了极其便利的条件。

(5) 活动合作化。要求学生通过合作方式开展学习活动和完成学习任务也是当前教育的发展方向。信息技术在支持合作学习方面可以起重要作用,其形式包括通过计算机合作(网上合作学习),在计算机面前合作(如小组作业),与计算机合作(计算机扮演学生同伴角色)。

(6) 管理自动化。利用计算机管理教学过程的系统叫作 CMI(计算机管理教学)系统,包括计算机化测试与评分、学习问题诊断、学习任务分配等功能最近的发展趋势是在网络上建立电子学档(E-Learning Portfolio),其中包含学生身份信息、活动记录、评价信息、电子作品等。利用电子学档可以支持教学评价的改革,实现面向学习过程的评价。

(7) 环境虚拟化。教育环境虚拟化意味着教学活动可以在很大程度上脱离物理空间与时间的限制,这是电子网络化教育的重要特征。现在已经涌现出一系列虚拟化的教育环境,包括虚拟教室、虚拟实验室、虚拟校园、虚拟学社、虚拟图书馆等,由此带来的必然是虚拟教育。虚拟教育可分为校内模式和校外模式。校内模式是利用局域网开展网上教育,校外模式是指利用广域网进行远程教育。在许多建设了校园网的学校,如果能够充分开发网络的虚拟教育功能,就可以做到虚拟教育与现实教育结合,校内教育与校外教育贯通,这是未来信息化学校的发展方向。

三、现代教学手段与历史课程教学的关系

随着多媒体技术和网络技术的快速发展,基于互联网的多媒体应用越来越多,教育行业逐渐融入各色各样的现代化技术,多媒体技术也不断地被引入教学当中,这是学校电化教学的一大革命,已经成为当今教学的主流,并带来非常可观的教学成果。多媒体教学手

段走进历史的课堂,给人耳目一新的感觉。

多媒体课件是指利用数字处理技术和视听技术,以计算机为中心,按照教师的教学设计,将文字、语言、图像等多种媒体信息集合在一起,以实现对教学材料的存储、传递、加工转换和检索的一种现代教学技术手段。多媒体教学可以根据历史学科的特点、内容,充分把文字、图片、视频、声音、动画等多媒体手段集于一体,创设情境,化不可见为可见,化静为动,化抽象为形象,最大限度地调动学生积极性,激发学生学习兴趣。中学历史虽然是一门基础性的学科,但它对学生的成长以及提升学生的文化素养具有重大的作用。因此,在中学历史教学中运用现代教学手段对提高学生的学习效率是非常有利的。

实践表明,运用现代教学手段辅助历史教学能够将枯燥、乏味的课本内容通过生动形象的画面直观地展现在学生眼前,在课堂中创造出活灵活现的教学情境,启迪学生的思维,同时也能更好地渲染课堂氛围,有效地提高课堂效率。由此看出,中学历史教学与现代信息技术相结合是时代发展的必然。作为中学历史教师应顺应历史发展潮流,掌握现代化教育教学技术手段,积极进行教育教学创新,在历史教学实践中充分运用现代教育教学信息技术,为历史教学开辟一片新天地。

(一)中学历史运用现代教学手段的优势

1. 运用现代化教学手段能优化教学,提高教学效率

历史教学的目的之一就是让学生充分了解历史发展,历史学科的大部分都是在陈述历史发展或对相关史料进行分析等。传统的历史教学中,依靠的仅仅是教科书和课堂中历史教师的口头讲解,教科书和教师上课所选的历史资料非常有限,不可能全面生动地反映历史的原来面貌,根本无法满足学生对历史的求知欲望。现代化教学具有内容丰富、容量大、速度快、存储共享等诸多优点,因此在信息化时代的教学拥有快捷丰富的信息来源。

将现代信息技术运用到历史教学中,可以使教师在备课时利用网络制作出更加精良的教学课件,并且随时关注网络上最新的课程教学动态,及时为学生带来最新的历史知识和学习方法,让学生能够在第一时间了解到最新的历史信息。课堂教学材料的准备、课件的制作教师在课前已经完成,上课时只需要按相关按钮便可以放映出板书所需要的文字、图片。比如在对人教版高中历史必修3第一单元"中国传统文化主流思想的演变"这一章的内容进行总结时,教师在传统教学中经常会板书这一单元的知识结构,如图7-1所示。

课堂板书会耗费很长的时间,而利用多媒体课件,教师在课前做好相应课件,课堂中进行展示即可,这样利用现代教学手段能够容纳更多的历史内容,同时能够有效节省传统教学中教师书写板书的时间,就可以使教师在课堂上更加方便地为学生讲授历史知识,对挖掘历史知识和突出重点有明显的教授效果。学生也可以有更多的时间进行思考,从而提高了课堂效率。如人教版七年级历史上册第4课"夏商西周的更替",课文内容多,如果利用多媒体把相应几个时代的历史资料、图像、图形等资料放在一起,分别展示给学生,就大大地节约了课堂时间,提高了教学效率。再比如讲授古代的艺术,学生可以鉴赏更多的名画,欣赏更多的名曲,丰富课堂教学内容,这是传统教学手段所不能比拟的。

2. 运用现代教学手段创设历史情境能激发学生的学习兴趣

历史作为人文学科,有其自身的特点。它涉及人类社会的一切,包括科学文化、社会

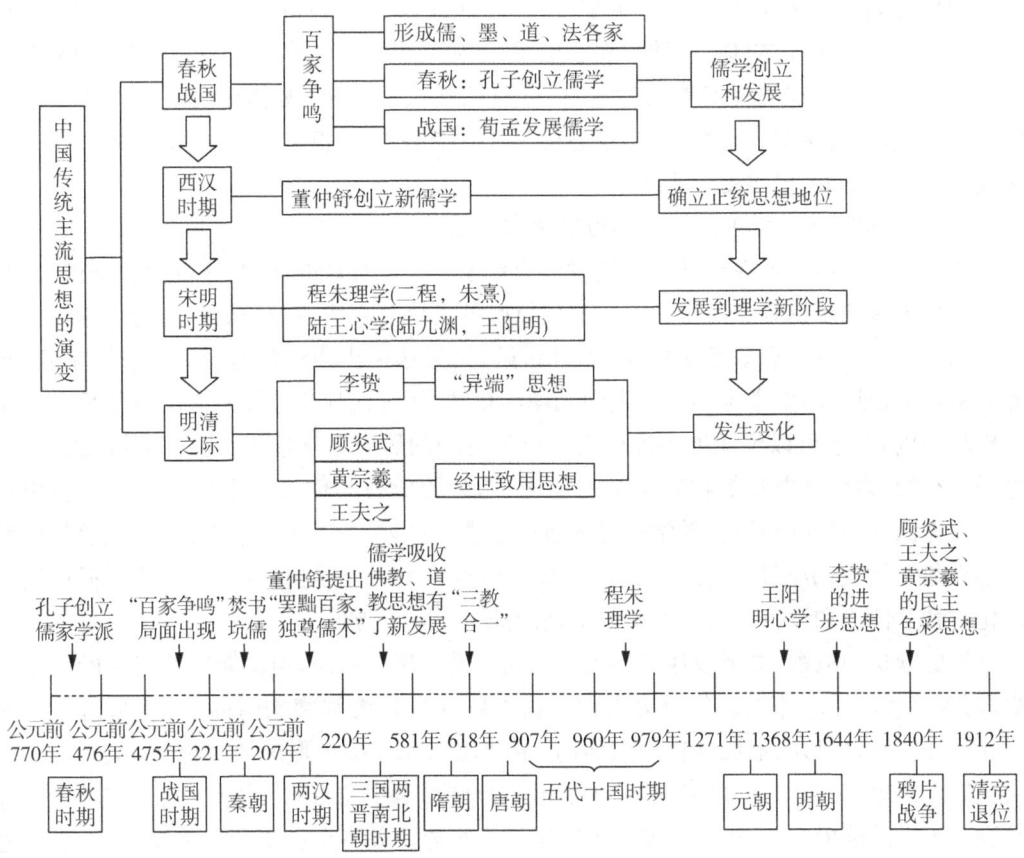

图 7-1 中国传统文化主流思想的演变

生活、天文地理、政治经济等,这对中学阶段的学生而言太过抽象。中学生的抽象思维还未完全形成,对事物的理解更侧重于感性认知。以往历史教师使用传统的教学手段进行教学,如使用历史地图、历史图片、历史图表等教具。这些教具虽然在一定程度上有助于学生形成历史表象和理解历史概念,但大多数为静止教具,容易使学生产生厌烦情绪,难以提高学生学习兴趣。教育心理学研究表明人类获取的外界信息中,83%来自视觉,11%来自听觉,3.5%来自嗅觉,1.5%来自触觉,1%来自味觉,显然增加视觉、听觉信息量是获取信息最可取的方法,而多媒体手段恰恰在视觉、听觉效果方面有其独特的优势。在中学历史教学中运用现代化教学手段,以图文并茂、形象生动的特点弥补传统教学中的这一缺陷,可以使原本抽象的知识通过真实的画面直观地展示在学生面前,使学生产生如见其人、如闻其声、身临其境的感受,使事物化抽象为形象,变枯燥为生动,富于感染力,催发出学生积极探索的情感,调动学生对历史学科的学习兴趣。在课堂中,运用现代多媒体进行教学能够将几百年前的历史情节以一种动态的方式呈现出来,为学生创设出相应的历史情境,使学生身临其境,不仅能够吸引学生的学习兴趣,激发学生的自主学习能力,还可以开阔学生的视野,提高历史课堂教学效率。例如,在进行人教版历史七年级上册第5课"灿烂的青铜文明"教学时,可在多媒体课件中插入司母戊鼎、四羊方尊、青铜立人图片,巧妙运用特写的方式呈现给学生,学生学习起来会兴趣盎然。在讲解铸造"司母戊鼎"时,可将铸造过程借助多媒体自定义动画逐一呈现,学生结合课本内容,就很容易理解和掌握这一教学难点。在讲述三星堆青铜艺术时,可直接连接"三星堆博物馆网站",师生共同欣赏,配合着教师的讲解,学生可以形象感受及了解青铜艺术和文化,同时也可树立正确的审美观,对知识的掌握也更为牢固。

3. 运用现代化教学手段能渲染历史课堂氛围

历史学科的特殊性在于学生不能对历史现象有一个直观的认识,这就给教师的教学、学生的理解带来了困难。历史学习的最佳氛围就是要有真实或较为真实的历史学习的环境,因此,历史教学中仅靠粉笔板书、教师讲解,是无法突出历史学习形象、生动、丰富、有趣的特点的,难以激发学生学习历史的兴趣和热情,而现代教学手段的应用不仅可以丰富历史教学内容,还可以生动地再现历史。形象生动的历史教学挂图,历史事件的录音、录像、投影以及多媒体电脑等在教学中的运用,能为历史教学创设一个较为真实的历史环境。历史课堂中教师在历史教学中充分运用电视、电影录像等再现历史情境,能够帮助学生建立起对历史的感性认识。因此,新课改下,教师是否能尽快熟练、恰当地掌握运用现代化的教学仪器和设备已成为衡量教师技能的一个重要方面。

历史题材的电视、电影录像资料虽然不完全是历史的实录,但也能反映当时的历史风貌,再现某些历史事件或某些历史人物。这些影像素材能够突破时间、空间和地域的限制,把已逝的历史形象地展现在学生面前,帮助他们在头脑中形成历史情景,从而增进对历史知识的理解。同时,多媒体的运用能够充分调动学生的听觉和视觉功能,使学生更容易进入历史的情境中。可以说,多媒体的运用是寓思想教育于历史知识传授之中,更促进了历史的育人作用。

如在讲述红军长征时,学生对万里长征知之甚少,单纯通过教师讲解和阅读课本难以理解长征的艰难以及遵义会议的重要性和历史意义。利用多媒体技术教学时,上课前先让学生欣赏《长征》电视剧中的插曲《十送红军》,渲染气氛,将湘江战役惨烈的战斗场面在引入新课时播放。这可将学生引入历史环境,如教人教版八年级中国历史上册第17课"中国工农红军长征"时,通过师生互动和讨论,最后轻松地理解"'左倾'冒险主义使红军生死攸关,在中国革命的关键时候以毛泽东为代表的正确路线挽救了红军,挽救了中国革命"的遵义会议的历史意义。

4. 运用多媒体教学能培养学生的思维能力

思维是人脑对客观事物的概括和间接反映,反映了事物的本质属性和内在的规律性联系。培养和训练学生的思维能力是现代教学的基本要求。现代化教学手段表现力强、信息量大,可以在课堂再现历史场景,使学生通过观察直观画面,展开丰富的想象,进行积极思维,从而培养学生的观察能力、想象能力、综合分析能力、解决问题的能力,促进思维向纵深发展。

如在讲授"甲午中日战争"这一节内容时,可播放电影《甲午风云》中的这样几个片段:邓世昌等北洋水师官兵海上奋勇抗敌,壮烈殉国;李鸿章下令北洋水师"避战自保";慈禧太后筹备六十大寿庆典,大肆铺张;北洋水师在威海卫港全军覆灭。进而引导学生思考:

为什么亚洲第一、世界第六的北洋水师在短时间内就被毁灭在日本侵略者手里？联系李鸿章退缩避战、慈禧太后铺张浪费的镜头，得出结论：清政府的腐朽统治是中日甲午战争中清政府战败的根本原因。通过不断思考，学生的思维能力得到了锻炼和提高。

5. 运用多媒体技术形象教学的特点，突破教学重点、难点

在历史教学中教师不仅要向学生传授历史事实，而且要引导学生学会分析、概括、综合、引申历史事实的方法，从而形成能力。这在高中历史教学中尤其明显。可是历史教学的研究对象又都是已经发生过的事件，教材中的某些内容比较抽象或复杂，年代久远或地域空间概念强，学生感到陌生，在现实生活中很难获取直接的生活经验来印证，单凭教师的语言教授是无法实现的，使用传统的教学手段很难突破这些重点、难点。而运用多媒体教学技术，可以变抽象为具体，变无声为有声，以图文并茂、声像俱佳、动静皆宜的表现形式，大大增强学生对事物与过程的理解与感受，调动学生各种感官共同作用以强化感知。这可极大地节省课堂讲授时间，加深学生对知识的多层次、多角度的掌握，进而可以利用多余的时间引导学生对历史深层次的探索和把握。

如讲授"西安事变"内容时，针对西安事变发生后国内各派的态度等学生难以弄懂的难点问题，教师可以播放电影《西安事变》中的五个片段：（1）张学良、杨虎城在西安实行"兵谏"，扣留蒋介石；（2）宋美龄及蒋介石的顾问端纳为西安事变的和平解决而斡旋；（3）何应钦兵围西安，轰炸渭南、华县；（4）周恩来率中共代表团去西安调停；（5）张学良送蒋介石到南京。进而向学生提问：张、杨既然实行"兵谏"，为什么不处决蒋？宋美龄和何应钦同属国民党人，为什么宋美龄希望西安事变和平解决，而何应钦则要用武力解决西安事变？蒋介石是中国共产党最凶恶的敌人，为什么共产党还要派代表团去西安调停，并且希望西安事变和平解决？学生联系五个电影片段，经过思考，就很容易回答上述问题，弄清了国内各派别对西安事变的态度及目的，从而解决了难点问题。

6. 创设现代化教学德育情境，丰富学生的情感体验，陶冶学生情操

培养学生良好的思想品德和道德情操是学校教育的重要任务。我们在教学过程中，要挖掘历史教材中蕴含的思想内容，对学生进行马克思主义基本观点教育、四项基本原则教育、爱国主义教育、革命传统教育和国情教育。但是，传统的教学方法单靠语言来描述，缺乏情景渲染，往往不能使学生产生共鸣，难以发挥历史学科的思想教育功能。

在课堂教学中，引入多媒体技术，运用其声像效果和感染力强的特点为学生营造一个与教学内容相适应的历史情境，再现历史场面，增强真实感，让学生身临其境，亲自感受历史时代的氛围，通过内心体验，引起情感共鸣，自觉地接受熏陶，激发学生的爱国主义情感。

如讲"抗日战争"这一章节时可播放有关抗战的电影片段及人物照片资料，如电影《狼牙山五壮士》《血战台儿庄》《地雷战》《地道战》等，使活生生的民族英雄形象再现于学生面前，让学生与民族英雄同喜共悲，与历史脉搏一同跳动，在激昂的气氛中于心灵深处受到爱国主义情感的强烈感染。

7. 现代教学手段在历史学科中的运用为学生的个性发展提供了空间

随着历史学科新课改的进一步深化，历史学科信息化平台的创设，使学生可以带着任

务和问题,自主地进行学习,通过自己的思考及在网上寻找信息,寻求答案,积累自己的知识经验,变过去被动地接受知识为主动地探寻未知,有利于促进学生自主学习能力的发展和信息素质的养成。学生的学习方式发生了重大变化,学生知道怎样、从哪里获得感兴趣的知识,通过网络迅速实现知识的拓展、选择、归纳、凝练,从而对知识掌握得更加透彻、形象,有助于解决课堂教学中的不足和补充某些教材知识的遗漏,实施个性化的教育。

在实施新课程改革的今天,这种图文并茂、动静结合、声情融汇的多媒体教学越来越成为教育发展的潮流。它能够充分展现教学内容的直观性、生动性、丰富性,使学生从视听上获得多重感受,对再现历史现象,激发学生学习历史的兴趣,丰富历史课堂教学,实现历史课堂教学的最优化,促进整个历史课程教学的改革,具有不可低估的意义。积极探索多媒体在历史课程教学中的运用,深入推广多媒体技术在历史课程教学中的成功经验,必将为历史教学的改革开创新的局面。

(二) 运用现代教学手段应注意的问题

随着人们对现代教学手段在中学历史课堂教学过程中的地位和作用的进一步认识,现代教学手段也得到普及和广泛应用。尽管现代教学手段有着相当多的优点,但是我们在应用现代教学手段时,不应忘记它不是万能的教学手段,如果在教学中不分内容、不分形式、不分场合、不分环节,一味强调现代教学手段,那么不但达不到应有的作用,而且会适得其反。课后经常会听到一部分学生说:我们想看到的是简短的、容易理解的、有条理的、有吸引力的课件,但是我们看到的往往是冗长的、乏味的、糟糕的、没有什么实质内容的课件。那么在历史课堂教学中我们运用现代化教学手段应注意哪些问题呢?

1. 适时运用,扬长避短,不丢弃传统

有的教师制作多媒体课件,在制作过程中花费了大量的精力,一味地追求最新的"高科技",把教学课件搞成多媒体成果展览。现代教学手段是提高学生学习的自主性和学习效果的一种辅助性教学手段,这里强调的是辅助性手段,并不是教学的全部手段、方法和主体。部分教师对技术设备产生了极端的依赖性,一旦设备发生故障或停电,则惶惶然手足无措,教学风采顿失。教师必须克服"计算机中心论"和"计算机辅助教学软件至尊论"的观念,应充分体现教师的主导作用和学生的主体作用。多媒体技术是课堂教学手段的重要补充,不能也无法完全代替传统的教学方式。教师富有艺术魅力的教学语言能激发学生的情感,系统优美的板书设计能帮助学生提炼史识,适时巧妙的启发诱导可开启学生思维的闸门。为了使学生充分理解教学内容,教师必须及时、恰到好处地指导学生学习。在呈现课件前,教师应给予必要的指导,告诉学生该课件的大致内容,以及这些内容与有关的学习目标有怎样的联系,要注意提醒学生观察的重点和应该注意的问题,并提出思考题。这样才能让学生有意识地注意学习相关的知识,并把观察和思考有机结合起来。因此,传统的教学手段与现代的多媒体计算机技术应该巧妙结合,有机统一,这样才能相得益彰,取得理想的教学效果。只有恰到好处地运用现代化教学手段,才能化平淡为神奇,获得最佳效果。

2. 适度运用,注意知识或信息容量,要有典型性

凡事要讲究度,特别是应用现代教学手段更应把握好度。从教学内容上看,利用历史

多媒体课件教学,由于节省了教师书写、绘图的时间,文本、画面的演示也可以随心所欲地调节,给历史课堂留下了巨大的空间。有些历史教师在欣喜之余,唯恐课堂容量不足,于是寻章摘句、东凑西拼,将一堂历史课搞得满满当当,史料堆积无数,习题漫天飞舞。空间大了,信息量大了,在选材上只顾数量而不顾质量,也不考虑学生是否有时间阅览、思考和理解这些信息和材料。

多媒体呈现的资料应该力求安排得简约、平衡并富有美感,文字含量过大,会给学生的阅读带来一定的障碍。大段的补充史料或类似的材料应放在导学案中,课件中展示出问题,学生自主阅读导学案中的材料思考即可。其实,在平时的每堂课上,凡是要举例的,例子不在多,最好是能够一堂课围绕一个典型的例子展开分析,这样有利于学生对一个问题或一个现象进行较全面和深入的分析、理解,能从认识问题发展到分析问题、解决问题,切实培养学生的能力。在课件中,每个知识点,一则典型材料足矣,而不是从多个例子中听新鲜,光有兴趣而不培养能力。教师应选取最典型、最具有说服力的材料进行展示,要留给学生思考的空间、探究的余地。课件中幻灯片的张数不宜太多,每张幻灯片中的内容不宜过多,能充分解决问题就行。

从教学时间安排上看,每一环节时间的安排也要适度。如在讲"英国君主立宪制的建立"时,有的教师用将近10分钟播放《大国崛起》走向现代(英国)视频,就过度了。

3. 适当运用,重实效,避免过分花哨

在历史多媒体课件的制作中,无论哪种方式,均有一定的特效设计。于是有的教师片面追求动画的新颖、背景的唯美、文字效果的独特、声音的怪异,如将文字显示的声音设计为枪炮声、打字声、电击声、怪叫声等,将文本设计为各种变形字,歪扭旋转,并配以各种飞入显示方式,在展示历史图片时还不忘加上繁复的背景图片,在思考题的文本框中配以各种动物怪异的思考状等,不一而足。有些教师的课件比较花哨,似乎只是在刻意烘托课堂教学的气氛,而将历史教学的本身规律放在其次。这种繁复的画面、喧嚣的声音、奇特的动画虽然使课堂轻松许多,给了学生较强的感官刺激(时间长,次数多,这种刺激的效果会下降),但也影响了学生对历史本真的感性认识(如繁复的画面削弱了历史图片的直观性),掩盖了历史教学的严谨性、严肃性、科学性。现代教学手段的应用应以实用为主,避免过分花哨。课件中的动作设计也应以简单为宜,因为课堂时间有限,设计太烦琐,按钮太多,会影响教师上课时精力的合理分配。

4. 注意发挥学生的主体作用

课堂教学不要一节课自始至终全部使用多媒体手段,有的教师怕操作失误,为图方便,就将课件设计成顺序式结构,上课时只需按一个键,课件便按顺序"播放"下去。如果在课堂教学中,教师手握鼠标,一路点击,将教学任务基本上交给了电脑,把本该属于教师演绎、主导的活的历史课堂变成由电脑控制的死的教学程序,教师反而成了电脑的工具。教师和学生无法实现特定要求的跳转,学习内容被人为地小步骤分割,根本谈不上学习的个别化。学生参与课堂活动的机会少,大部分时间处于被动接受状态,积极性、主动性很难发挥,处于消极被动的地位,主体地位被削弱,这样上出的课便是"流水课",降低了学习效率,不利于创造型人才的成长。

教师是最重要的教学资源,随着社会对教育要求的提高,对教师的素质要求会更高,教师的作用将不再局限于知识的传授,更重要的在于创设有利于学生学习的环境,为学生提供丰富的学习资源,引导和促进学生对所学知识的意义构建。现代教学手段运用的这一现状告诉我们:对新技术、新手段不能过分看重,而对人的因素——理论、思想观念、方法等应给予足够的重视。

教学改革以优化教学过程、提高教学质量为根本目标。在现代信息技术不断发展的大环境下,教师必须走出现代信息技术在课堂教学应用中的认识"误区",树立现代信息技术是教学平台的观念,以现代信息技术为手段,通过教学研究,开发多媒体电子课件,创新教学方法与教学手段,促使教学方式的改革和教学水平的提升。

现代信息技术辅助课堂教学作为一种潮流和趋势,我们只有适时、适度、适当地把握好应用的各个环节,才能发挥其最大的效果,让现代教学手段更好地为课堂服务。

第二节 现代教学手段运用的原则及路径

一、现代教学手段运用的原则

多媒体课件是利用多种媒体形式实现和支持计算机辅助教学的软件。多媒体课件的制作必须服务于教学,其目的是改革教学手段和提高教学质量。一味地照搬课本内容和教学环节,或追求新技术,把课件搞成素材展示,都是不正确的,我们在运用现代化教学手段设计和制作多媒体课件时应遵循以下几项基本原则:

1. 教育性

设计的多媒体课件,对于向学生传播历史学科的基础知识,发展学生的能力,培养学生的思想品德,促进学生的全面发展,应起到良好的作用。要实现上述要求,必须注意:

(1)要有明确的目标。需要明确:为什么要制作这个课件?这个课件要解决教学上的什么问题?要在学生的知识、能力、思想品德方面引起哪些变化?

(2)根据教学大纲,围绕解决教学重点、难点问题而设计。在设计过程中,首先要想到我们所设计的是教学课件,是教学内容的一部分,必须符合教学大纲的要求。设计的教学课件要有助于解决教学重点、难点问题。

(3)适合学生接受水平。这个课件是为哪个年级、年龄和发展水平的学生设计的?它是否适合学生原有的知识基础和接受能力?

2. 科学性

设计的多媒体课件,要具有高度的科学性,能正确展现科学基础知识和现代科学技术发展水平。要实现上述要求,必须注意:

(1) 教学媒体符合科学原理。教学媒体要生动有趣,但不能违背现代科学的基本原理,不能庸俗化。

(2) 选材符合实际。选用的材料、例证和逻辑推理,都必须是科学的、符合客观实际的、经得起实践考验的。

(3) 操作准确、规范。各种实际操作必须准确、规范。

(4) 素材真实、科学。所表现的图像、声音、色彩,都要符合科学的要求。不能片面为追求图像的漂亮、声音的悦耳、色彩的鲜艳而忽视了真实性。

3. 技术性

设计的多媒体课件,要图像清晰、声音清楚、色彩逼真、声画同步,要保证良好的技术质量。要实现上述要求,必须注意:

(1) 设备状态良好。制作多媒体使用的设备,要处于良好的状态。

(2) 制作人员技术熟练。制作人员要熟练掌握有关技术,如摄影人员要将用光、取景、景别的转换、镜头的组合,用得恰到好处。

4. 艺术性

设计的多媒体课件,要有丰富的表现性和感染力,能激发学生的情感,引发学习动机,提高学习兴趣和审美能力。要实现上述要求,必须注意:

(1) 内容真实。多媒体课件的内容,要反映大自然和社会生活中真、善、美的事物。

(2) 画面优美流畅。画面构图要清晰匀称,变换连贯、流畅、合理。

(3) 光线与色彩搭配合理。在光线与色彩上,要明暗适度,调配适当,使观者感到舒适。

(4) 语音优美。在音乐与语言上,要避免噪声,音乐要和景物与动作相配合,语言要抑扬有致,使听者愉快,从而收到教育效果。

5. 经济性

设计多媒体课件要考虑经济效益,以最小代价,得到最大收获。这里所说的"代价",主要是指使用的人力、材料、经费和时间,"收获"是指优秀的多媒体课件。就是要力争用最少的人力、材料、经费和时间,制成大量优秀的多媒体课件。

二、现代教学手段运用的路径

1. 多媒体课件的设计与开发

做任何事情之前都要有一个计划,一个好的、完整的计划可以起到事半功倍的效果,所以我们在设计多媒体课件之前就应该设计一个比较详细周全的制作计划。有很多教师在制作多媒体课件时,根本没有一个整体的计划,想到哪儿就做到哪儿,所以常常在多媒体课件制作过程中甚至在制作完成后才发现其中的某一部分或几个部分根本不合适,这时不得不进行修改,有时甚至出现整个多媒体课件重新制作的情形。因此,我们在制作多媒体课件之前就应该有一个整体的构思,同时要制订详细的计划,制作过程中完全按照计划来执行。多媒体课件开发制作的具体步骤有如下几个方面。

(1) 选题。课件设计从选题开始。课题的选择要注意以下几个方面:一,所选的课题能够发挥多媒体技术的优势；二，所选课题要有利于提高教学效率，既要有利于教师的教，又要有利于学生的学；三，所选课题要能落实教学的基本目标，突出教学重点，突破教学难点，解决教学疑点，适用于那些能充分发挥图像和动画效果的、不宜用语言和板书表达的内容，那些课堂上容易讲解的内容就完全没必要采用多媒体课件的方式。

（2）教学设计。进行教学设计是课件制作中的重要环节，是制作多媒体课件的前提。课件效果的好坏、课件是否符合教学需求，关键在于教学设计。按照历史课程标准的要求，编写内容完整、有利于课件制作的教学设计，要制作课件，必须先有设计方案，否则课件制作便失去依据，教师应根据教学目标和学习对象的特点，合理地选择和组织教学媒体和教学方法，形成优化的教学系统结构。运用系统的观点和方法，依照教学目标，分析教学中的问题和需求，确定解决问题有效的步骤。选择相应的教学策略和教学资源，确定教学知识点的排列顺序，根据教学媒体设计适当的教学环境，安排教学信息与反馈呈现的内容及方式，以及人机交互的方式等。

（3）系统结构设计，做好总体构思。根据教学设计进行系统设计实际就是对多媒体课件的总体设计，其设计的要点包括页面设计、层次结构设计、媒体的应用设计、知识点的表示形式设计、练习方式设计、页面链接设计、交互设计、导航设计等。

制作课件要明确将来的使用对象和使用方法，在设计阶段就要考虑受众的心理学因素，如教学课件的使用对象是初中学生，则可以活泼、有趣一些。另外，教学课件要明确课件的使用方法是配合教师课堂讲授还是让学生自学使用，配合课堂讲授的课件主要对教师讲授的内容起到补充说明的作用，形象有趣的课件使得课堂不再枯燥无味。自主学习的课件知识要素要全面、系统、有序，并且具有非线性跳转的交互性。不同的指导思想会产生不同的制作方法，课件上展现的内容也会不同。

（4）稿本编写，列提纲。提纲是根据教学内容特点与系统设计的要求，在一定的学习理论的指导下，对每个教学单元的内容和安排以及各单元之间的逻辑关系进行设计，设计出具体的表现形式，编写出讲解的文稿，要显示的文体，所使用的图形表格、图片、动画视频，等等，还要写出页与页之间相连接的交互方式等具体内容。稿本描述了学生将看到的细节，它是设计阶段的总结，也是教师制作课件的依据。

（5）根据所要实现的功能，选择合适的制作平台。通用课件制作工具平台"所见即所得"，利用这些课件制作平台，教师们可以制作演示型课件、交互型课件和网络型课件等。下面几种软件是教师普遍用于多媒体教学课件的制作工具：

第一，PowerPoint。PowerPoint 是 Microsoft Office 软件包的重要组件之一，是微软公司出品的制作幻灯片的软件，用此软件制作的电子文稿被广泛地应用于学术报告、会议等场所，是目前教师应用最广泛的课件制作软件。就此软件来说，其优点是做课件比较方便，不用多学，很容易上手，制作的课件可以在网上播放。就其功能来说，图片、视频、文字资料的展示制作比较方便，很容易起到资料展示的作用，但交互性差，打包以后的文件对里面的资料一般不压缩，所以如果资料大，文件就大，引用外部文件也有限，并缺乏控制。

第二，Flash。Flash 是 Macromedia 公司推出的优秀的网页动画设计软件。它是一种交互式动画设计工具，用它可以将音乐、声效、动画以及富有新意的界面融合在一起，以制作出高品质的网页动态效果。它的优点是体积小,可边下载边播放,这样就避免了用户长时间的等待。Flash虽然不能像一门语言一样进行编程,但用其内置的语句并结合JavaScripe,可制作出互动性很强的主页来。Flash是比较流行的课件制作工具,它既可以用于投影演示,亦可以制作较复杂的交互式多媒体课件。但是制作Flash课件,教师应具有较好的计算机基础,对教师美工基础要求高;Flash课件基于时间帧的概念,将结构复杂化,并且给修改与管理造成极大不便;Flash课件交互功能的实现比较复杂,需要使用ActionScript脚本语言;Flash课件制作所需时间太久;Flash课件用户的浏览器必须要安装Flash播放插件才能正常浏览。在常规历史教学中使用Flash制作课件的教师相对PowerPoint要少得多。

第三,Authorware。Authorware是Macromedia公司推出的多媒体开发工具。使用Authorware制作课件非常直观、明了,使用者无须掌握高深的编程技巧,只需将软件提供的图标拖放到流程线上,然后将准备好的素材添加到图标中,再设置画面的显示、控制页面的跳转和内容的交互,就能制作出包含文字、声音、图像、动画等多种元素在内的、界面华丽、交互性强、控制灵活的教学课件。但是Authorware制作课件基于流程,容易将结构构造复杂化,不利于总体内容的组织和管理,修改时也非常复杂与不便,对教师的要求比较高;Authorware制作课件缺乏多媒体同步机制,对于非计算机专业的教师而言做一些好的动画比较困难,虽然有很多插件,但要制作一些生动有趣的课件有一定难度。另外,打包后的文件比较大,不利于传播。在历史教学中运用Authorware制作课件的非常少。

常用的多媒体课件创作工具除了PowerPoint、Flash、Authorware外还有方正奥思、课件大师、Director等。有编程经验和能力的计算机专业人员也可以用Visual Basic语言、C语言等进行智能化多媒体软件的编制。随着互联网的普及,用Dreamweaver、FrontPage等网页制作软件制作便于网上发布和传输的网页课件,正逐渐流行起来。

(6)根据构思,收集或制作素材。媒体素材设计就是设计和构思为了表达学习内容所需要的各种媒体素材,如文本、图像、声音、动画、视频和虚拟现实等。素材的收集比较耗时费力,开始制作之前,要根据构思要求做好准备工作,这样可以避免制作时由于缺少素材而打断思路。早早收集素材也会便于对时间的统筹利用。有些素材(如动画和视频)是需要自己专门制作甚至请专业人士来制作的,这些也要提早准备。素材制作应该注意如下几个方面:

第一,对文字的设计。多媒体课件中包含了大量的文字信息,是学生获取知识的重要来源。文字素材一般靠自己在电脑上输入。一些阅读材料也可以从互联网上搜索取得,只是在使用这些材料前必须进行校勘,不然可能有错误。如果找到书籍扫描则更好一些,用软件将图片格式处理成Word格式就可以了,免去了打字的辛劳。设计时要做到:①文字内容要简洁、突出重点。文字内容应尽量简明扼要,以提纲式为主。有些实在舍不去的文字材料,如名词解释、数据资料、图表等,可采用热字、热区交互形式提供,阅读完后自行消失。②文字内容要逐步引入。对于一屏文字资料,应该随着讲课过程逐步显示,这样有利于学生抓住重点。引入时,可采用多种多样的动画效果,也可伴有清脆悦耳的音响效果,以引起学生的注意。③要采用合适的字体、字号与字形。文字内容的字号要尽量大,选择的字体要醒目,一般宜采用宋体、黑体和隶书。对于关键性的标题、结论、总结等,要用不同的字体、字号、字形和颜色加以区别。④文字和背景的颜色搭配要合理。文字和背景颜色搭配的原则:一、醒目、易读;二,要避免视觉疲劳。一般文字颜色以亮色为主,背景颜色以暗色为主。

第二,对声音的设计。多媒体课件中的声音主要包括人声、音乐和音响效果,声音的录入有两种方法:一是,可以利用电脑话筒直接录入,或是用专门的软件来录制。二是,将声音源文件转录至电脑中。教材配套光盘中也有一些有用的声音文件,从 DVD、VCD、CD 等音乐光盘,以及互联网上也能找到一些声音文件。恰当的音乐和音响效果,可以更好地表达教学内容,同时吸引学生注意,增加学习兴趣。一段舒缓的背景音乐,可以调节课堂的紧张气氛,有利于学生思考问题。设计时应注意:①音乐的节奏要与教学内容相符,在重点内容处要选择舒缓、节奏较慢的音乐,以增强感染力,过渡性内容选择轻快的音乐;②音乐和音响效果不能用得过多,用得过度反而是一种干扰,效果适得其反;③背景音乐要舒缓,否则会喧宾夺主;④要设定背景音乐的开关按钮或菜单,便于教师控制,需要背景音乐就开,不需要就关。

第三,对于图形、图像、动画、视频的设计。历史图片和视频素材一般从互联网上下载,也可以通过扫描仪和数码相机从书籍、报刊上获取图片,还可以购买一些 DVD、VCD 的电影或纪录片,像《大国崛起》《百年中国》等。很多内容都可作为教材的补充、拓展和深化,可以根据实际情况合理利用。当然还可以制作一些动画图片和视频,平时可以收集一些,以备不时之需。多媒体课件中,图形、图像、动画、视频图像占较大比重,设计得好,可以起到事半功倍的效果。反之,则会产生反作用。设计时应注意:①图的内容应便于观察,图形、图像等画面设计要尽可能大,图的主要部分应在屏幕的视觉中心,便于学生观察;②复杂图像要逐步显示,如果一下子显示全貌,会导致学生抓不住重点,也不便于教师讲解,应随着教师的讲解,分步显示图形,直到最后显示出全图;③动画和视频图像,应具有重复演示功能,学生可能一次没看清,最好设计重复播放按钮,教师可以根据教学实际重复播放。

(7) 根据时间安排,精心制作课件。任何一部作品,都可以根据需要不断地进行美化、细化,通常情况下时间和质量成正比,第一重要的当然是必须在规定的时间内完成课件,知道时间节点后,要合理安排时间,在有限的时间内做到质量最优。

(8) 评价和修改。在课件制作的过程中,要不断地对课件进行评价和修改,这是课件制作过程中的重要组成部分,也是课件质量的保证。评价包括形成性评价、总结性评价,并且是面向学习资源的评价。形成性评价是在课件开发的过程中实施的评价,它为提高课件质量提供依据,目的在于改进课件的设计,使之更加符合教学的需要,便于提高质量和性能;总结性评价是在课件开发结束以后进行的评价,其目的是对课件的性能、效果等作出定性、定量的描述,确认课件的有效性和价值,为课件提供改进意见,并总结课件制作经验。在课件制作过程中,要根据评价结果合理地进行修改,以进一步提高课件质量和效果。

（9）发布和应用。课件制作完成后，用户可以用以下几种方式来发布自己的作品：U盘、光盘和网络。多媒体课件经过多次修改完善后，就可以投入使用，除自己在教学中使用外，还可以进行交流、推广或发行。教师在实际教学中使用课件后，可能会发现这样或那样的不足，因此，课件投入使用后并不是万事大吉了，还需要不断地收集课件在教学应用中的反馈信息，不断地对课件进行修改、完善与升级，使之更加符合教学的要求，达到实用、好用之目的。

2. 微课、慕课、翻转课堂和创客教育

"微课程"（Microlecture）这个概念最早是由美国新墨西哥州圣胡安学院的高级教学设计师、学院在线服务经理戴维-彭罗斯（David Penrose）于 2008 年提出的。微课程这个术语并不是指为微型教学而开发的微内容，而是指运用建构主义方法化成的、以在线学习或移动学习为目的的实际教学内容。在国内最早提出微课概念的胡铁生老师认为"微课是'微型视频网络课程'的简称，它是以微型教学视频为主要载体，针对某个学科知识点（如重点、难点、疑点、考点等）或教学环节（如学习活动、主题、实验、任务等）而设计开发的一种情景化、支持多种学习方式的在线视频课程资源"。微课程因目标明确、内容精简、资源容量小、可网络或移动学习，大大方便和满足了教师和学生个性化教学和个性化学习的需求，既可查漏补缺又能强化巩固知识，提高了学生的学习效率。但微课程碎片化、不系统，不适合长期的学校教学，可以作为教学辅助。

慕课（MOOC，Massive Open Online Course），指大规模开放的在线课程，是近年来在全球范围内涌现出来的一种在线课程模式。MOOC 中"M"代表 Massive（大规模），与传统课程只有几十个或几百个学生不同，一门 MOOC 课程动辄上万人，最多达 16 万人；第二个字母"O"代表 Open（开放），以兴趣导向，凡是想学习的，都可以进来学，不分国籍，只需一个邮箱，就可注册参与；第三个字母"O"代表 Online（在线），学习在网上完成，无须旅行，不受时空限制；第四个字母代表 Course，就是课程的意思。慕课具有课程资源丰富多彩、教学体系和传统课堂基本一致、学习过程轻松愉悦等特点。它有助于优质教育资源的广泛共享，能够促进教育公平和学习型社会建设，有利于国际化和信息化教育生态的形成。

慕课的核心要素之一是基于讲解某个知识点的、时长 5—15 分钟的教学视频，而这恰恰与微课的特点是一致的，由此可以看出，慕课就是一系列同一课程体系下微课程的组合。微课和慕课都是辅助学生学习的资源。在规模上，慕课规模大，微课规模较小。在受众对象上，慕课涉足领域多，大学教育和职业教育等都在涉及，侧重点在大学教育。针对中学生的慕课主要有"天天象上""咪咕学堂"等；微课主要针对的是中小学生群体。在交互性上，慕课的交互性强。慕课通常有课堂测验与课后作业，其中作业有以小组形式完成的，并且有相应的论坛供学生交流讨论。学业成绩以 20% 的平时成绩和 80% 的考试成绩计算。微课会在视频结束后布置一些作业，但效果不理想，许多学生不会付诸行动。在获得成果方面，慕课在跟大学合作后，学生在修完某门课程并通过考试后会得到相应的证书，如果是在校大学生则可通过选修慕课上自己所在大学的课程来获得相应学分。而学生在观看微课后仅学到相应知识，没有证书或学分。在评价体系上，慕课中，学生可以对所选课程及老师进行打分，而且老师之间可以进行互相评价，微课目前评价功能比较欠缺。

在最初的中小学微课程实验中，微课程只是一种微视频课件，但在慕课的影响下，微课程的概念开始向主流延伸。微课程不再仅仅是对单个知识点的讲授，而是加入了问答、演示、练习、反馈等互动环节，更接近于课堂教学，呈现出与慕课趋同的特征。

翻转课堂（颠倒课堂，Flipped Classroom）是指在信息化环境下，教师提供以教学视频为主要形式的学习资源，学生借助某种技术工具，如平板电脑等，在上课前完成对教学视频等学习资源的学习，在课堂上师生一起完成作业答疑、协作探究和互动交流等活动的一种新型的教学模式。翻转课堂主要是以建构主义学习理论为指导，以现代教育技术为依托。翻转课堂的教学设计、教学视频的录制、网络自习、协助学习、个性化指导、教学评价等方面都是对传统教学的颠覆。翻转课堂与混合式学习、探究性学习，其他教学方法和工具在含义上有所重叠，都是为了让学习更加灵活、主动，参与度更强，引发教师角色、课程模式、管理模式等一系列变革。历史学科作为重要的人文学科，很多特征契合翻转课堂的特点。如我们利用翻转课堂的交互性，实现具体的多视角的解读与探讨，不仅可以让学生在课堂中与教师、历史人物间产生思维共鸣，而且让学生有更多的时间自主学习，培养历史思维能力。微课在翻转课程中起着非常重要的作用，"一个能激发学生学习兴趣，引导学习的优质教学视频是翻转课堂的保障和前提"。

"创客"源自英文单词"Maker"，是指那些能够利用互联网将自己的各种创意转变为实际产品的人，现在泛指乐于动手实践和分享交流，努力把创意转变为现实的人或群体。"创客运动"就是在全球范围内推广创客理念和推进创客实践的时代潮流，包括开放共享的理念、动手实践的精神以及对新技术的极致追求等。在创客运动的带动下，创客教育日渐兴起。2015年5月18日，由《中国教育报》发起的中国青少年创客教育联盟在温州实验中学举行成立大会，北京景山学校、北师大附属实验中学等全国35所名校成为创始学校。联盟致力于服务创客教育，推广创客文化。创客教育强调行动、分享与合作，并注重与新科技手段结合，逐渐发展为跨学科创新力培养的新途径。在创客教育中，学生被看作知识的创造者或贡献者而不仅仅是消费者。创客运动正在创造一种教育文化，鼓励学生参与其中并针对现实世界的问题探索创造性的解决方案。

现代科学技术与教育的融合，带来现代化的教学手段，其中不仅有多媒体课件、微课、慕课，还有创客教育。如果说微课是信息化环境中的教学资源，慕课是在线教学平台，翻转课堂是教学方法论，那么创客则是最终的培养目标。透过微课、慕课、翻转课堂和创客教育，我们可以清晰地看到教育理念和教学模式的变化，即基于班级授课制，以"教师为中心、教材为中心、教室为中心"的知识传授模式逐步让位于基于广泛学习资源，以"学生为中心、问题为中心、活动为中心"的能力培养模式。

3. 交互式电子白板

交互式电子白板是电子感应白板（硬件）和白板操作系统（软件）的有机集成。它的核心组件由电子感应白板、感应笔、计算机和投影仪组成。它融合了计算机技术、微电子技术与电子通信技术等，成为计算机的一种输入输出设备，成为教师与计算机进行交互的智能平台。交互式电子白板具有正常黑板尺寸,在计算机软硬件支持下工作,作用相当于计算机显示器并代替传统的黑板。电子感应笔承担电子白板书写笔和计算机鼠标的双重功用,其作用是代替传统的粉笔。教师或学生直接用感应笔在白板上操作(相当于传统教学中师生用粉笔在黑板上操作):写字或调用各种软件,然后通过电磁感应反馈到计算机中并迅速通过投影仪投射到电子白板上。白板操作系统是存在于计算机中的一个软件平台,它不仅支撑人与白板、计算机、投影仪之间的信息交换而且还自带一个强大的学科素材库和资源制作工具库,并且是一个兼容各种软件的智能操作平台,教师可以在白板上随意调用各种素材或应用软件教学。交互式电子白板集传统的黑板、计算机、投影仪等多种功能于一身,教师使用起来非常方便,同时能较好地解决教学难题,提高课堂教学效率。

第三节 多媒体历史教学课件案例分析

 **案例链接 1:**

西周的分封制

同学们好,欢迎来到今天的课堂,我们今天要学习的内容是西周的分封制。在学习新的内容之前,我们先来听一个小故事。

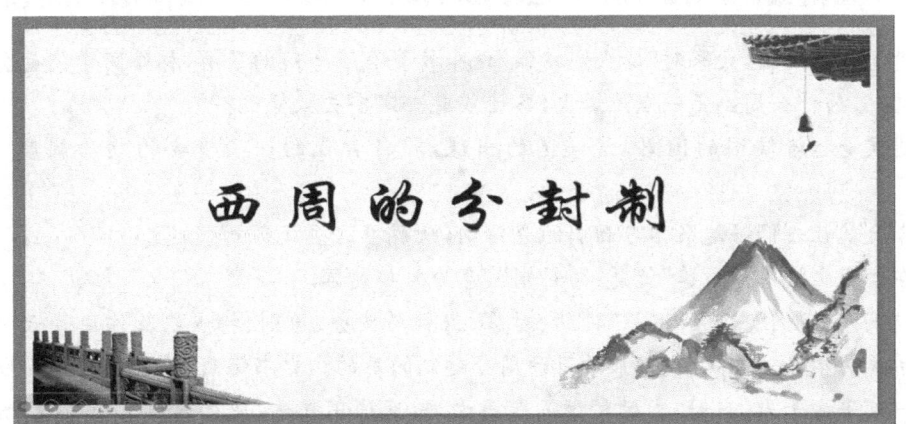

(播放音频)说话的这位女性是周幽王的宠妃褒姒,褒姒进宫后一直闷闷不乐,周幽王为了讨其欢心,竟听从了一个大臣的荒唐建议。同学们想一想,这位大臣所说的"妙计"是什么呢?对了,他说的妙计就是用点燃烽火的方式讨褒姒的欢心。

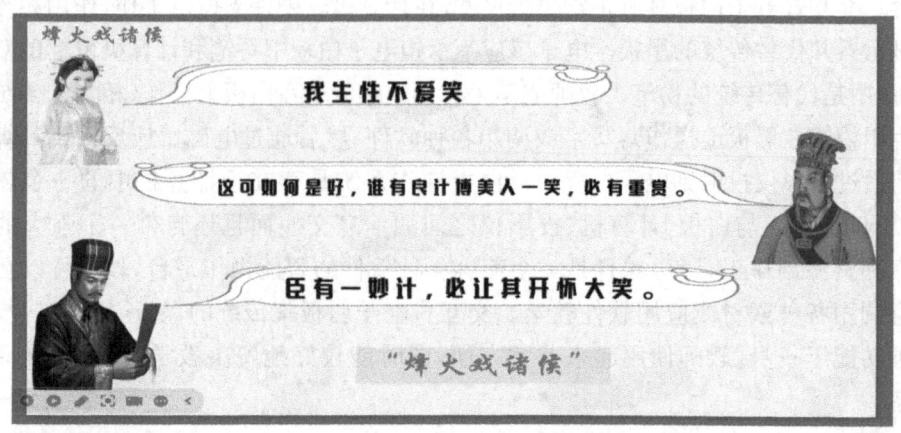

下面,我们来简单了解一下这个故事的过程。(播放烽火戏诸侯动画)

看了这个动画,大家对"烽火戏诸侯"这个故事有了一定的了解,相信同学们也会产生些许疑惑,为什么周幽王一点燃烽火,各诸侯就一定要去救援呢?

诸侯是指诸侯国的国君,诸侯国的出现,源自古代的一项重要的政治制度——分封制。

今天就让我们一起来学习西周的分封制,来解答这些疑惑。

在古代文献中,"封建"就是"分封制",意为封邦建国。

接下来,我们就从分封制的目的、对象、权利与义务、原则、特点以及作用等六个方面进行系统的学习。首先,我们来学习西周分封制的目的。史书记载,西周的国土面积约一百零一万平方千米,当时,大的聚落间距离太远,交通不发达,使得通信十分不便,加之四周还活动着"蛮""夷""戎""狄"等少数民族,他们经常侵扰西周的边界,掠夺财富,使得西周的统治非常不稳定。为了解决这个问题,分封制就应运而生了,根据西周分封示意图,我们可以发现,经过分封后的西周,各诸侯国分布广泛、距离相近,有效地解决了通信不便、统治不稳的问题。因此,西周分封制的目的就是巩固周王朝的统治。

第七章　中学历史教学手段的设计与案例分析

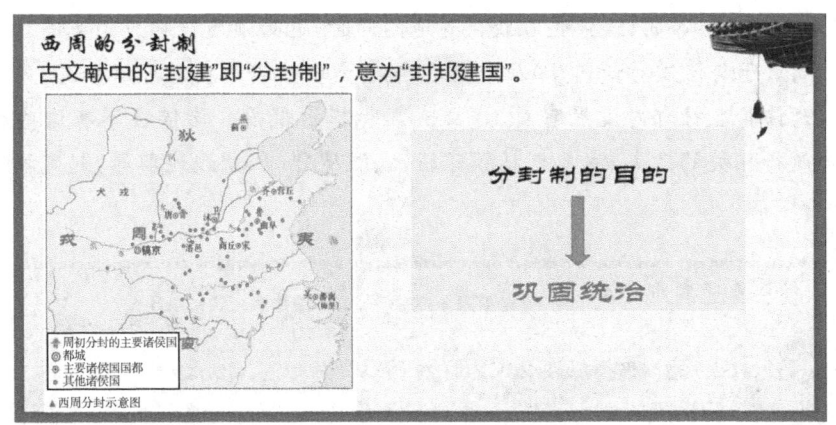

那么，分封的对象又有哪些人呢？请同学们阅读《史记·周本纪》中的材料，来找一找答案。通过分析材料我们知道，周初受封的对象主要有三类，分别是：上古圣王后代、功臣、王室子弟。上古圣王后代与功臣属于异姓诸侯，王室子弟属于同姓诸侯。那请同学们想一想，哪一种诸侯占比是比较多的呢？这则材料显示姬姓诸侯五十三人，姬姓是当时周王朝的国姓，所以分封同姓诸侯是比较多的。在众多诸侯国中，燕、鲁、晋、魏等是当时比较大的同姓诸侯国，他们占据最富庶的地区和战略要地，体现了西周"封建亲戚，以藩屏周"的目的。

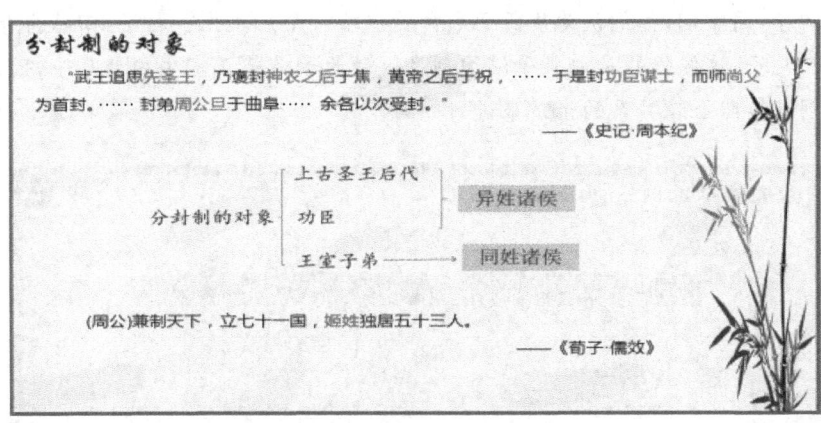

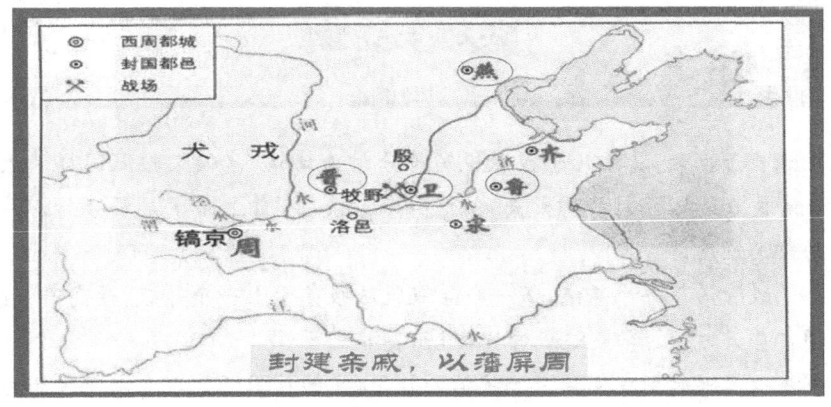

173

权利和义务是对等的，诸侯们在获得封地的同时，也必须履行相应的义务。

（播放周天子与诸侯对话内容）从周天子与诸侯的对话中我们可以知道，周天子赐予诸侯封地，允许其在封地内设置官员、建立武装和征派赋役。诸侯在享有这些权利的同时，也必须履行相关的义务，主要包括镇守疆土、随从作战、朝觐述职等，起到拱卫周王室的作用。

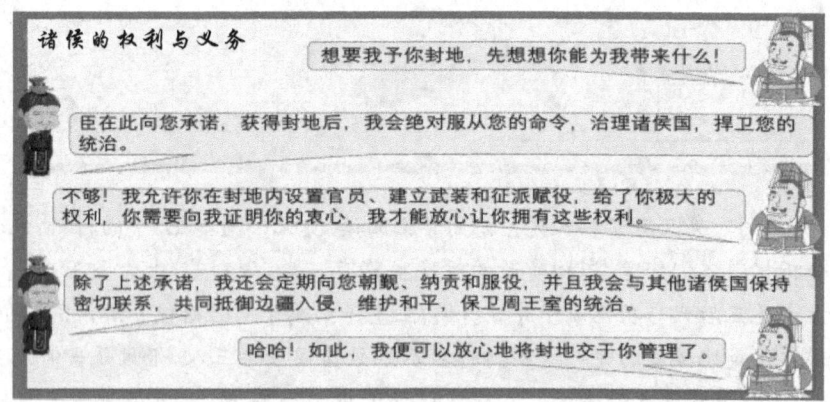

那么，分封制又是按照什么样的原则进行分封呢？请看下面这张表格，假设周天子有一妻二妾四子，同学们，你们认为周王死后会传位给哪个儿子呢？对了，回答得非常正确，是传位给三儿子，这依据的是嫡长子继承制度。嫡长子就是正室生的大儿子，因此西周分封制的原则是按照血缘关系的亲疏来进行分封。

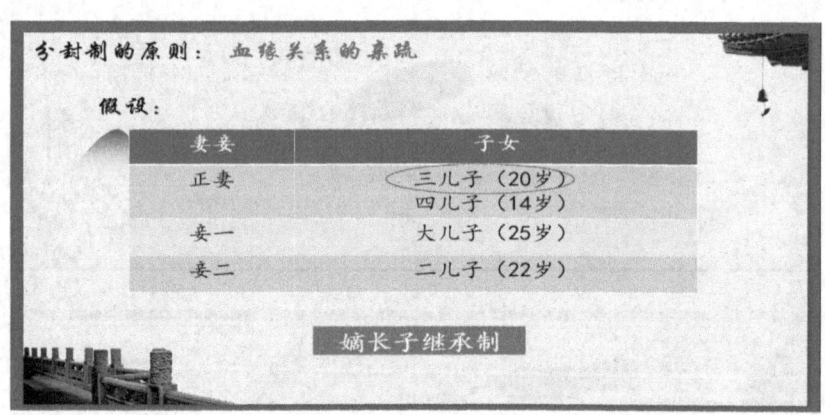

周王由嫡长子世袭，其余儿子按照规定被分封为诸侯，诸侯又按照同样的原则，把封国内的土地和民众逐级分封给卿大夫，就这样以此类推，自上而下层层分封，形成了一种等级森严的政治制度。

上一个等级管治下一个等级，下一个等级服从服务于上一个等级，最高等级的就是周王。正所谓："普天之下，莫非王土，率土之滨，莫非王臣。"

分封制不仅能够起到巩固周王朝统治的作用，它的作用还体现在以下方面，通过观察西周分封示意图可以发现，经过逐级分封，这些受封的大大小小的诸侯国，分布在天下各

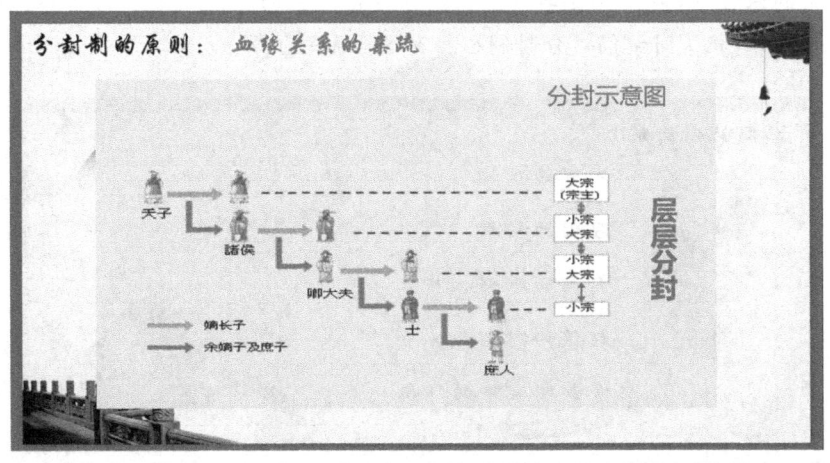

地,不仅编织起由中央向四方扩散的控制网络,形成了对周王室众星拱月般的政治格局,而且还密切加强了同周边少数民族的关系,推动了边远地区的经济开发和文化发展。

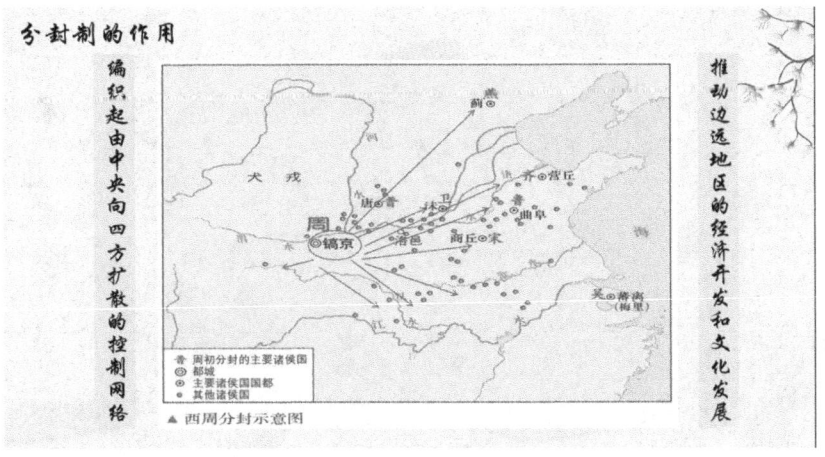

在今天的课程中，我们主要学习了西周分封制的目的、对象、权利与义务、原则、特点以及作用等内容，相信同学们对分封制已经有了全面的了解。

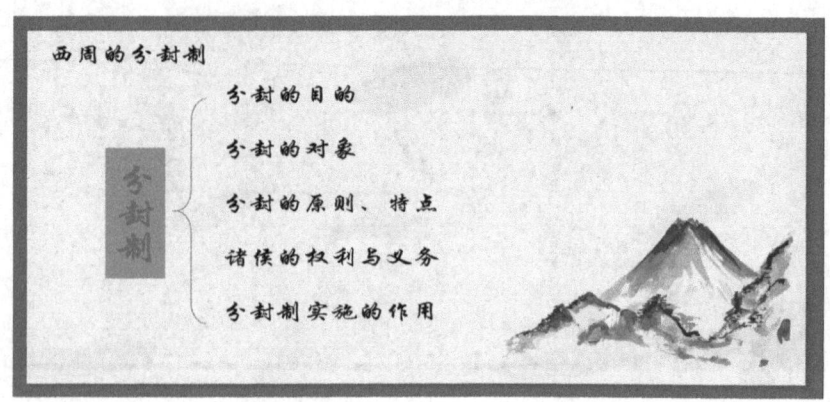

今天的学习到此结束，谢谢观看。

案例分析：

  本节微课的教学内容为人教版初一历史（上册）第二单元夏商周时期：早期国家的产生与社会变革中的第4课"早期国家的产生与社会变革"中第四子目：西周的分封制。该子目的内容主要包括西周分封制实施的目的、对象、诸侯的权利与义务、原则、特点，以及实施后所产生的作用。教学目标是让学生通过微课的学习全面掌握西周分封制的相关内容，进而使学生认识到中国早期政治制度的相关特点。在微课教学中，引用"烽火戏诸侯"的典故导入新课，激发学生的学习兴趣，接下来运用示意图、史料、情境教学等方法讲解分封制的目的、对象、权利与义务、原则以及作用等内容，融知识性、趣味性于一体，使学生能够在轻松愉悦的氛围中掌握分封制的相关内容，进而增强对中国早期政治制度特点的认识。

第八章

中学历史教学评价的设计与案例分析

第一节
中学历史教学评价概述

一、教学评价的概念

现代教育学从多个角度对教学评价进行了研究,概括地讲,主要包括广义和狭义两个方面。从广义上分析,教学评价可以包含学校教学管理、教师的教学工作、课堂教学、教学方法、教学模式与内容、教学资源的利用与开发,以及学生的学业成就、个性发展、智能发展等方面的内容。从狭义的角度看,教学评价一般只包括教师教学、学生学习评价两方面。

历史教学评价也就是指以历史教学目标为依据,运用可操作的科学手段,通过各种手段和方法对历史教师教学、学生学业发展的信息进行全面而准确的收集、整理后,根据历史教学质量、学业成就评价标准形成的价值判断,为历史教师专业发展和学生学业水平的提高提供依据。

二、中学历史教学评价的功能

中学历史教学评价有利于促进教师的专业发展,有助于充分发挥教学的最大功能和效率。因此,基础教育新课程改革明确提出,要建立促进教师不断发展的评价体系,转变教学评价的功能,建立对教师教学的发展性评价体系。

基础教育课程改革倡导发展性评价功能,强调教学评价与教学过程同等重要,应使其贯穿在历史教学全过程;历史教学评价的目的,在于构建发展性评价体系,以便在促进教师专业化发展的同时,切实提高教学质量。发展性评价功能,既注重选拔、筛选等一般功能,又强调积极导向、反馈调节、展示激励、反思改进等功能。

(一)积极的导向功能

教学评价具有积极的导向功能,即评价本身具有引导评价对象(教师)朝着理想目标进步的功能。抑或说,评什么、怎么评也是在引导被评者(教师)做什么、怎么做。既然教学是一种有目的、有计划的活动,那么教学评价也应该确保教学目标的实现。评价必须为教师指明教学的努力方向,必须为教师确定明确的达成目标。如果教学评价的导向出现偏差,就会给教师的教学带来不良的影响。

"唯分数论"势必对教师的教学目的和学生的健全发展带来严重影响。因此,历史教学评价应充分发挥积极的导向功能,引领教师达到理想的教学目标。概括地说,历史教学评价要以提升教师专业素养为其价值取向。例如:建立多元评价标准,根据所教学生的不同发展状况对教师实施差异性评价;采用多样化的评价手段与方法评价教师的教学,将定性评价与定量评价有机地结合起来,既有教师对其教学的自评,也有同伴之间的互评,还有学生对其教学的评价。建立畅通的评价信息渠道,促使教师及时地改进教学状况,提升教学质量。

（二）切实的鉴定选拔功能

鉴定功能是与评价活动同时出现的,它是教学评价不可或缺的功能。过去该功能有过于单一的弊病,伴随着教育科学的深化发展,当下教学评价中的鉴定功能有所削弱,但是,若矫枉过正就得不偿失了。历史学科教学评价的鉴定选拔功能主要表现为以下两个方面。

(1) 认可鉴定。指对教师某一阶段（如学期或学年）的教学作出认可性的评定,以此判断教师已达到的教学水平是否能够胜任历史教学。认可鉴定中的学期教学评价、学年教学评价,其评价目的在于了解教师在学期或学年内的历史教学进度、执行情况及其教学行为的改变情况。其评价范围主要涉及学期或学年的历史教学内容,开展历史教学活动的方式和方法,学生历史学习的效果,学生、同行对其历史教学的意见等。评价方式有查阅学期或学年评价记录、开展问卷与访谈、历史测验等。

(2) 选拔评优。主要通过对被评者的鉴别进行相互间的比较。教学评价中的选拔评优不同于一般的认可鉴定,它更注重个体在群体中的位置,测评结果的分布要求尽量拉开档次,便于甄别和筛选,如参考在各种形式的课堂教学技能竞赛活动中的成绩等。

（三）适时的反馈调节功能

适时的反馈调节功能是指将评价结果以科学的、恰当的、具有建设性的方式反馈给被评价者,使其乐意接受,并对自身有更为客观、全面的认识。

从历史教学评价活动中,可以获取教师对内容结构、教材处理、教学方法,教学语言和教学技能等各方面的反馈信息,由此让教师了解到自己的教学实施能力。教师还可以从领导、同行、同学的评价中,了解自己、认识自己,知道哪些是自己的强项,哪些是自己的弱项,以便进行自我调节,加强自我专业修养。教学评价提供的反馈信息,可以使教师进一步明确教学目标,了解教学目标的实现程度和教学活动中采用的教学方法、教学策略、学习方式等是否有利于教学目标的实现。

历史教学评价的反馈调节功能注重评价者和被评者（教师）在教学评价中彼此之间的交流研讨,强调在相互平等、尊重和互利的基础上,通过协商、讨论、辩论等不同的沟通方式进行评价,以获取评价的最大的历史教学效益及教师自身的专业发展。

（四）发挥展示激励功能

展示激励功能是指为教师提供一个自我展示的平台,从而成为激励其发展的一个有效手段。在历史教学中,教师可借助评价者提供的观摩课、示范课、公开课、常规课以及各种竞赛等平台,充分展示自己的历史教学风格和教学技能,这些展示无疑会激发教师的内驱力,产生成功的体验和快乐,从而激励其获得更大的发展,以不断提高历史教学水平。

因此,历史教学评价的展示激励功能,要求在评价中为教师提供自我展示教学效果的平台和机会,鼓励教师通过这些平台,展示自己,获得成功的喜悦,查找自己的不足和存在的问题,以激励教师研究历史教学,改进历史教学,认真备好历史课,上好历史课,争取得到最佳的历史教学效果。

(五) 利用好反思改进功能

反思改进功能是指通过评价促进教师总结与反思自己的历史教学行为,以不断改进和完善自己的历史教学。这种评价具有一种激发情感、鼓舞斗志、反思改进、积极向上的功能。评价本身不是目的,提高和改进才是评价的真正意图。这一观点,国外研究者早已提出:"评价的最重要的意图不是为了证明,而是为了改进。"

在历史教学评价中,教师既是被评价者,又是评价者。作为评价主体,教师通过参与历史教学评价,在评价的过程中不断发现自己教学的优缺点,体现自己每一步的进步与成长,从而能自觉主动地对自己的教学进行评判,总结自己在教学中的经验教训,并对此进行反思,做好下一步计划。反思改进功能的发挥,要求在评价中,教师应通过不断撰写教学反思日记、教学反思札记等文章,不断反思自己的历史教学行为,改进自己的教学效果,提高自己作为被评价者的自我反思意识和自我进步的能力。

对教师的历史教学评价的上述功能,概而言之,教师的发展性功能即不断促进教师作为评价对象在原有水平上继续提升的功能。这些评价功能的充分发挥,可促使教师的历史教学行为发生根本性转变,体现了教师不仅仅是历史教学改革的实施者,更是历史教学校本课程的开发者,伴随着历史课程教学改革而不断成长和发展。

三、中学历史教学评价的类型

依据不同的分类标准,教学评价可以有不同的分类方式:依照评价标准可划分为相对评价和绝对评价;依照评价功能可划分为诊断性评价、形成性评价、总结性评价;依照评价表达方式可划分为定性评价和定量评价。在此结合历史教学的实际情况,主要着眼于表述评价功能涉及历史学科的教学评价类型。

(一) 诊断性评价

诊断性评价亦称为"教学前评价""前置评价",是指在教育、教学或学习计划实施的前期阶段开展的评价。这种教学评价的重点是依据学生的学业诊断结果,对教学设计和组织实施进行分析,判断所采用的教学方式、手段和方法,是否与学生已有的知识储备、经验积累,以及情感态度与价值观等发展状况相适应,是否采用合理的、有针对性的教学策略和措施。诊断性评价可以让教师在课堂教学组织实施前,及时调整教学方案,完善教学组织,改进教学方法,达到提高课堂教学效率的目的。教学中的诊断性评价,重在让教师了解自己教学的准备情况,查找自己在历史教学中存在的问题,由此决定采用什么样的历史教学方式、手段和方法,以改进自己的教学。

(二) 形成性评价

形成性评价,又称"过程性评价""及时评价",是基于教学过程中的某项活动或过程以及存在的问题进行的评价,旨在使教师及时了解情况、发现问题,以便有针对性地对教学设计和组织实施的教学进行调整、改进和完善,保证教学目标的顺利实现。形成性评价是在教学设计的基础上,根据教学中客观存在的一些不确定因素,如学生的学习状态、兴趣和关注的焦点,学习环境与外部干扰等,通过对教师教学行为和学生学习的分析、判断和调查、测试等方式，获取信息，判定教学的效果、特点或不足以及存在的问题，为教师修改和调整教学方案提供必要的依据和参考。

形成性评价的目的在于了解教师在教学活动中形成或获得了哪些学科知识和教学设计能力，在教学实施中还存在什么问题，对此进行反思与总结，以及时改进教学过程。形成性评价要求教师在教学过程中，以一节课为一个单元，通过及时检查学生学习的进展情况，调整和改进自己的教学实施工作。

形成性评价对教师的历史教学设计提出如下基本要求。

■能够恰当地确定并准确、具体地表述教学目标。
■能够根据学生已有的知识水平和学习经验，分析学生的学习需求。
■能够恰当地确定教学的重点和难点，并采取有效的教学策略以突出重点和解决难点。
■能够对历史教材的内容进行梳理和分析，合理地组织教学内容；能够设计出合理的教学过程及完整的教学环节。
■能够选择适当的教学方法和手段，开展教与学的活动。
■能够合理选用多种历史教学资源。

形成性评价对教师的历史教学实施提出如下基本要求。

■能够运用合理的组织形式开展历史教学，恰当地运用教学策略和教学方法，完成教学任务。
■能够创设合理的历史情境，促进学生对历史的感悟和体验，引导学生积极思考。
■能够准确、清晰地表述历史教学内容，对历史概念进行正确的阐释，合理地对历史进行评析。
■能够有效地组织学生的学习活动，注重培养学生的历史学习兴趣与能力，对学生进行学习方法指导。
■能够坚持正确的思想导向，以正确的历史观、人生观和价值观引导学生。
■能够合理整合多种教学资源，运用现代教育技术进行历史教学。

总之，形成性的历史教学评价强调全面、综合和发展的原则，尊重教师的个性化和教学风格，通过评价，可以发现教师在历史教学方面的特长和优势，亦可诊断历史教学存在的问题，促进其自身的专业发展。

（三）总结性评价

总结性评价，又称"终结性评价""事后评价"，主要是针对教师在教学任务完成后所进行的评价，是对教师教学全过程的综合性测量和检验。

总结性历史教学评价一般是在教学活动告一段落时为把握最终的活动成果而进行的评价。例如，学期末或学年末的历史课程考核、考试，目的是验证学生的历史学习是否达到了历史教学目标的要求。总结性历史教学评价注重的是教与学的结果，借此对教师的历史教学所取得的成绩作出全面鉴定，区分等级，是对整个历史教学方案的有效性作出评定。

以上三种对教师教学的评价类型各有侧重，在历史教学中各自发挥着不同的功能和作用,有助于从不同的角度分析和判断教师历史教学的特点、特长和优势,发现历史教学中存在的问题,有针对性地进行调整、修正、弥补和完善。这三种类型的历史教学评价之间既有联系又有区别,主要可以从评价实施的时间、评价的目的及评价的方法等方面进行分析。下表对教师的历史教学评价的类型进行了比较。

教师历史教学评价类型比较表

类型	诊断性评价	形成性评价	总结性评价
实施时间	教学之前	教学过程中	教学结束后
评价目的	了解教师教学准备情况	了解教师教学过程,调整教学实施方案	检验教学结果,及时提供反馈意见
评价内容	对授课内容和授课对象的了解程度;教学方案设计情况;教学资源收集现状	教学目标的落实情况;师生互动有效教学课堂的构建;教学方式、方法和手段的多样化	课堂问题生成情况的处理;学生参与教学过程的激励;教学内容测评的效果
评价手段	个案观察、调查评议、作业抽查、测评预估	课堂观察、查阅教案、学生谈话、听课记录、观课评析	自我评估、同行评议、问卷调查、访谈记录
评价作用	查明教学准备情况和不利因素	确定教学效果和记录教学体验	评定教学效果,改进教学活动

三、中学历史教学评价的方法

历史教学评价方法是指评价者针对被评者(教师)的教学活动质量而采用的评价方法和手段,以实现历史教学评价的目的和任务。一般来说,对教师历史教学的评价方法有许多,如观察法、调查法、资料法、测验法、竞赛法、个案法等。在评价时,应根据历史教学目标的达成,灵活地加以选择,以促进教师改进历史教学,提高历史教学质量。

（一）观察法

观察法是指评价者根据历史教学评价指标要求,有计划、有目的地直接对教师的历史教学进行观察,从而获取相关信息的评价方法。历史教学评价运用观察法,应突出观察的教学内容重点,要充分利用录音机、录像机、摄像机、手机等现代信息技术手段进行观察。历史教学评价的观察法可分为自然观察法和选择观察法两种类型。

1. 自然观察法

是指评价者在不加任何控制的自然状态下的观察。如对教师平时的备课、上课、辅导、作业批改和教学态度等进行不通知本人的观察。这种观察的真实性、可信度高,容易发现被评者(教师)教学的真实状况。

2. 选择观察法

是指评价者在某一时间(上课)或特定场合(课堂)对教师有目的地进行观察。应当说,选择对教师的历史课堂进行观察,是评价教师历史教学最重要的方法。若从教学设计的角度进行历史课堂观察评价,可依据对一节历史课设计和制定的课堂观察指标及标准,其如下表所示。

历史课堂观察指标及标准

一级指标	二级指标	标准
教学目标	目标的制定	适宜性、全面性
	目标的实施	操作性
教学内容	内容的理解与表述	科学性、基础性
		思想性、逻辑性
	内容的组织与安排	突出重点、突破难点
		深度、广度适宜
教学手段、方法	使用目标	目的性
	使用种类	多样性
	使用效果	适用性
教学过程、环节	组织与展开	层次性、节奏性
	转换	有序性、流畅性
	搭配	合理性
	调控	有效性、灵活性
教学效果	教学目标的达成	整体性
		生成性
		突破性
		表现性
		灵活性
	教学特色的表现	独特性

（二）调查法

调查可分为全面调查和非全面调查两种类型。调查所选择的对象可以是学校、家庭或社会群体，主要应选择学生和教师同行进行调查，即进行学生评价调查、同行评价调查。

学生评价是历史教学评价的途径之一。学生是教学过程的主体，理应成为历史教学评价的主要参与者。学生评价教师的历史教学，折射出教师在学生心目中的地位、威信及其教学受欢迎的程度。通过学生评价教师，可以反映出教师的教学态度、教学目标、教学内容、教学方法、教学进度等是否符合学生的认知发展水平。学生参与评价，既有助于提高评价的可信度，又有利于师生之间的信息沟通和互动对话，提高教师的历史教学水平，因此，历史教学评价首先应调查学生的评价，尤其是调查学生的历史学习效果，以此衡量教师所制定的历史教学目标是否达成。

教师同行评价是历史教学评价的另一途径。这种评价是教师同行之间相互评价和相互学习的过程，加之作为同行，熟悉教学工作情况及教学改革发展趋势，其评价的可信度和说服力较高，评价的有效性和权威性较强。因此，历史教学评价应调查教师同行的评价。主要调查教师同行怎样经常性深入历史课堂，去"推门观课"和"选择听课"，以此评价教师的历史教学情况。"推门听课"亦称"随机听课"，指事先不打招呼，上课前或授课中随机进教室听取教师的常规历史课。"选择听课"指事先和教师沟通,说明听评课缘由,再去听评历史课。两者相比,作为了解教师真正水平的"推门听课"的评价效果更好。此外,教师同行还可选择一些公开课、示范课、竞赛课进行调查,以此评价教师的历史教学效果。

历史教学评价的调查法在实际操作中,可采取访谈、问卷、查评等具体方法进行。

1. 访谈法

访谈法是指调查者采取和教师交谈的方式获取评价的资料。这种方式适用于对教师的教学态度、教学设想、教学安排和有关教学问题的认识的了解。访谈的关键在于访谈前要根据访谈对象拟定好访谈提纲;访谈中做好访谈记录;访谈后要及时整理资料,撰写访谈调查报告,进行评价研讨。

2. 问卷法

问卷法是指调查者根据评价指标的要求,提出一系列问题,设计一套问卷,要求被评者(教师)在正常状态下答卷,以获取评价的资料。历史教学评价问卷设计的关键在于选择好重点调查的内容,以增强评价的可信度和说服力。

3. 查评法

查评法是指评价者在调查中,根据评价目标和评价指标的要求,通过查阅教师的有关教学资料,对教师的历史教学进行评价。教师历史教学中有许多资料,如教师的历史教学设计方案(教案)、历史教学研究会议记录、历史教学反思札记、历史教学总结报告等,这些资料在一定程度上反映了教师的历史教学改革和教学研究成果。历史教学评价在调查中查阅这些资料,有助于客观、公正地评价教师的历史教学水平。

(三) 自评法

自评法,亦称教师自我评价法,是指评价者听取被评者(教师)对自己历史教学效果的自我评价。这种历史教学评价是以教师自己作为评价的对象,可以是教师口头的自我评价,也可以是教师书面的自我评价,相对而言这是一种行之有效的评价方法,但又带有一定的主观性。尽管如此,自评法可提高教师的积极性,促使教师参与评价过程,进入评价角色,这样能够使教师以一种积极的身份参与到历史教学之中,从而获得良好的发展。

历史教学评价中的自评法包括以下三种具体的方法。

第一,参照评价法。即以别人对自己的评价作为参照系来评价自己的历史教学,这是构成教师自评的基础。教师根据别人的意见自评时,要判定他人评价的准确性及价值尺度。

第二,对比评价法。即通过他人的对比来评价自己的历史教学。教师与他人对比评价时,要正确选取可比对象,并全面、客观地进行比较。

第三,分析评价法。即通过自我分析来实现对历史教学的自我评价。教师在自我分析时,应把握好评价的价值尺度,善于抓住评价的主要问题和关键因素。

教师在对历史教学自我评价时,要讲好自己的"教学故事"或"教学片段",审视自己的教学行为,并依据一定的评价标准对自己的行为进行判断。为确保自我评价的有效性,教师要客观、公正地评价自己,防止评价过高或过低,这是教师成功进行历史教学自我评价的关键。教师自我评价应根据需要,采用量化与质性相结合的方式,防止过分依赖量表测试而忽略教师内心的情感评估。

综上所述,历史教学评价中教师的教学评价,对历史课程实施起着重要的导向和质量监控作用,是历史教学过程中不可或缺的重要环节,对教师的历史教学产生深远影响,因此,建立促进教师专业发展的历史教学评价体系势在必行。

第二节 中学历史教学评价的理念

中学历史教学评价,是教学评价在学科领域的进一步细化。它既遵循前节探讨的教学评价的一般规律和要求,也有自身学科的一些特点和要求。在新课程改革深入推进的形势下,评价形式、方法、手段等不断改进,从根本促进了评价理念的革新。所以,本节将重点探讨一个包括历史学科在内必须坚持的教学评价理念,即发展性评价理念。

理念是评价的灵魂。新一轮基础教育改革明确提出,要建立促进学生进步、教师和课程不断发展的评价体系,即发展性评价体系。不管是对教师"教"的评价,还是对学生"学"的评价,都应坚持发展性评价观,要更加注重过程性评价,发挥评价的诊断、激励、导向等正向的作用。

一、发展性评价的价值取向

"发展"是一个当前用得很广的概念。发展是指"事物由小到大、由简到繁、由低级到高级、由旧质到新质的运动变化过程"。发展性评价不是一种具体的评价方法,是20世纪80年代以后发展起来的一种关于教育评价的全新理念。

传统的教育评价存在的主要问题是对评价功能的认识混乱,往往出现许多偏向。如评价过分强调甄别和选拔的功能,忽视评价的综合功能;评价过分关注活动结果,忽视被评价者的进步状况和努力程度,忽视过程的评价;评价的主体和标准单一,过于强调共性和一般趋势,忽视个性的发展和差异性;评价内容片面,过于侧重书面考试,忽视书面考试以外的内容;评价方法单调,过于注重量化评价和纸笔测试;忽视评价结果的反馈与认同,使评价的反思、调控功能得不到充分的发挥;评价对象基本处于被动地位,其自尊心、自信心得不到很好的保护。

因此,要改进以往的评价系统,使评价成为教育的过程,成为促进学生发展的重要手段,通过新的评价模式去实现评价的综合功能。新课程改革以建立适应时代发展需要的评价制度和科学体系为重要任务之一。2001年,由教育部印发的《基础教育课程改革纲要(试行)》指出:"改变课程评价过分强调甄别和选拔的功能,发挥评价促进学生发展、教师提高和改进教学实践的功能。"评价的目的是促进学生、教师、课程不断发展。

历史教学的发展性评价,坚持"过程取向"和"主体取向"的价值理念,把评价作为教学过程的一个环节。"两大价值取向",是发展性评价的显著特点。

过程取向即把师生在教学过程中的全部情况都纳入评价范围,凡是具有教育价值的活动,都应受到评价者的重视,强调评价者与被评价者的交流,强调过程本身的价值,注重价值引导。主体取向即评价目的:让被评价者认同,评价者与评价对象共同建构评价的意义;以学生的个性、自由得到尊重作为评价的根本目的,强调评价者与被评价者平等交往;克服片面的量的评价;强调被评价者的自我评价。

教学的发展性评价是针对现行评价存在的弊端并为解决这些弊端而提出来的。与以往的评价相比:以往的评价过分强调评价的选拔功能,而发展性评价十分强调评价的促进功能;以往的评价注重的是一次性的终结性评价,而发展性评价关注的是多次性的形成性评价。也就是说,发展性评价是在事物发展进程中,综合发挥教育评价的多种功能,运用多种科学的评价手段,诊断出事物发展中产生的效果和存在的问题,激励评价者与被评价者发现问题,并对照问题改进自己、完善自己,然后求得发展。这一发展不仅使教育者通过发展性评价促进自己工作的发展,更应通过发展性评价判明学生潜能中的强项和弱项,使其扬长补短,智能得到全面充分的发展。

新课改背景下的发展性评价,对学生评价而言,就是要改变学生被动接受评价、评价形式"一卷定高低"的现状,它将定量评价与定性评价相结合,单项评价与综合评价相结合,阶段性评价与期终评价相结合,教师、家长的评价与学生自评,互评相结合。

历史教学评价的核心价值是以能否促进学生的全面发展、终身发展为根本,强调评价的"人本"精神,把具体目标定位在知识与能力、过程与方法、情感态度与价值观三维目标的有机结合上。评价内容不仅要考查历史知识、历史技能的掌握,而且要考查历史学习的过程与方法,更要把隐性的情感、价值观的表现纳入教学评价之中。中学历史教学评价必须克服纯粹关注知识教学的现象,高度关注历史教学对人的发展特别是可持续发展做出的努力。历史使人"明智,明是非、度得失,择善而从,资鉴开智",这应该成为评价历史教学的重要标准。

中学历史教学评价既关注结果,又关注过程,既关注学生的学习成绩,又关注学生的情感态度、价值观的形成与发展,做到三维目标的协调一致。既考虑学生的过去,重视学生的现在,更着眼于学生的未来,它不是给学生一个结论或一个分数,而是更多地体现对学生成长过程的关注与关心。因此,一个全面客观的评价结果,不仅是期末笔试的成绩,还包括平时的学习表现、学习态度、修养品质提升、创新能力和学习收获等。

二、发展性评价的重要特征

发展性评价里的"发展",核心是发挥评价的发展功能,不以淘汰为评价目的,而是为了"教育"和"促进",出发点和归宿都是学生的可持续发展。发展性评价具有以下重要特征。

1. 注重过程评价

学生的发展是一个过程,促进学生的发展同样要经历一个过程。发展性教学评价,坚持评价过程与历史教学过程并行,评价并不意味着教学的结束,而只是历史教学过程的一个环节。发展性评价强调收集并保存体现被评价者发展状况的关键资料,对这些资料的呈现和分析能够形成对被评价者发展变化的认识,并在此基础上针对被评价者的优势和不足给予被评价者激励或具体的、有针对性的改进建议。

2. 以被评价者的素质全面发展为目标

发展性教学评价基于一定的培养目标,这些目标指明了被评价者发展的方向,也构成了评价的依据。这些目标主要来自课程标准,也要充分考虑被评价者的实际情况。发展性教学评价将着眼点放在被评价者未来的需要上,目的是促进其达到目标而不是检查和评比。

3. 关注个体差异

尊重个体的发展差异,不仅指关注个体考试成绩的差异,还包括生理特点、心理特征、兴趣爱好等各个方面的差异。要正确地判断每个被评价者的不同特点及其发展潜力,关注智力的多元性,为被评价者提出适合其发展的具体的有针对性的建议。

4. 强调评价主体多元化

评价者应该是参与活动的全体对象的代表。以评价学生的某次学习活动为例,评价者应该包括教师、家长、学生、学校领导和其他与该学习活动有关的人。评价教师的教学,评价者也应该是教师自己、同行、领导、家长和学生等。

5. 以促进被评价者的可持续发展为根本目的

评价过程中,对被评价者现状的描述、评定等级,以及选拔标准必须是被评价者认可的,而且只能用于使被评价者认识自身的优势和不足,不应具有"高利害性",应充分保护被评价对象的积极性,激励被评价者明确方向,进行持续不断的努力。

综上所述,发展性评价,把评价作为教育、促进、激励的手段。作为一种教学理念,在评价形式上可以渗透在终结性评价中,但更多的是渗透在形成性评价中,体现在过程性评价之中。在发展性评价与传统评价方法的关系上,前者是后者在继承中的创新和完善。它具体表现在:一是从评价方法数量化到既关注量性评价,也关注质的评价;二是从评价主体单一化到评价主体多元化;三是从评价维度简单化到评价维度多样化;四是从评价目的功利化回归评价的本质。

三、发展性评价的实施策略

1. 注重评价内容的科学性,促进学生全面发展

中学历史教学评价体系,以追求学生综合素质的发展为目标,在评价内容上,坚持三维目标的有机统一。《普通高中历史课程标准(实验)》指出:"学生的学习评价是历史教学评价的重要组成部分,具有反馈、调控教学并促进学生全面发展的重要功能","学习评价必须以《普通高中历史课程标准(实验)》为依据,遵循既注重结果,也注重过程的基本原则,灵活运用各种科学有效的评价手段,对学生的知识与能力、过程与方法、情感态度与价值观做出定量和定性相结合的评价"。《义务教育历史课程标准(2011年版)》在课程实施的"评价建议"中指出:"评价的主要目的是全面了解学生学习历史的过程和结果,激励学

生学习,促进学生的学业进步和全面发展,以及改善教师的教学和提高教学质量。"评价须以此标准中的"课程目标"和"课程内容"为依据,注重目标、教学和评价的一致性,运用科学、可行和多样的评价方式,对学生的历史学习过程和效果进行价值判断。

2. 力求评价方法的多样性,促进学生主动发展

发展性学习评价方法必须打破将考试作为唯一评价手段的做法。《义务教育历史课程标准(2011年版)》指出:"学习评价应坚持诊断性评价、形成性评价与终结性评价相结合,教师评价与学生自我评价、同伴评价相结合,量化评价与质性评价相结合的原则。既要注重评价学生的学业成就,如历史知识、能力、思维方法与品质等,还要考虑到学习的其他变化,如对所学内容的情感倾向、对学习方式的效果领悟,以及与相关学科的迁移情况,特别是学生对历史认识上的变化。"

(1) 定性评价与定量评价结合

长期以来,学习评价存在着过于注重量化评价的倾向,一些无法量化的实质性问题常常被排除在评价之外。定性评价尽管在评价过程中无法保证客观公正,但更多地考虑人的需要和价值,注重人的心理感受和情感体验,强调人与人之间的对话和交流,从而更适用于人性化的学习评价。发展性学习评价不以淘汰评价对象为目的,注意调动和保护被评价者的积极性,所以应采用定性与定量相结合的方式。定量评价可采用等级制,定性评价可采用语言描述,两者相辅相成。在学习评语中,应更多地关注学生已经掌握了什么,获得了哪些进步,具备了什么能力。通过鼓励性的语言,客观、公正、全面地描述学生的学习状况,充分肯定学生的进步和发展,同时指出学生在哪些方面具有潜能,哪些方面存在不足。这样有利于学生树立学习的信心,明确自己努力的方向。

(2) 终结评价与形成评价并重

单纯以学生考试成绩的优劣作为评价标准,势必会加重学生的学习心理压力,造成学校、教师和学生过分"重结果轻过程",严重影响学生全面发展的后果。新的评价理念要求不仅要关注学生的学习结果,更要关注学生在学习过程中的发展和变化,关注学生的情感态度与价值观的形成与发展。在课堂上、作业中,用口头表扬等多种方式,对学生的历史学习进行适时评价,发挥评价的激励作用和改进功能。

教师在日常教学行为中,要最大限度地挖掘学生的闪光点,进行激励式评价。教师要真诚对待学生,尊重学生的人格与情感,保护学生的自尊心,采取亲近式评价,缩短师生双方在心理上的距离,以防止学生形成自卑、自负或自欺等心理倾向。

(3) 静态评价与动态评价互补

发展性学习评价要关注学生的发展进程,重视学生个体过去与现在的比较,突出学生的纵向发展,着眼于学生综合素质的提高,使学生真正感受到自己的进步,而不是简单地分等排序。特别对于学习有困难的学生而言,能让他们看到自己的进步,从而产生学习动力。

3. 实现评价主体的多元性,促进学生和谐发展

发展性学习评价应由主观评价和客观评价协同作用来完成。应形成学生自评、同伴互评、家长参评、教师综合评定的民主的、开放的、网状结构的评价体系。

中学历史新课程要求"以人为本",学生是学习活动的主体,同样是评价学习活动的主

体。对于学习过程中的一些情感体验,学生的感受是最直接、最真实的。让学生在自我评价中反思学习过程,有利于其增强学习信心,提高学习能力。

小组合作学习是历史学习的一种方式。在小组合作中,学生所表现出来的各种素质,以及是否积极参加小组活动,是否有自己的观点和想法,小组内的伙伴们相互最了解,因此,同伴互评也很有必要。这样能培养和发展学生的合作意识和协作能力。同时,学生能看到别人的长处,认识到自己的不足,树立起学习的榜样,同时学习到怎样客观公正地评价别人。

由于家长与孩子之间的特殊关系,家长的评价对孩子的作用也不可低估。可以利用评价手册、家校联系卡、课外作业、实践活动等,让家长经常对学生进行评价,以发挥家长在学生成长中的作用。

教师是教学活动的组织者、指导者和参与者,是评价学习活动的主要成员。教师应协调好学生、同伴、家长之间的关系,做好综合评价工作,以发挥多主体评价的"合力"作用。在评价学生的同时,还可组织学生评价教师的教学。教师要创设轻松、民主的课堂氛围,让每个学生都有安全感,敢于对教师进行评价。可以就"老师,我喜欢……""老师,我不喜欢……""老师,我想说……"等话题,让学生大胆地对教师提出要求,做出评价。这样不但有利于教师改进教学,而且能提高学生的民主意识,促进师生关系的和谐发展。

评价主体多元化的形成,从不同角度为学生提供了了解自己学习发展状况的信息的渠道,有助于学生更全面地认识自我。学生的每一点进步,教师的每一次鼓励,家长的每一份关爱,都会对学生的成长产生积极的作用。

4. 评价结果的解释与反馈

历史学习评价结果的解释,要充分考虑影响评价结果的综合因素。对于评价结果的解释与反馈,要更多地关注学生的进步,注重学生在知识掌握、能力发展、方法运用、问题解决、论证及表述等方面的提高,以及学习过程中的合作交流、情感态度等方面的变化。通过对评价结果的反馈,对学生给予及时的、适当的、有针对性的鼓励、指导和帮助,使学生在了解自己学习结果的基础上,总结学习经验,扬长避短,建立自信,激发内在的学习动力,更积极地投入学习活动中。在评价中要考虑到学生个体的差异,要真正使评价能够促进每一个学生的发展。

四、历史教学有效实施发展性评价需要满足的条件

1. 评价参与者对"发展"具有共同的价值理念

对同一事物或现象采用不同的价值标准可能会得到不同的判断。不管是教师之间还是师生之间,如果希望通过某种评价去促进被评价者的发展,评价参与者对什么是被评价者的发展和如何促进这种发展必须具有共同的价值理念。这些价值理念应该是已经具有的即现实的,或者应该是潜在的,即在评价之前通过沟通和交流之后可以成为现实的。有效实施发展性评价的前提是评价的参与者必须具有共同的价值理念。

如教师对学生进行评价,根据其对学生的期望选择特定的评价行为。如果教师对某个学生有较高的期望,那么他就会更倾向于给学生提出有挑战性的学习目标。即使学生没有达到预期目标,教师也会给予更多的宽容和理解。在这种情况下,教师在评价中更多

地给予学生信任和鼓励……从学生的角度来讲,一旦教师的期望被其感知到,这种期望就会成为其确定自身价值、评价自身发展水平和可能性的重要线索,在此基础上形成主动发展的动力。学生会将教师对他们的期望作为一种"预言",形成积极的自我评价与自我定位,进而对自己也会产生一个较高的期望,并且朝着实现"预言"的方向努力。

发展性评价的实施,评价者作为主导方,要对被评价者形成合理、积极的期望。评价者要根据被评价者的具体情况,确定被评价者的"最近发展区",使之明确自己努力的目标。该目标既要富有挑战性,也不能难度过大,以免使被评价者丧失信心。评价者应在日常评价中通过多种渠道表达对被评价者的期望和激励。要给予更多的关怀,允许存在不足,具有包容心,给予改正错误的时间和机会。及时肯定其进步,当遇到困难时,要给予有力的支持等,使其感受到期望,树立起信心。

2. 评价者和被评价者实现有效沟通、相互理解

在评价的过程中,无论是确定评价目标、收集评价信息,还是给予反馈和指导,都是评价参与双方互动的过程。因此,评价者和被评价者之间如何沟通、沟通的品质如何,直接决定了评价具有多大程度的有效性。

如日常教学的评价,每个学生的生理心理素质、个性特点、生活环境、兴趣愿望和能力特点等都存在差异,他们在学习中有特定的优势和不足,其背后的原因也是各不相同的。因此,在教师对学生的评价中,教师对学生多方面的深入了解,不但有利于教师知道学生的学习状况"怎么样",更有利于教师明确"为什么"。此外,师生双方在评价中达成理解,有利于师生拥有共同的目标和努力方向,避免学生被动接受评价,有利于学生理解和遵从教师的指导,从而大大提高评价促进学生发展的有效性。

效益是人类一切活动的主观追求,评价活动必须产生效益。水平性评价和选拔性评价的活动具有高利害性,它们的甄别属性对促进被评价者发展的效益相对较低;发展性评价则有利于评价者和被评价者都在评价中得到效益。但在评价过程中,所得的效益必须是双方可以共享的,否则,无法开展有效的发展性评价。事实上,如果评价者与被评价者是竞争激烈的对手,则在评价的过程可能相互拆台,无法实现评价的发展功能。

3. 对所评价的事实,评价者和被评价者须有基本相同的知识水平和认识水平

在评价过程中,价值判断是建立在事实判断基础上的,在对某一对象进行评价时,评价参与者必须都可以对要评价的内容进行正确的事实判断,而后才可能在此基础上做出可以达成共识的价值判断。例如,我们要评价一位教师的教学设计是否需要改进,并希望通过评价去共建改进的认识,实现评价的发展功能,那么评价者和被评价者对该教学设计中所涉及的学科知识的认识水平必须基本相同,如果水平差异太大,其中有一方无法对该教学设计中的学科知识做正确与否的事实判断,则根本无法对怎样改进该教学设计做出可以达成共识的价值判断。可见,在进行发展性教学评价的过程中,不能选择对评价内容所涉及的学科知识外行的人作为评价者,在教育评价中,简单的行政介入,无法实现评价的发展功能。

第三节
中学历史教学评价案例分析

教学中评价方式的变革是本次课程改革的核心内容之一,将关注教学过程的发展性评价引入课堂,既可以改进课堂质量,又能提高学生的互动交流、不断反思的能力。

一、教学过程性评价的实践案例

 案例链接1:

岳麓版高一历史必修2第10课"近代中国社会经济结构的变动"一课的教学中,某教师让学生了解洋务运动的内容后,设计了一个探究问题:"洋务运动是中国近代化的先导,你是否认同这个观点?"由于学生对洋务运动内容认知和理解上的差异,他们各抒己见,见仁见智,形成两个完全不同的观点,并进行了激烈的争论。该教师首先肯定学生进行了一番认真的思考,能为自己的见解阐述出各自的充分理由,也适时组织学生带着两个不同的观点进行分组讨论。同时教师也积极参与到各小组的讨论中,指点迷津,充当学生的"伙伴"。

最后,小组中的学生对两个观点的认知程度分别呈现出以下差异:有的学生认为,近代化特征主要包括经济工业化、政治民主化等方面,而洋务运动仅仅实现了机器生产而已,充其量是经济工业化,没有实现政治上的变革,因此不认同教师提出的观点;有的学生则认为,洋务运动已经创办了一批军事工业、民用工业,并采用西方先进技术和机器设备来进行生产,已经是经济工业化,所以已经迈进了近代化,应该算是近代化;也有学生认为,洋务运动没有完全实现中国近代化,所以不等同于中国近代化,但可以算是近代化的先导。

案例分析:

真理是越辩越明,教师在小组中适时发表自己的意见和作出恰如其分的评价,使观点不同的学生在相互倾听、彼此评价的过程中,对自己原有的想法进行了深入思考、辩论,最后实现了观点的统一。鼓励学生在某一教学问题上表达自己的认知和想法,在相互讨论、辩论、倾听的过程中,学生会暴露出自身认知的不足和偏见,学会倾听他人的正确观点,从而完善自我认知,在倾听与自我内化中获取知识。在此过程中,不可避免地会产生不同的意见和相互的评价,而且这种评价形式多样,来自教师和不同的同学;平等的氛围也更能让学生接受,并能让学生对不同的思想进行思考、评价。教师最后结合学生的想法提出自己相应的看法,这种评价方式更能让学生接受且容易得到延伸。

案例链接 2：

某校一次历史测验中考了这样一道题："北京拥有故宫、长城、天坛、周口店北京猿人遗址等世界文化遗产。北京市有关部门宣布，将对北京现有六处世界文化遗产中的大部分景点提高门票价格。对此决定，有人赞同，有人反对。请从如何更好地保护和发挥世界文化遗产作用的角度，谈谈你的看法。"

这道题属于开放型试题，学生站在不同的角度思考，答案也就不一样。在评卷过程中，教师发现一位历史基础比较薄弱的学生，他平时主观题得分不高，在课堂上也表现得缺乏自信和学习兴趣。但这次考试中，他对这道题却答得相当好，理由充分，分析得体，而且文笔流畅，这不正是这位学生的闪光点吗？因此，任课教师课后单独找了这位学生对他的试卷进行了分析，充分肯定了他的优点，然后指出不足，明确指出他很有学习历史的潜力，只要努力，历史成绩一定能提高。这次测试，这位同学收获了学习的乐趣和自信。经过一个阶段的努力学习，他的学习成绩得到明显提高，特别是对历史学习有高度热情，经常与同学、老师交流历史学习问题。

案例分析：

学生个体的差异，很容易造成教师的偏见，会导致实施评价上的不公平性，造成严重的后果，往往使学生丧失了学习的自信和兴趣，可能会对学生的一生留下严重的阴影，令学生做事缺乏勇气和自信。而发展性评价要求实施评价者有积极的心态，包容对方的不足，用赏识的眼光去发现学生的闪光点，让学生产生积极心态，积极参与思考、体验被评价的快乐，收获成功和自信。可以说，良好的评价犹如一缕春风，如学生成长道路上的一盏明灯。如何在评价中做到"润物细无声"，使学生能更多地感受到学习的乐趣和成长的自信，还需我们不断努力。

二、中学历史试题命制技术与试卷分析

（一）命题的基础知识

1. 命题的概念

试题编制就叫作命题，又叫出题目，在训练和考试测量中占有重要的地位。命题是历史教学工作的一个重要内容，是教学信息输出和反馈的重要途径，也是教学测量和评价的基础工作，具有多方面的功能。命题的质量，制约着教学的过程和结果，直接影响着教学的有效性和学生的发展。

2. 命题的类型

历史学科的命题，涉及历史教学过程的各个环节。按功能分类，不仅指各类测试的命题，也包括课前预习、课堂训练、课后练习以及各种复习练习的命题；按题型分类，命题又可以分为填空题、选择题、判断题、简答题、材料解析题、探究题等；按命题的主体分，还可以分为教师命题、学生命题、师生合作命题等。

3. 命题的构成

命题一般由三部分构成：题目、答案和评判。命题是一种教学行为，表述时应做到准确、简洁、可实施、易检测。

(1) 题目的表述

题目的表述通常有三个要素：行为动词、提示条件、预设程度。

①选准行为动词

根据训练或考试的目标，命题中的行为动词用来指定学生做题的具体行为，这种行为必须是学生可接受并且可检测的。

训练或考试要达到的目标大致可分为知识性目标、技能性目标和体验性（感悟性）目标。这三类目标的学习水平都可区分出不同的层次，命题时应根据层次要求选用对应的动词。

如知识性目标的学习水平可以分成识记、理解、应用等层次。若命题指向识记层次，对应的动词有"列举""知道""了解""说出""讲述""简述""复述"等；若命题指向理解层次，对应的动词有"概述""理解""说明""阐明""归纳"等；若命题指向应用层次，对应的动词有"分析""评价""比较""探讨""讨论"等。

②明确提示条件

提示条件指训练或考试的辅助性或限制性的特定前提。条件的表述大致有四种：一，允许辅助，如："可以查阅工具书。"二，提供相关信息，如："阅读材料，结合课本知识分析。"三，限制答题字数，如："请用自己的语言概括材料一的观点（不得超过10个字）。"四，限制答题范围、情境等，如："请根据材料总结得出结论，但不得照抄原文。"

(2) 答案的拟定

答案一般分标准答案和参考答案。所谓标准答案是非此即错的答案，具有唯一性；所谓参考答案是提供参照，不作统一规定的答案，不具有唯一性。一般来说，指向识记、简单理解的知识性目标的命题（大多以填空题、选择题、判断题的形式呈现），所拟的是标准答案；较复杂的理解类和应用类命题（多以材料解析题、探究题等形式呈现），所拟的是参考答案。参考答案的拟定要依据课程标准和学生的实际，考虑学生思维和解答方法的多样性。最好拟定几个答案，让阅题评判者有多种参考。

(3) 评判的方法

评判包括评定对错和判别成绩或优劣。评定对错通常用"√""?"等符号，也可用评语来表述，或两者结合起来使用；判别成绩或优劣通常有两种方法，一是打分数，二是用等第（如优、良、中、差等）来表示。评判者主要是教师，也可以在教师指导下，让学生参与评判（自评或互评）。

(二) 历史试题命制原则

1. 试题的设计要符合测验目的；
2. 试题的取样应有代表性；
3. 试题的难度适当；
4. 试题的文字力求浅显简短、简明扼要，既排除与解题无关的因素，又不能遗漏必要的条件；

5. 各个试题之间应彼此独立，不可互相牵连，不要使一个题目的答案影响另一个题目的答案；

6. 尽量避免或者最少地使用否定句（如"不"）、特定的限定词（如"总是""从不"）和"以上全对""以上全错"或者"以上选项中至少一个正确"；

7. 试题要有一定的覆盖面；

8. 试题要具有一定的难度和区分度。

（三）历史试题命制的过程

1. 四项充足的准备工作：

（1）准备好义务教育或高中历史课程或者是本省的"历史学科教学指导意见"；

（2）修订后的历史教科书，主要用来校对试题的准确性和针对性；

（3）制定双向细目表，主要用来规范试题选取、分布和来源等信息；

（4）准备权威的历史专业书籍和教学专业期刊，主要用来扩大教师自身的知识面，提高历史试题命制水平。

2. 历史试卷的命制过程

（1）立意

所谓立意是指试题所要反映的考查目的，它是试题的核心或主题，包括知识、能力和情感态度价值观。这一过程要求历史教师做到：确定试题的主题意义，把其涉及的知识内容与能力要求结合起来，根据所要达到的测试目标组织知识内容；立意要主题鲜明、观点明确、理论清晰，每题的考查目标应独立、完整；立意要重点突出，考查目标要有层次和相关性，立意不能偏离主题，同时还应和考核目标的各层次相联系。

（2）选材

这一过程是实现立意的关键，关系着立意表达的程度。历史教师要做到：服从立意，根据立意要求剪裁、选择有关的知识内容，尽量避免无用信息；根据考生的生活经验和理解程度选材，材料不能超出学生的理解程度，否则会降低考试的效度；选材要科学、可信，材料不能凭空捏造；材料选择时应尽量体现新颖性，但不是要刻意追求新奇，而是指内容与形式的新颖，与现实生活的多样性紧密相连。

（3）设问

设问是试题的呈现形式，关系着立意的实现程度。历史教师在这一环节要做到：围绕立意、根据材料和情境选编设问；设问要针对重点内容并涵盖其他内容；设问方式新颖、巧妙、灵活，避免使用生硬的设问，既要有学术性，更要注重考生接受设问的亲切性；设问语言准确、简明、通俗。

（4）完善

经过上述三个环节，题目大体成型，但是还存在材料不足以说明问题、试题用语流畅欠佳等需要完善的地方，因此这一环节主要就是力求细节的完善，教师尤其要注意对史料和问题的完善，特别是史料的准确性、出处、适用性等方面要仔细推敲。

(5) 磨题

教师在磨题环节时要注意：一，要立足于宏观视野。即要将试题与历史课程标准要求、教学指导意见、教科书及考试大纲比对，防止试题超纲。二，要同时对试题参考答案和分值进行设计。答案的设计应该是没有争议的，教师要通过答案反观设问是否考查了学科主干知识。答案分值的设计是主要查看试题的题量是否合适，分值设计要合理。三，要根据双向细目表，看设问是否达到了细目表的要求，考查了学生的不同层次的能力。四，就是对试题包括答案的语言进行完善。

(6) 制定评分标准

这一环节主要针对主观性试题，评分标准要体现足够的包容性，但核心的关键词是必不可少的内容。教师可以根据考试的性质来制定以基础知识掌握为主还是以考查学生能力和态度为主的评分标准。在小规模的测验中，教师如果能够运用 SOLO 分类评价的方法来进行评价则效果更好。

 案例链接

SOLO 分类理论："SOLO"，是英文"Structure of the Observed Learning Outcome"的缩写，意为：可观察的学习结果的结构。SOLO 分类评价理论是香港大学教育心理学教授比格斯（J. B. Biggs）首创的一种学生学业评价方法，是一种以等级描述为特征的质性评价方法。这种理论不仅有完整的体系，而且有坚实的实践基础。比格斯和他的同事在澳大利亚和香港做过大量的实验，使该理论与历史、地理、数学、英语等学科的评价结合起来，收到了较好的效果。

（四）历史试题的分类及其命制

1. 选择题及其命题设计

(1) 选择题的题型和特点

历史试卷主要包括三大题型：单项选择题、材料解析题和问答题。人们习惯将单项选择题称为"客观题"，将材料解析题和问答题称为"主观题"。

1981 年的历史高考试题中首次出现选择题型，随后选择题型不断进行改革，到 1985 年选择题发展成现在的单项选择题形式，1989 年历史高考试卷中正式出现了多项选择题。1994 年选择题中开始融入历史材料，1999 年开始高考历史试卷取消了多项选择题。历史选择题具有以下四个特点：

一，可以用来测量学生各种不同层次的学习结果，不仅可以测量学生掌握所学知识的程度，而且可以用来测量学生对所学知识的理解、分析、判断、应用和综合的能力；

二，评分标准统一、客观，不受评分人主观因素和答卷人提出意想之外的答案等影响，并且可以利用电脑快速评卷，从而大大提高测验的信度，提高评卷的速度和自动化水平；

三，难度变化大，选择题可以将众多复杂的历史知识、历史概念、历史理论以及史学研究动态等因素综合编成题目；

四,容易转换出题角度,选择题的题干和选项只要稍微加以改动,很容易就变化了试题的考查角度,如对历史人物的考查,可以从人物的主要事迹、史学研究成果、与人物相关的历史事件等多角度设问。

(2) 选择题的题型设计形式

①填空式

休慈斯在某书中写道:"(他)是历史中绝无仅有的三重创立者,他创立了一个民族,一个帝国和一个宗教。"这里的"他"是指 （ ）

A. 孔子　　　　　　　　　　B. 悉达多
C. 耶稣　　　　　　　　　　D. 穆罕默德

②图表式

安徽六安双墩汉墓遗址被评为全国"2006年度考古十大新发现"之一。下图所列物品不可能由该墓出土的是 （ ）

 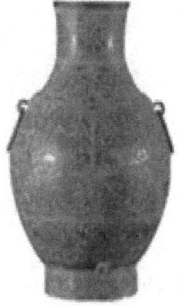  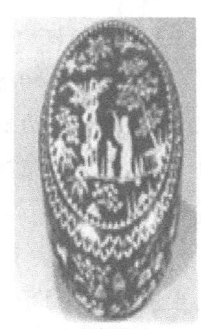

水稻种子　　　　铜壶　　　　青花瓷　　　　漆器

③比较异同型

新加坡和韩国都是新兴工业化国家。两国获取工业化资金途径相同之处是 （ ）

A. 主要利用农业的剩余资金　　　　B. 依靠资源出口换取资金
C. 大力吸收外国资金　　　　　　　D. 主要依靠转口贸易积累资金

④否定逆向型

下列有关资本主义世界市场初步形成的表述,不正确的是 （ ）

A. 工业革命推动的结果
B. 打破了殖民地、半殖民地原先落后封闭的经济结构
C. 为新兴工业资产阶级获取更广阔的市场和更丰富的原料提供了便利
D. 开始打破各大洲之间的相对孤立状态

⑤因果推定型

1932年,英国外交大臣奥斯汀·张伯伦说:"世界近两年正在倒退,各国相互之间不是更加接近……而是又采取危及世界和平的猜疑、恐惧和威胁的态度。"造成当时世界"正在倒退"的主要原因是 （ ）

A. 资本主义世界的经济危机　　　　B. 欧美主要国家的绥靖政策
C. 德意志法西斯的轴心同盟　　　　D. 帝国主义列强的反苏心理

⑥最佳选择型

新文化运动与维新变法思想、革命派思想在中国现代化过程中,都曾发挥了思想启蒙作用。相比而言,新文化运动的"新"主要表现在 (　　)

A. 传播了资产阶级民主革命思想

B. 对中国传统礼教思想的抨击与文化革新

C. 提出了关于"文学革命"主张

D. 丰富了辛亥革命后的文化成果

⑦材料解析型

唐太宗曾说:"以天下之广,四海之众,千端万绪,须合变通,皆委百司商量,宰相筹划,于事稳便,方可奏行。岂得以一日万机,独断一人之虑也。且日断十事,五条不中,中者信善,其如不中者何?以日继月,乃至累年,乖谬既多,不亡何待?"这段话表明,唐太宗意欲 (　　)

A. 强化宰相权力削弱皇帝专权

B. 完善中央机构提高决策效益

C. 培植亲信势力制约宰相权力

D. 改革科举制度选拔经世贤才

⑧学科综合型

下列曲线图反映了我国 1953—1958、1959—1964、1970—1975、1979—1984 年四个时期国内生产总值(GDP)增长率的变化。其中与 1959—1964 年相对应的是 (　　)

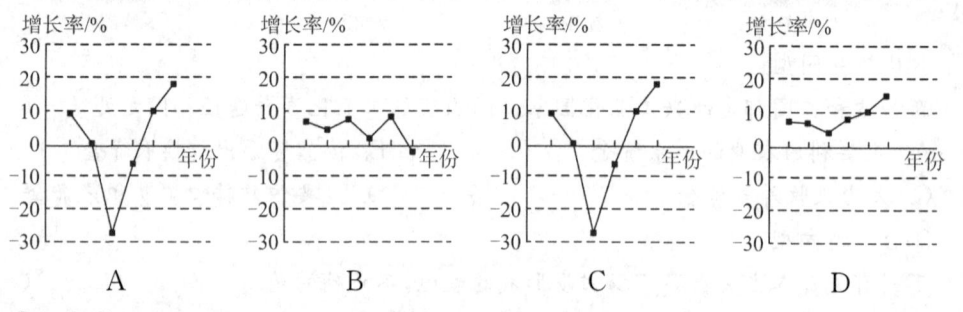

⑨组合型

1939 年成为英法绥靖政策牺牲品的国家是 (　　)

①奥地利　②捷克　③波兰　④挪威

A. ①② 　　　　　　　　　　　　B. ③④

C. ②③ 　　　　　　　　　　　　D. ②④

2. 材料解析题及其命题设计

(1) 材料解析题的特点

一,强调对材料的理解,要求应试者能理解历史文献所记载的内容;

二,强调知识和观点的运用,要求中学生必须掌握中学历史教科书提供的历史知识网络;

三,强调从分析研究历史材料中自己得出结论,体现历史学科"论从史出、史论结合"

的特征;

四,强调更全面测试历史学科能力,材料解析题的测试功能包括测试应试者再认、再现历史知识,材料处理,历史阐述和文字表达四个方面的能力。

(2) 材料解析题的类型及设计

①文字型材料题。文字型材料解析题可以包括文言文、现代文、外文翻译等多种文字来源,主要考查学生读懂文字的含义、挖掘文字背后的意义,结合设问利用所学历史知识回答问题。

例1:阅读下列材料,回答问题。

述　怀

[宋]李纲

胡骑长驱扰汉疆,庙堂高枕失堤防。

……

退避固知非得计,威灵何以镇四方?

中原夷狄相盛衰,圣哲从来只自强。

诗中的

(1) 胡骑指什么?

(2) 退避指朝廷的什么政策?

(3) 中原指什么?

(4) 李纲为何如此述怀,渴望自强?

例2:阅读下列材料,结合所学知识回答问题。

郭沫若把春秋战国时期比拟为"第一次五四运动"。他深刻地指出:是"社会的转变"促成春秋战国时期的"百家争鸣、群花怒放",而且,"由秦到现在两千多年了,我们依然感觉着春秋战国在学术思想史上是中国的黄金时代。那时的思想学术,无论是南派、北派,都富有独创精神"。

(1) 郭沫若为什么称"春秋战国在学术思想史上是中国的黄金时代?"春秋战国时期出现学术思想史上的黄金时代的原因何在?

(2) 在探究活动中,分组讨论是重要环节。对于春秋战国时期的时代特征,甲组得出的结论是"战乱与灾难",乙组得出的结论是"进步与发展"。如果你是此次讨论的参加者,你会如何理解上述观点呢?

这类题的命制需要注意几个方面:一,文字材料应符合一般学术阅读或理解水平。必要时,应对有可能产生阅读或理解障碍的部分作出注释,避免与考查目标无关的因素影响学生解题;二,文字内容的选择应尽量与学生的现实生活或平时所学知识结合起来;三,所选文字本身必须具有较高的真实性、可靠性。

②数据型材料题。这一题型包括数字表格、各种统计图形等命题方式。

例1:阅读材料,结合所学知识回答问题。

材料：

西汉农民家庭年收入(粮食)与支出情况表　　　　　　　　　单位：钱

	项目		数量	备注
收入	粮食		8 500	折算为货币后的大致值
支出	赋	田租(上缴实物)	283	同上
		算赋和口赋(上缴货币)	406	
	役	兵役和徭役	2 300	除部分兵役必须亲身应役外,其余可亲身应役或上缴货币代役,2 300钱为代役的货币数量
	日常开支	食	4 918	据战国比例推算
		衣	2 732	同上
		祭祀等仪式	300	以战国数据为参考

——资料来源:《汉书·食货志》;《居延汉简甲乙编》

问题：

(1) 计算材料中西汉农民家庭年收入(粮食)与支出的差额。

(2) 据《汉书·食货志》记载,冬天农闲时,农妇常聚集在一起夜织。结合问题(1)的计算结果,简要分析材料中的西汉农民为什么会采用这种耕织结合的经济形式。

(3) 西汉在耕织经济体系下出现了引人注目的商业繁荣现象。根据问题(2)中的信息,简要分析西汉赋役政策和耕织经济形式如何促进商业繁荣。

(4) 有人认为,西汉商业繁荣说明当时已经出现了资本主义萌芽。根据问题(3)中的信息和所学知识,判断这一观点是否成立,并说明理由。

这类题的命制需要注意几个方面：

一,要充分利用各种数据考查学生的归纳、整理问题的能力,要求学生从不同角度分析历史事件的原因、总结历史事件的意义;

二,数据的统计一定要保证正确性和客观性;

三,如果涉及学科综合问题,设问时要考虑学生相应的能力。

③图片型材料题。此类题目以图片、文物、漫画、地图等为素材,要求从这些材料中获取有效信息,回答相关问题。与文字材料相比,文物、图片、漫画、地图材料形象生动,能充分调动考生的形象思维,并能增强试卷的活力。因此,这些材料在近几年高考命题中运用较多。

例1：文物是重要的历史资料。人们从先秦铜器不仅看到了那一时期的各种器皿、兵器和工具,而且了解到当时的冶炼技术、生产水平、文字、艺术和社会生活等各种情况。

材料一：毛公鼎是中国二千八百多年前的一件宗庙祭器。它的内壁铸有铭文,铭文32行、498字,是现存商周两代七千多件有铭文的铜器中,铭文最长的一件。全文可分五段：1. 追述周代文武二王开国时政治清平的盛况,对比作鼎时时局不靖;2. 宣王策命毛公治理邦家内外;3. 给予毛公以宣示王命的专权;4. 告诫鼓励毛公以善从政;5. 赏赐毛公车、兵、命服。毛公为表示感谢和称颂周天子的美德,作鼎以为纪念。

材料二：《国语》记叙,春秋末年,晋国贵族范氏、中行氏在国内战争中失败后逃往齐国,其子孙成为齐国农民,"将耕于齐,宗庙之牺,为畎亩之勤"。意思是说,把过去宗庙里作为牺牲祭品的牛,用于田间耕作。孔夫子三千门徒中有一名姓冉、名耕、字伯牛的,还有一位姓司马、名耕、字子牛,又有名司马犁的,以耕和牛分别用于名和姓,说明当时以牛为耕已是常见的事了。

毛公鼎

毛公鼎铭文拓片(局部)

春秋穿有鼻环的牛尊

嵌错赏功宴乐铜壶

回答:

(1) 你能通过《毛公鼎》及其铭文获取哪些历史信息?

(2) 结合材料二,说明春秋时期穿有鼻环的牛尊的发现有何意义?

(3) 运用所学知识,仿照材料一,对上图"嵌错赏功宴乐铜壶"作以简要的介绍。

这类题的命制需要注意几个方面:一,根据需要,命题者应对文物图片做适当的文字注释或说明;二,针对图片的设问尽量保持一定的开放性,不宜将范围局限在某一点或某个特定的方面。

④混合型材料题。历史混合型(文字、数据、图片的综合)材料解析题难度最大,要求最高,对考生的能力考查最全面:一方面,考查学生对各种历史材料的理解和认知能力;另一方面,又考查学生对各种历史材料的分析、处理能力以及对知识的综合运用和理解能力。

例1:阅读材料,回答下列问题。

材料一:京杭运河是世界上最长的人工河流,也是最古老的运河之一。它和万里长城并称为我国古代的两项伟大工程。大运河是中国水利工程史上的一座丰碑,展现着古人的聪明才智;它又是一条血泪之河,浸透着无数黎民百姓的苦难。自古以来,人们从多个角度,对京杭大运河进行着不同的解读。唐代诗人皮日休在《汴河怀古》一诗里赞颂这条大运河说:"尽道隋亡为此河,至今千里赖通波,若无水殿龙舟事,共禹论功不较多。"

材料二:"隋唐时期手工业分布和大都会"与"元代大运河"图。

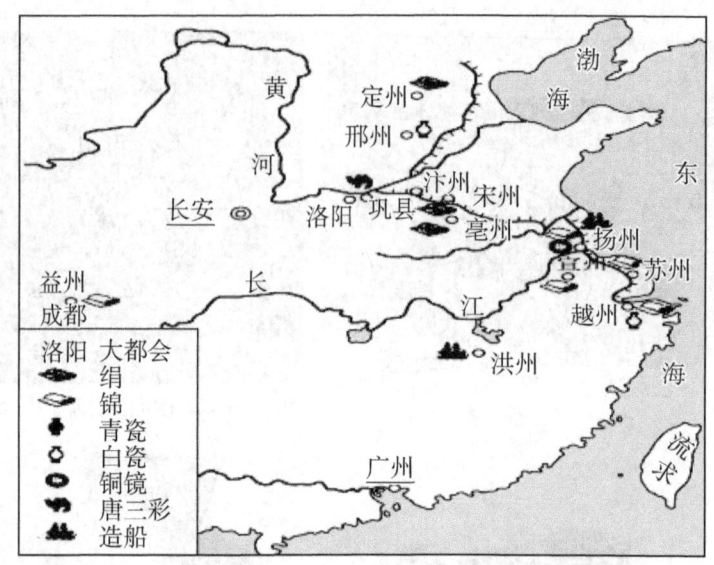

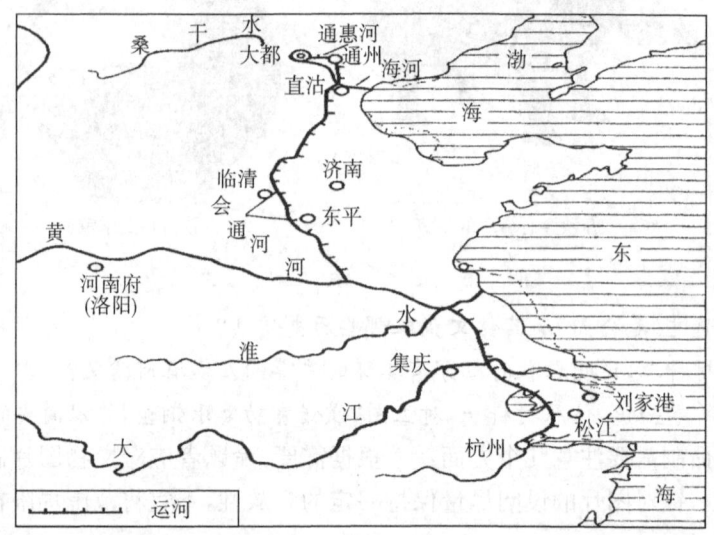

(图片来源:张健,郭金英.中学历史参考地图册.中国地图出版社,2016:19.)

材料三:运河沿岸的一组风情图

京杭大运河台儿庄段

沧州运河岸边乾隆碑

古老的杭州拱宸桥　　　　　　扬州瘦西湖

（1）据所学知识及"隋唐时期手工业分布和大都会"图，分别指出连接海河与黄河、黄河与淮河、淮河与长江、长江与钱塘江的各段运河的名称。

（2）结合所学隋唐史的知识及"隋唐时期手工业分布和大都会"图，说明大运河之"功"。

（3）对照材料二中的两幅图，指出大运河出现了什么变化？你认为这一变化有何作用？依据隋唐及宋元时期相关历史知识，分析说明出现这种变化的原因。

（4）京杭大运河曾是国家的生命线，维系着封建王朝的兴盛。康熙、乾隆南巡是运河航运和运河文化发展的最高峰，清末民初大运河逐渐衰落了。当今，我们在怀念大运河昔日辉煌的同时，更应该关心它的未来。切实保护并科学利用运河，让古老的运河永远充满活力，这是我们的历史使命。请结合材料三，谈谈你在这方面的见解。

这类题的命制需要注意：一，应将各种材料紧紧围绕一条主线或一个主题展开，并据此设计能力目标的考查；二，问题之间应尽可能按先浅后深、从简至繁、由易到难的顺序排列，使学生有一个良好的答题心态。

（五）历史试卷分析技术

1. 历史考试的定量分析

历史考试的教育测量学质量特性分析可以为我们提供关于考试的质量状态，反映考试组织实施的科学化水平，可以为改进下一轮的考试和教学提供信息依据，并为考试成绩使用者提供"质量保证书"或"风险提示"。考试的教育测量学质量特性分析包括以下几个方面：

（1）考试效度分析。它是考试有效性程度的分析，关心考试在多大程度上测评到我们所欲测评的目标。就学校举行的期末考试来讲，考试效度分析，特别关心的是考试题目设计和抽样在多大程度上代表历史课程这个学期的教学内容和要求。这个可以通过试卷题目的分类研究，作出判断。

（2）考试信度分析。它是针对考试结果有多大的可信程度进行分析。考试信度越高，说明考试的结果越可信，考试成绩越能代表学生个人的真实水平，考试分数的误差越小。信度除了要说明成绩的真实性之外，还要说明题目涉及的内容与教学的相关程度。

（3）试题的难度。试题的难度是历史试题对学生知识和能力水平适合程度的指标。任何试题的原始答题数据都由答题者对问题的正确作答、错误作答及未作答的试题数组成。根据这些信息可以算出正确作答题数的比例或百分比，这个统计量就是题目的难度。难度一般用字母 P 来表示，P 值越大表示试题越简单，反之越难。计算公式：P＝平均分÷满分值。试题要有梯度，因此各试题的难度应有不同，这是命制试题时要特别加以考虑的。一般认为,难度指数在0.3—0.7之间比较合适,整份试卷的平均难度指数最好掌握在0.5左右,高于0.7和低于0.3的试题不能太多。

(4)试题的区分度。区分度是指试题对被试者情况的分辨能力的大小。一般在-1～+1之间,值越大区分度越好。试题的区分度在0.4以上表明此题的区分度很好,0.3～0.39表明此题的区分度较好,0.2～0.29表明此题的区分度不太好,0.19以下表明此题的区分度不好,应淘汰。

计算区分度的方法很多,特别需要注意的是对同一个试题的考试成绩采用不同的方法所得到的区分度的值是不同的。

为了简单计算,我们教师可以使用下面这种方法进行区分度计算:先将分数排序,P_1=27%高分组的难度,P_2=27%低分组的难度,区分度D=(27%高分组的平均分-27%低分组的平均分)÷满分值。

(5)试题编写优良性分析。它主要是依据试题编写要领和原则进行逐题分析,对试题设计技巧性、测量目标的妥切性、设置问题情境的创意等方面作出分析判断。

2. 历史试卷的定性分析

(1)定性分析的原则

第一,要有针对性。所谓针对性主要是指试卷分析针对的对象不同,就要有不同的分析目标、分析模式和分析内容。

第二,要有有效性。试卷定性分析目标是发现学生在考试过程中存在的问题,分析其产生的原因,提出解决策略,为教学提供真实有效的建议。

第三,要有科学性。教师在试卷定性分析中发表自己的观点、看法,提出教学建议是值得肯定的,但是这是建立在对试卷的整体或样本充分的定量分析基础上的,必须要有足够的数量分析。

(2)定性分析的内容

试卷分析根据不同的对象应该有不同的方法,分析的侧重点应不同,如向领导汇报的试卷分析。给领导听和看的试卷分析,就要钩玄提要。定性的要有观点,定量的要有数据和结论,主要包括下面几个部分:第一,命题说明,涉及试题命制的对象、考查的地域范围、各种题型、题量、题目的特色、设计、比例、试题的难度等;第二,考试情况,涉及上级考试部门给出的考试结果统计表、抽样结果、教研组的意见等等;第三,取得的成绩和存在的问题,教师应根据考试结果和统计数据客观地、实事求是地将自己的成绩表述出来,将考试中反映出来的问题进行重点阐述,并提出自己的解决意见。

给同行教师进行交流的试卷分析主要包括:

一,试题分析,这里的试卷分析与上面给领导汇报的试卷分析侧重点不一样,应该涉及命题时总的一些考虑,试题的整体设计;还涉及命题计划,双向细目表,在表中列出试卷的题型、题量、试卷结构及各项比例关系,对难题、中等题、容易题要作交代,这种题型考查了学生的哪些能力。

二,考试结果,学生在哪些题目中得分较高,哪些题目中失分较多,其存在的原因是什么。

第九章

中学历史教学反思的设计与案例分析

第一节 教学反思概述

一、如何理解教学反思

二十世纪八十年代，美国、英国、澳大利亚等国兴起了培养教师反思能力的教育思潮，我国教育界也十分关注教师的反思能力，新一轮的课程改革尤其强调教师教学反思能力的培养。

《现代汉语词典》中这样定义反思：思考过去的事情，从中总结经验教训。推及教学中，反思有着更为深厚的内涵。教学反思是教师以自己的教学活动过程为思考对象，来对自己所做出的行为、决策以及由此产生的结果进行审视和分析的过程，是一种通过提高参与者的自我觉察水平来促进能力发展的途径。对于教师而言，反思是一种思维方式、学习方法和研究方法。

教师的自我反思是"教学创新"的动力。教师需要聚焦课堂，反思自身的教学。教师能否把握好课堂教学，很大程度上取决于教师能否把自我作为意识的对象，以及在教学过程中，将教学活动本身作为意识的对象，不断地对自我教学进行积极主动的计划、检查、评价、反馈、控制和调节，亦即教师的自我监控。

新课程把教学反思提高到了教学行为中前所未有的高度。教学反思是一种有益的思维活动和再学习方式，每一位教师的成长都离不开教学反思。美国学者波斯纳十分简洁地提出了教师成长的规律"经验＋反思＝成长"，并指出，没有反思的经验是狭隘的经验，至多只能形成肤浅的知识。教师如果仅仅满足于获得经验而不对经验进行深入的思考，其发展将大受限制。我国著名心理学家林崇德也提出"优秀教师＝教学过程＋反思"的成长模式。叶澜教授说："一个教师写一辈子教案难以成为名师，但如果写三年反思则有可能成为名师。"所以说，教学反思可以激活教师的教学智慧，探索教材内容的崭新呈现方式，构建师生互动机制与学生学习新方式。它是我们教师成长的"催化剂"，是教师发展的重要基础，会促使教师形成自我反思的意识和自我监控的能力。

二、教学反思的功能

教学反思是教学工作中一种常用的提高教学水准的方法。反思活动是教学过程中的理论与实践之间的对话，培养教师对教学过程产生有创造性、科学性和客观性的思考能力，是一种通过自觉提高参与者的自我觉察水平来促进自身教学能力发展的有效途径。它的作用主要有以下四点：

1. 促进教与学的互动

教学反思使教师"学会教学"，同时也"学会如何教学"。在新课程实施的过程中，通过师生和谐互动,努力创设学生自主学习的教学氛围,充分发挥学生的自主性、主动性和创造性。通过反思可以激活教师的教学智慧,使其不断提高自身教学的创新能力,并主动探索对教材内容的表达方式,构建师生和谐互动机制和实施教学的有效方法。

2. 提高教师解决问题的能力

教学反思不仅能够促进教师分析问题、解决问题能力的提升,而且能够促进课堂成为有生命力、有挑战性、有丰富内容的学生主动学习的场所。实际上在不同学生、班级、学校之间都存在着一定差异,这些都需要教师充分发挥其解决问题的能力,即在新的教育情境下运用所学的知识创造性地作出决策,并科学而大胆地付诸实践。

3. 提高教师的教学水平

教学反思从表面上看是一种个体的活动,但反思的过程却需要依赖一个合作群体的支持。在与同事的合作活动(互相听课、评课、说课和研讨)中,每个参与者都提供了自己独特的教学经验,同时也都从别人的经验中借鉴到有益的经验。这样既提高了教师个人的教学水平,又通过个体水平的提高促进学校教师整体教学水平的提高。

4. 促进教师的自我完善

反思过程的本质体现在教师总是处在持续发展的过程之中,教师在反思过程中具有双重角色,既是欣赏者,又是戏剧批评家。教师需要把自己的观念和实践,看作需要不断被审查的对象,在教学实践之后,教师不断寻找机会,用积极而有效的自省过程回顾自己的教学计划、经历和教学行为。

第二节　历史教学反思的基本原则和类型

一、历史教学反思的基本原则

古人有"吾日三省吾身"的传统。善于反思能够促进个体认知水平的提升,从而更好地提升行为的自觉自为。作为教师,在日常教学活动中勤于反思、善于反思是提升教学技能,促进自身专业素养快速成长的有效途径。

新课改要求教师要从传统的"教书匠"转变成为研究者,要以研究者的眼光审视和分析教学中出现的各种新问题、新情况,寻求解决问题的新途径和新方法,从而更好适应新时代社会快速发展的要求。基于此,作为新课程的建设者和开发者,迫切需要在教学中不断总结、反思、改进、提升。要实现以上目标,历史教师必须进行科学有效的教学反思。

(一)课前反思,具有前瞻性

教学前的反思具有前瞻性,能使教学成为一种自觉的实践,并有效地提高教师的教学预测和分析能力。在以往的教学经验中,教师大多关注教学后的反思,忽视或不重视教学前的反思。著名的认知派教育心理学家奥苏贝尔说过:"如果我不得不把全部教育心理学还原为一条原理的话,我将会说,影响学习的唯一的最重要的因素是学习者已经知道了什么。"这说明了解学生已有认知水平,有的放矢地组织教学尤其重要。新课程标准同样非常关注学生在已有的知识经验中去探求新知。因此,教师在教学前必须充分地了解关注学生已有的知识和经验,对自己的教案及设计思路进行反思。这不仅仅是教师对自己的教学设计进行审视,再次查漏补缺,吸收和内化,更是教师关注学生,"以学生为本"理念的体现。

教学实践表明,经过课前反思后的教学设计的调整,能够预设学生在学习中所碰到的困难,教学内容和方法更适合学生,更符合学生的认知规律和心理特点,从而使学生真正成为学习的主体。

(二)课中反思,具有监控性

课中反思,即及时、自动地在行动过程中反思。这种反思具有监控性,能使教学高质、高效地进行,并有助于提高教师的教学调控和应变能力。课堂教学是一个复杂、动态的过程,尤其是进入新课程后,教学中所出现的情况越来越有挑战性,常常出人意料。这就需要教师具有较强的应变能力,能及时地反思自己的教学行为,时刻关注学生的学习过程,关注所使用的方法和手段,善于捕捉教学中的灵感,及时调整教学策略,顺应学生发展的需要,以达到最佳的教学效果。因此,教师要学会倾听学生的意见,及时了解学生的困惑。课堂教学是在动态中生成、发展的,教师要善于抓住契机,形成一个生动活泼的、主动而富有个性的学习活动。

因此,在课堂教学中,课中反思表现为教师自我检查、自我校正、自我强化,而这一过程又是通过"问题—尝试—反思—新问题—调整—反思"得以展开和实现的,贯穿始终的是教师的"反思"。

(三)课后反思,具有批判性

课后反思具有批判性,能使教学经验理论化,并有助于提高教师的教学总结能力和评价能力。课前精心备课、撰写教案,固然重要,但是"教然后知困"。因此,课后趁"记忆犹新"回顾、分析、反思,写下自己执教的切身体会和疏漏失误,记下学生学习中的闪光点或困惑,是十分重要的。经常性地课后反思是教师责任心的具体表现,是教师课堂教学自我反馈的一种好形式,更重要的是它还具有下列几点好处:有利于进一步提高备课质量,使教学内容更全面、教学设计更合理;有利于加强教学的针对性,及时发现问题,查漏补缺;有利于教师积累教学经验,提高教学水平。那么课后反思什么呢?我认为应从以下几方面进行反思:

1. 教材的创造性使用

在新课程理念下,教科书的首要功能是作为教与学的工具,它不再是完成教学活动的纲领性权威文件,而是以一种参考、提示的性质出现,给学生展示多样的学习方法和丰富多彩的学习参考材料。教师是课程的使用者、建设者、开发者,在创造性地使用教材的时候,可以把创新内容在课后反思中加以记录,既积累经验,又为教材的使用提供合理的建议,使教师、教材和学生成为课程中和谐的统一体。

2. 教学片段赏析

记录自己本节课的成功之处,将教学过程中预先设计的、引起教学共振效应和取得良好教学效果的做法(如巧妙地导入新课,留有悬念的结束语,创设课堂教学情境及激活学生思维、学生自主评价等)详细地记录下来,并应用到以后的教学实践中去,并在此基础上,不断地改进完善、推陈出新。

要善于记录,在课堂教学中,随着教学内容的不断展开,师生的思维发展及情感交流逐渐融洽,往往会因为一些偶发事件而产生瞬间灵感。这些"智慧碰撞的火花",常常是不由自主、突然而至,若不及时利用课后反思捕捉,便会因时过境迁而烟消云散,令人遗憾不已。当出现了这些意想不到的效果时,作为教师就要记录下来加以研究,并以教育理论为指导,结合案例分析技术,开展教学科研工作。

3. 教学"败笔"之处

成功的课堂教育也难免有疏漏失误之处。在课后,教师必须审视自己处理不当的环节,安排不妥的教学内容等,对它们进行回顾、梳理,并对其作出深刻的反思、探究和剖析,使之成为以后应吸取的教训。同时,对自己所提出的问题,动脑筋、想办法,寻找最佳结合点,提出整改措施及教学策略,形成新的教学环节。

4. 教学中学生的见解

在课堂教学过程中,学生是学习的主体,他们总会有"创新的火花",教师应当充分肯定学生在课堂上提出的一些独到的见解。一节课下来,老师们常常交流课堂教学中学生所表现出来的值得赞赏的东西,共同分享其中的喜悦。这种源于学生对文本的独特理解,源于学生精神世界的独特感受,是一种无比丰富的课程资源。教师对这些独到的见解加以赞赏和激励,帮助学生悦纳自己,感受自尊和成功的喜悦,同时也是对课堂教学的补充和完善。因此,把它记录下来,为今后的教学补充新鲜血液。

5. 再教设计

一节课下来,静心沉思,情景的创设是否有效?教学环节的设计是否合理科学?问题的提出是否能促进学生自主学习?小组合作是否有价值?有没有关注学生的情感、态度、价值观?学生的创新意识、创造才能是否得以"萌芽"?等等。及时记下这些得失,并进行必要的归类与取舍,考虑一下再教这部分内容时应如何做,写出"再教设计"。这样可以做到扬长避短、精益求精,把自己的教学水平提高到一个新的境界和高度。

课后反思贵在及时,贵在坚持,贵在执着地追求。"以记促思,以思促教",长期积累,必有"集腋成裘,聚沙成塔"的收获。

总之,经过一次又一次的"反思—提高—再反思—再提高",多一点教学反思的灵感,经常进行教学反思,就能在新课程标准的指导下,不断提高自己的教学水平和科研能力,帮助自己不断成长。

二、历史教学反思的类型

(一) 对教师的反思

教师反思的目的是指导、控制教学实践。这里强调教师的反思是指教师个人对自己教学行为的思考。教学反思是以教师的教学行为过程为对象的,反思的内容至少包含以下几个方面:

1. 反思教学目标

教学目标是影响课堂教学成败的重要因素。教师要根据整节课的教学实践以及学生掌握知识的情况,检验学生通过该节课的学习是否达到教学目标的要求。

2. 反思教学设计

教学设计是教学目标落实中的具体设想,是选择教学策略、完成教学任务的依据。教师应反思教学是否体现因材施教的原则,反思教学计划实施的效果,反思是否结合教学实践选择和运用恰当的教学模式,使教学达到艺术水平。

3. 反思教学内容

任何教学目标的实现都需要通过特定的教学内容的学习来达成。教学内容也是教学反思的重要内容。反思教学内容要注意:反思教学内容是否与教学目标相符;反思教学内容的科学性、思想性和趣味性;反思能否按照学生的个别差异设计教学内容,促进学生的个性发展;反思能否根据教学过程中学生学习进程以及突发事件及时调整教学内容。

4. 反思学习过程与课堂组织管理

在课堂教学中难免有一些突发事件,教学反思不能忽视课堂教学的组织管理。反思组织管理要注意:反思是否运用多样化教学手段,调动学生的学习积极性;反思课堂教学管理手段是否得当,是否营造了良好的学习气氛。

5. 反思教学策略

反思教学策略的选用过程,也是反思理论如何联系实际的过程。对教学策略的反思要注意:反思是否以系统的观点为指导,选择合适的教学策略;反思是否根据教学策略的外部形态和学生认识活动的特点,优化教学策略;反思教法与学法是否统一,能否促进学生的自主发展。

(二) 对学生活动的反思

新课程改革的核心理念是"一切为了每一位学生的发展",围绕"以人为本,自主管理"的中心任务,创造良好的课堂教学环境。新课程要求在教材上有突破、创新,在教法组织上给学生合作、创新、探究的机会,在评价上有师生、生生的互动。学生真正达到了懂与会的结合,真正有了思与学的效果。

1. 学生参与度的反思

学生在课堂上主体地位的确立,是以一定的参与度做保证的。学生的参与状态,既要看参与的广度,又要看参与的深度。教师要反思是否在课堂上采用各种教学手段来调动学生的参与积极性,使更多学生能最大限度地参与到学习活动中。

2. 学生交往的反思

就是要反思是否在课堂上创设了民主、平等、宽松、和谐的学习环境,让学生能和同学、教师甚至教材进行平等的对话。因为只有在这样的环境里,学生才会迫切地想与大家交流自己的学习体验,让课堂成为学生放飞心灵的天空。

3. 学生生成度的反思

检验一堂好课的标准就是学生的接受程度与效果,要反思学生是否都各尽所能,感到学习的踏实和满足,学生是否对后继的学习更有信心。同时,还要了解学生获得知识的过程,看学生在学习过程中是否积极主动地跟进、共鸣、投入,每一个学生是否在原有基础上得到了最可能大的进步与发展。

4. 学生创新度的反思

教学过程应该成为学生一种愉悦的情绪生活和积极的情感体验。学生在课堂上是兴高采烈还是冷漠呆滞?是其乐融融还是愁眉苦脸?学生应积极参与教学过程,能积极思考,展现出解决问题的强烈愿望,能提出具有挑战性与独特性的问题,并发表见解,能根据已有的知识去努力探索新的发现。

(三)课后的反思

对新课程的了解越多,研究越深,实践越丰富,越会感到新课程确实有着巨大的魅力,有着旺盛的生命力。这一收获来源于对整个教学系统化的全面反思,课后反思在整个教学过程中起到了画龙点睛的作用。

1. 学生作业的反思

学生课后所提的问题以及他们的作业反映了其对所学知识的掌握运用程度,针对实际把这些内容记下,可以使自己在以后的教学中有一定的针对性,减少偏差。

2. 教师评课的反思

集思广益,取众家之长,达到"优中集精"的目的,教师评课的反思是实现此目的的有效途径。特别是对评课中反映出的新方法、新方式、新特点、新问题等,教师更应该多问几个为什么,在充分理解、辨析、探究的基础上,去粗取精、去伪存真。

3. 形成新的教案

通过反思可以做到扬长避短、精益求精,把反思过的内容记录下来或记在原教案备注中,形成新教案,从而使自己的教学水平提高到一个新的境界和高度。

第三节 历史教学反思的操作要领与案例分析

美国教育家布鲁巴赫等人认为反思性教育实践可分为三类:一是"对实践反思",二是"实践中反思",三是"为实践反思"。"对实践反思"是指反思发生在教育教学实践之后,"实践中反思"指的是反思发生在实践的过程中,而"为实践反思"则是前两种反思的预期结果,即"实践后反思"与"实践中反思"的目的,最终是要形成超前性反思的良好习惯。

一、反思步骤

教师进行教学反思一般按照以下步骤:

1. 发现问题

教师关注教育教学中的特定问题,并从学校环境、课程、学生、教师本身等方面收集有关的资料。教研组、备课组教师在合作中帮助教师发现问题所在。如：历史课堂教学中，教师发现学生自学能力较差，学科知识体系难以建立等。

2. 分析问题

教师分析所收集到的资料，特别是关于自己教育教学活动的信息。教师以批判的眼光审视自己的思想、行为，以形成对问题的正确态度，明确问题的根源所在。如历史教师发现学生自学能力较差，他可能就会从自己备课、学生的现有水平、教学中的活动设计去分析，也可以寻求同伴互助，让同一学科组的教师进行探讨，甚或向历史专家请教。

3. 确立假设

明确问题以后，教师开始在已有的知识结构中（或通过请教专家、同事，或通过阅读专业书籍、网上搜索文献资料等途径）搜寻与当前问题相似或相关的信息，以建立解决问题的假设性方案。这种寻找信息的活动是自我定向式的，它所产生的研究结果有助于教师形成新的、有创造性的解决办法。如针对历史教学中学生自学能力较差的问题，教师可以确定假设方案：(1) 激发学生学习历史的兴趣。课堂教学中讲一些历史小故事，制作多媒体课件，播放教学视频等方案。(2) 帮助学生掌握学习历史的科学方法。如：①指导学生阅读历史教科书；②指导学生记历史笔记；③培养学生科学地安排学习时间、提高自我管理能力和培养良好的学习品质。当然还可以假设，目的是培养学生史论结合、理论联系实际的能力等。

4. 验证假设

考虑了每种行动的效果后，教师就开始实施解决问题的方案。在检验的过程中，教师会遇到新的问题、新的体验，当这种行动过程被再次观察和分析时，就开始了新一轮的反思循环。如培养学生历史学习能力，在确立假设之后，如何指导学生阅读历史教科书，怎样指导学生阅读，指导学生阅读课文，注意生僻字词，新的名称、概念，还有理论性的问题，进一步带领学生把教科书每一自然段的段落大意概括出来。在此基础上，教师引导学生编写某个问题，某一节、某一单元的提纲，进而可以融会贯通，编写某一模块的提纲，构建历史学习的知识体系，从而提高学生的自学能力。

以上四个步骤，是进行历史教学反思的一般步骤，有时重点在发现问题、分析问题，教师在课堂教学中注意就可以了，新课程标准下教师要不断更新自己的教学行为。

二、反思的方式

教师应当如何对自己的教育教学活动进行反思呢？以下几种方法值得我们借鉴：

1. 课后备课

课后，教师根据教学中所获得的反馈信息进一步修改和完善教案，明确课堂教学改进的方向和措施，同时使有益的经验及时得到提炼和升华，不断增强教学效果。课后备课，即课后反思。如岳麓版高中历史必修1第六课"雅典城邦的民主政治"，一位历史老师在上完课后，他感到内容枯燥，学生兴趣不大。他假设，如果让学生扮演成雅典城邦的公民、外邦人、奴隶、妇女等演学生历史剧，从剧中让学生感受雅典民主对参加公民大会资格的限制或模拟雅典公民大会对城邦重大事项的讨论、表决，教学效果可能会更好。

2. 写反思日记

教师在一天的教育教学工作结束后,写下自己的经验,并与教研组成员共同分析教育教学中存在的问题与缺点。写反思日记为有针对性地制定教育教学的改进计划创造了良好的条件。对新教师而言,有许多方式可以帮助他们自我反省,写反思日记无疑是十分可取的。在新课程课堂教学中,新教材如何处理、教学的预设和课堂动态生成,活动设计和教学目标的达成问题,多媒体使用与教学效果,以及课堂教学的组织、教师的讲授、学生的活动,课堂教学中教师的教学机智等问题都需要教师进行反思。在历史教育教学中,教师要及时反思,记下自己的专业成长历程,形成具有个性的历史教学反思日记。

3. 课堂观摩

学科组(包括校内和校际)教师之间相互观摩彼此的课堂教学,详细描述他们所观察到的情景,并就有关问题进行讨论分析,最终形成一个最佳解决方案。参加研讨的教师把研讨的方案带回各自的课堂或学校,应用于实际的教育教学情境中。如"北美大陆的新体制"一课,有位教师采用多媒体教学,课件并不多,但起到提纲挈领的作用,做到了重难点突出,教学效果较好。课后评课时,教师先谈自己的教学设计。自从进入新课程以来,他一直在思考怎样处理好教材,总结出"三不教"原则:学生会的不教,学生不会通过思考习得的不教,学生思考后不会但通过同伴互助后会了的也不教。其他教师评课,从教学语言、教态和师生互动等方面与这位历史教师探讨,从而有助于这位教师对课堂教学的反思,也使其他教师受益。

4. 专家会诊

请专业研究人员、教研室领导定期、追踪式听课,不断发现课堂教学观念、设计和操作中存在的实际问题,并通过共同讨论找到解决问题的办法。根据校本教研的三步:个人反思—同伴互动—专家引领,历史教师遇到的一些问题在自己的学校、区县无法解决,可向专家请教。某地就历史新课程进行调研,发现学生在课堂上热热闹闹,活动开展得很好,而教学效果却不理想,原因是什么?专家支招:活动设计应充分考虑教学目标的达成。教学效果不理想,缘于活动设计问题,一下子拨开了历史教师心中的迷雾。

5. 行动研究

行动研究——以解决问题为中心的一种研究方式。这里的行动是教学行动与教研行动的统一。反思是行动研究的最有效方式和最基本环节。行动研究不仅在改善教育教学实践方面有着重要作用,而且有助于在整个学校教师集体中形成一种调查和反思研究的良好氛围。某校历史教研组承担了一个课题"中学生历史自主学习能力的培养",全组教师共同参与,从各个方面进行研究,包括调查问卷、课堂教学、学生课外活动等,进行了长达5年的研究,取得了一定的成绩,也提高了历史教师的专业研究能力。

三、历史教学反思案例分析

 案例链接

"鸦片战争"的教学反思

"鸦片战争"是人教版新课标历史实验教材(八年级上册)中的教学重点之一,又是引

导学生学习中国近现代史的门槛。认真思考本课的教学,有助于教师培养八年级学生进一步学习历史的兴趣,使学生增强爱国主义情感,形成对民族历史、民族精神的认同感。

一、研读"新课标",总体把握教材内容

初中历史新课程标准要求"讲述林则徐虎门销烟的故事;简述中英《南京条约》的主要内容,认识鸦片战争对中国近代社会的影响"。"鸦片战争"一课很好地体现了这一要求。

教材内容渗透了历史比较方法、心态史学方法、计量史学方法、口述史学方法等。

(一)历史比较法

英国处于资本主义上升时期,是19世纪世界上最强大的资本主义国家;中国处于闭关锁国、盲目自大、统治腐败的封建没落时期。

(二)心态史学方法

林则徐痛陈鸦片给中国社会带来的危害,采取了严厉有效的禁烟措施,将收缴的230多万斤鸦片当众销毁。林则徐的壮举并非当时外国人想象的为了发大财。虎门销烟的举措令许多外国人都对林则徐心悦诚服,赞叹不已。知道这段历史,也让学生在学习过程中得到情感体验。

(三)计量史学方法

展示"英国输入中国鸦片激增表",将描述对象的历史过程抽象为数字关系,设计成数理模型,直观、形象地说明鸦片输入的激增情况,从而让学生对英国"从事毒品鸦片的贸易,可以年取暴利……许多白银流入英国,加剧了中国的贫穷"这一历史教训有一个深刻、明晰的认识。

(四)口述史学方法

以《炮子谣》说明鸦片输入给中国社会带来的危害,验证鸦片输入给中华民族带来严重灾难的史实。

二、从关注学生智能出发,拓展农村中学有限的课程资源,将加德纳的多元智能理论应用于历史课堂教学

本课为八年级教材的第一课,也是本学期历史教学的第一堂课,教学设计中,应尽可能通过历史学科教学来改善和发展学生的多元智能,利用学生智能的多元化特点创造多元的通道来改善学科教学。"鸦片战争"一课就可以从以下几方面着手开发学生的智能。

言语智能。通过"自由阅读卡",让学生表述从罂粟到毒品的过程;通过《炮子谣》的朗读,加深理解鸦片对中国社会造成的危害。

空间智能。通过阅读地图册,了解英国的三次进军路线,强化空间意识。

数理逻辑智能。了解鸦片输入数量增加的具体数目,"银贵钱贱"的掠夺账,逐步形成定性分析与定量分析相结合的学习方式。

自我认知智能。林则徐领导中国人民进行禁烟斗争并取得胜利,其卓越的组织才能和高尚的人格品质令人敬佩。了解这些史实,自觉形成对中华民族精神——反抗外来侵略的坚强意志的认同感,强化爱国主义情感。

其他诸如动觉智能、交流智能等在本课的师生活动中也得到了体验。

三、从尊重学生的主体地位,弘扬学生个性发展入手,探索适合学生主动参与学习过程的"民主化课堂教学"之路,设计教师和学生的活动

本次课改的最终目的是从根本上转变学生的学习方式和教师的教学方式,提倡自主学习、合作学习、探究式学习和研究性学习,使学生掌握终身必备的基础知识和学习方法,教师由单纯的教学者转变成学习型、研究型的教师。教学中,教师是学生学习的指导者、参与者和合作者。这两种转变需要"量"的积累过程。在七年级教学实践的基础上,结合八年级学生的知识结构,探索"民主化课堂教学"之路。

本课的教学活动设计思路为:指导学生获取有关鸦片战争的历史知识,了解鸦片走私到禁烟活动直到《南京条约》签订的基本线索,掌握历史学习的基本技能和方法,并有一定的情感体验。为此,安排以下两个大的教学活动:

(一)让学生分小组带着"中国东南沿海地理范围"和"英国侵略路线"这两个问题看"中国历史地图第三册——鸦片战争"。

(二)学生在探究中国在鸦片战争中失败的原因时,设计了"假如我生活在那个年代,该怎么办?""假如我是一位法官,我将怎样审判鸦片战争罪犯?"这两个问题。其目的:一方面强调学生读图时应注意的问题,进一步加强学生间学习的合作性;另一方面,构建以学生发展性学习和创造性学习为内涵的学习体系,强调课堂教学中的民主气氛,注重培养学生良好的学习品质和主动发展的学习能力,引导学生自主整合学习资源,然后知识迁移,作出决策。整个活动以现代学生观和教学观为指导,力争为富有生机和实效的历史课堂教学找到源头活水。

四、引导学生关注当今的社会问题,将历史与现实有机结合起来

在学生知道了鸦片给中国社会带来严重危害后,联系现实生活中的吸毒贩毒现象和我国政府的禁毒决心,让学生思考讨论,然后归纳总结:鸦片是毒品,危害了多少中国人的健康,而今天的"白粉",也是罂粟果经化学加工制成的毒品,人一旦吸食就很难戒除,其毒性比鸦片更大。为了吸毒,倾家荡产者有之,杀人抢劫者有之,对社会造成了严重危害。为了我们美好的家园,为了我们来之不易的和平环境,为了我们每个人的生命健康,我们应理直气壮地拥护政府的禁毒举措,对贩毒、吸毒者绝不姑息。

这样设计,让学生懂得学习历史可以更好地为现实服务,懂得历史知识是每个人树立正确的人生观、价值观的精神营养。

(案例来源:贾格年,李宝宝.中学历史教师教学技能学习指导[M].天津大学出版社,2017:47-49.)

这篇教学反思非常系统,既分析了"课程标准"对本节内容的要求,又从不同方面分析了学生在教学活动中的作用,体现了"以学生为中心"的教学理念。反思既有实践性又有可操作性,可见作者是个有心人,这也是教师教学中不断提高专业素养的必经之路。

主要参考文献

[1] 于友西,赵亚夫.中学历史教学法[M].4版.北京:高等教育出版社,2017.
[2] 李稚勇,陈志刚,王正瀚.历史教育学概论:中学历史教育的理论与实践[M].北京:高等教育出版社,2015.
[3] 郑林.中学历史教学概论[M].北京:北京师范大学出版社,2022.
[4] 王德民.中学历史教学设计[M].芜湖:安徽师范大学出版社,2017.
[5] 徐赐成.中学历史教学案例研究[M].西安:陕西师范大学出版总社,2021.
[6] 袁从秀.中学历史教学设计与案例研究[M].北京:科学出版社,2013.
[7] 张德顺.中学历史教学设计与案例分析[M].苏州:苏州大学出版社,2017.
[8] 杜芳,刘汝明.中学历史教学设计与案例研究[M].北京:科学出版社,2013.
[9] 薛伟强.基于学科核心素养的历史教学课例研究[M].上海:华东师范大学出版社,2019.
[10] 侯桂红.中学历史教学设计及评价[M].北京:北京师范大学出版社,2016.
[11] 何克抗,郑永柏,谢幼如.教学系统设计[M].北京:北京师范大学出版社,2002.
[12] 何成刚,夏辉辉,张汉林.历史教学设计[M].上海:华东师范大学出版社,2009.
[13] 赵克礼,徐赐成.中学历史教材研究与教学设计[M].西安:陕西师范大学出版社,2011.
[14] 陈志刚.历史课程本体研究[M].天津:天津教育出版社,2012.
[15] 杨志才.给历史教师的101条建议[M].南京:南京师范大学出版社,2005.
[16] 黄甫全,王本陆.现代教学论学程[M].北京:教育科学出版社,2003.
[17] 王继平.中学历史教学研究方法概论[M].长春:长春出版社,2012.
[18] 朱煜.历史课程与教学论[M].长春:东北师范大学出版社,2005.
[19] 郑金洲.教学方法应用指导[M].上海:华东师范大学出版社,2006.
[20] 杜维运.史学方法论[M].北京:北京大学出版社,2006.
[21] 何成刚.智慧课堂:史料教学中的方法与策略[M].北京:北京师范大学出版社,2010.
[22] 李剑鸣.历史学家的修养与技艺[M].上海:上海三联书店,2007.
[23] 何克抗,李文光.教育技术学[M].2版.北京:北京师范大学出版社,2009.
[24] 刘梅.现代教育技术应用[M].北京:北京师范大学出版社,2016.
[25] 孙亚玲.课堂教学有效性标准研究[M].北京:教育科学出版社,2008.
[26] 靳玉乐.反思教学[M].成都:四川教育出版社,2006.
[27] 赵明仁.教学反思与教师专业发展:课程改革中的案例研究[M].北京:北京师范大学出版社,2009.
[28] 申继亮.教学反思与行动研究[M].北京:北京师范大学出版社,2006.